사람에게 영적 리더십은 없다

사람에게 영적 리더십은 없다

· 초판 1쇄 발행 2007년 6월 1일

· 지은이 오 세 용
· 펴낸이 민 상 기
· 편집장 이 숙 희
· 펴낸곳 도서출판 드림북
· 등록번호 제 65 호
· 등록일자 2002. 11. 25.
· 경기도 의정부시 가능1동 639-2(1층)
· Tel (031)829-7722, Fax(031)829-7723

· 책번호 19
· ISBN 978-89-92143-10-3   03230
· 잘못된 책은 교환해 드립니다.
· 이 출판물은 저작권법에 의해 보호를 받는
  저작물이므로 무단 복제할 수 없습니다.
· 독자의 의견을 기다립니다.
· www.dreambook21.co.kr
· e-mail : webmaster@dreambook21.co.kr

도서출판 드림북은 오직 하나님께 드리는 책,
또한 세상의 모든 그리스도인들에게 꿈을 줄 수 있는 책
그러한 책세상을 꿈꾸며 만들어 가겠습니다.

사람에게 **영적 리더십**은 없다

오 세 용 지음

드림북

추천의 글 : 고품격의 리더십 비판서

저는 오세용 목사님의 이 책 『사람에게 영적 리더십은 없다』를 출판되기 전의 파일 원고로 읽으면서 글 읽기의 재미에 푹 빠질 수 있었습니다. 이런 경험은 그렇게 흔하지 않습니다. 재미가 있다 하더라도 대개는 표피적이고 선정적인 웃음만 선사하거나, 거꾸로 교언영색에 빠지는 글들이 많은데 반해서 이 책은 신앙과 신학의 깊이로부터 출발해서 거짓 리더십의 함정을 정확하게 짚어냄으로써 수준 높은 풍자와 해학을 제공합니다. 독자들께서도 이 책을 한번 손에 잡으면 마지막 쪽을 덮을 때까지 손에서 떼지 못할 것입니다.

오세용 목사님의 글이 이렇게 맛깔나는 이유는 제가 볼 때 그가 법을 전공한 사람이기 때문이 아닐런지요. 약력을 보니 신학을 공부하기 전에 법대를 졸업하시고, 미국에서 다시 '로스쿨'을 나오셨더군요. 바로 여기에 그 비밀이 숨어 있습니다. 그의 글은 피의자를 집요하게 파고드는 노련한 검사의 논고, 그 자체였습니다. 또는 억울한 누명을 쓴 피의자의 무죄를 완벽하게 입증한 변호사의 변론이었습니다. 어디 한 곳도 허술한 데가 없는 명문장입니다.

어디 그뿐인가요? 동서양을 넘나드는 그의 폭넓은 인문학적 소양이 이 글의 품격을 높이고 있습니다. 한국사, 세계사, 고전, 한자, 문학 등 그의 책읽기와 글쓰기는 전문적인 인문학자 못지 않습니다. 성서 전반에 대한 공부도 아주 탄탄하며 신학적으로 건실한 입장을 취하고 있습니다. 또한 구슬이 세 말이라도 꿰어야 보배라는 말이 있듯이, 그는 자신의 세계인식과 신앙, 그리고 학문적 정보를 통해서 핵심을 뚫고 들어갈 수 있는 능력을 보이고 있을 뿐만 아니라 흡사 사랑방에서 동네사람들에게 재미있는 이야기를 전하는 이야기꾼처럼 글을 정말 때깔 나게 쓰십니다.

오세용 목사님의 글맛에 심취해서 따라 읽던 저는 그의 리더십 비판이 바로 저의 설교비평과 맥을 같이 한다는 사실을 불현듯 깨닫고 놀랐습니다. 그가 세속적 리더십이 기독교의 영적 리더십으로 포장된 이 한국교회의 현실을 개탄하고 있다면, 저는 성서 도구주의에 사로잡힌 설교자들의 행태를 문제 삼고 있습니다. 서로 다른 주제를 다루고 있지만 결국은 같은 일을 하고 있는 셈입니다. 이런 점에서 오세용 목사님과 저는 도반(道伴)입니다.

도반이라는 말은 단지 비평작업에 같은 배를 탔다는 외형적인 관점만이 아니라 문제의식과 신학적 오리엔테이션이 비슷하다는 의미이기도 합니다. "필자가 내린 결론은 '리더십'이란 말의 실체는 없으며, 단지 성공한 목회자에게만 있어 보이는 '허상'이라는 것이다. 리더십이란 것은 그저 있어 보이는 것이지, 실제로 있는 것은 아니다"는 오세용 목사님의 주장에 저는 전적으로 동의합니다. "영적 리더십의 주인은 성령님이다"는 말씀도 목사의 역

할을 축소시키고 성령 의존적인 설교를 지향해야 한다는 저의 생각과 똑같습니다

　부디, 오 목사님의 이 책이 목회자들뿐만 아니라 평신도 지도자들에게도 많이 읽혔으면 합니다. 독자들은 여러 차원에서 고품격인 이 책을 통해서 알곡과 가라지를 구분할 수 있는 영적 분별력을 배우게 될 것입니다. 단순히 리더십 문제만이 아니라 성서를 보는 눈, 세상을 읽는 법, 책읽기와 글쓰기에서 큰 도전을 받을 것입니다. 저도 한 수 잘 배웠습니다. 기쁜 마음으로 이 책을 독자 여러분들에게 추천합니다. 진리의 영이신 성령이여, 우리에게 영분별의 은사를 주소서.

정 용 섭
(대구성서아카데미 원장)

추천의 글

우리 사회가 총체적인 리더십의 위기에 봉착해 있다는 소리를 들어 온 것은 어제 오늘의 일이 아니다. 가부장적 또는 제왕적 리더십 만을 경험해 오던 터에 어느날 갑자기 '원탁 회의'를 특징으로 하는 리더십에 직면하면서 이에 적응하지 못해 우리 사회는 큰 혼란을 겪고 있다.

스스로를 '국민의 충복'이라 자처하는 사람들 조차도 실상 충복이라기 보다는 군림하는 제왕의 자세를 여전히 버리지 않고 있다. '수평적 리더십'을 내세워 정치적 목표를 달성하기 위한 위장이며 위선이라 아니할 수 없다. 기실 우리 사회의 리더십의 위기는 리더십에 대한 몰 이해와 오용 때문일 터이다.

교회는 어떤가? '세상 것을 다 버리고 주님의 종이 되겠다'며 광야로 나선 목회자들 조차도 세속적 리더와 크게 다르지 않다. 주님의 종이 되기 보다는 주님을 리드하는 리더가 되어 있고, 섬기는 자의 삶을 살기 보다는 군림하는 자의 삶을 사는 목회자들이 허다한 현실이다. 세상에서 버린 것 보다 더 큰 것을 교회안에서 더욱 알차게 거머쥔 꼴이 된 것이다.

이 같은 교회 현실에 더 이상 하나님이 설 자리는 없다. 성령님이 역사할 자리도 없고, 예수님의 십자가는 천박한 패배자의 넋두리가 되어 버렸다. 성령님의 역사, 예수님의 십자가 라는 '말' 이 예배실 공간과 사람의 마음 속을 가득 채운다 할지라도, 그곳에는 이미 인간의 리더십이 모든 것을 압도하고 있다. 그러고도 한국교회는 이것을 '영적 리더십' 이라고 부른다.

오세용 목사님의 책 『사람에게 영적 리더십은 없다』는 처음부터 끝까지 '진짜 리더' 하나님이 '가짜 리더' 인간에게 밀려난 시대를 통탄해 마지 않는다.

한국교회 현실을 냉철히 분석하고 있는 이 책은, 교회의 리더들이 교회 안에서 '영적 리더십' 을 행사하고 있는 것처럼 보이나, 실제로는 전혀 영적이지 않아 '영적 리더십' 은 교회 안 어느 곳에도 존재하지 않고 있는 자가당착적 현실에 메스를 들이댄다.

국내외를 막론하고 현재 영적 리더십 이론의 대가들의 상당수는 애당초 세속적 리더십 이론을 거의 그대로 또는 상당부분 차용하여 영적 리더십으로 슬쩍 둔갑시킨 주범들이다. 교회의 지도자들은 주님의 교회를 세운다는 미명하에 이를 거침없이 용납하였다. 이 때문에 유명 교회의 대부분은 거짓 영적 리더십을 기초로 '모래 위에 성 쌓기' 식 성공을 거두었으리라는 혐의를 벗을 수 없게 된다.

한국 교회 안의 수 많은 분쟁은 기실 이 거짓 '영적 리더십' 때문에 생긴 필연적 결과라는 것이 이 책의 분석이기도 하다. 이런 의미에서 이 책은 현재 한국 교회의 시스템뿐 아니라 신앙적 흐름에 대한 하나의 '반항' 이라 할 수 있다.

　대형 교회의 리더들도 실상은 교인들을 체계적으로 관리하고 지휘 감독하는 CEO 형 리더에 불과하고, 특히 요즘 잘 나간다는 대형 교회의 목회자들 가운데에서도 다른 사람이 양을 돌보는 것을 보는 '목장 경영자' 정도의 리더일지언정 '섬기는 종' 으로서의 성경적 리더는 아니라는 분석에 이르러서는 무서울 정도이다.

　한국과 미국에서 법학과 신학을 공부하고 목회를 했던 저자는 우리 시대의 리더십 대가라는 인물들의 주장에 대해 전체적 맥을 놓치지 않으면서도, 세세하고 날카롭게 실증적 분석을 가한다. 그래서 설득력 있고 통쾌하기까지 하다. 특히 국내외를 막론하고 리더십 대가라는 사람들의 역사적 사실 왜곡이나 통계치의 오용, 앞뒤가 맞지 않는 논리 구성, 심지어는 해괴한 어법 등에까지 종횡무진 메스를 가해 리더십 이론 자체는 물론 리더십을 주장하는 리더들의 '허위' 를 벗겨낸 것은 압권이다.

　오 목사님은 『사람에게 영적 리더십은 없다』를 통해 거짓 '영적 리더십' 이 횡행하고 있는 한국교회 현실에 절망한다. 그러나 절망으로 끝나지 않는다. 그로부터 희망을 말하려는 열망이 깊게 깔려 있다.

　"그렇다면 우리는 어떻게 해야 할까? 아무런 방법도 희망도 없는 것일까? 아니다. 소망은 있다. 이것을 알아야 한다. 인간에게 거는 기대를 버리는 순간, 문제 해결의 실마리가 생긴다는 것을. 그래서 우리의 소망을 '리더'에게 두어야 하는 것이 아니라 '하나님'께 두어야 한다. 그것만이 리더로 인해 생기는 문제점을 해결하는 유일한 길이다." (리더의 성품과 능력, 해결책 안 된다)

이 책은 애초에 '부패하고 죄악된 존재'로서의 인간에게 '영적 리더십'이란 없다고 말한다. 그러니 인간이 빼앗은 리더십을 하나님께 돌려 주자는 것이다.

상당수의 한국 교회 목회자가 저마다 아성을 쌓고 봉건 영주 같은 존재로, 제왕같은 존재로 '힘의 행사'에 함몰되어 있는 요즘, 특히 '영적 리더십'으로 고민하고 있는 목회자들에게 일독을 권한다.

김명곤
('Korea Weekly' 대표)

서문

　'영적 리더십'이라는 거대한 담론 앞에 서 있는 내 모습을 표현하기에 '골리앗 앞에 선 다윗'이라는 비유로는 여러모로 격이 맞지 않다. 진부하기도 하고. 해서 신영복 선생의 표현을 빌리는 게 어떨까? 태산준령 앞에 호미 한 자루로 마주 서는 격이라는 비유 말이다. 호미 한 자루로 태산 같은 '영적 리더십'을 파헤쳐야 한다니, 그것도 혼자서…… 비유 이야기는 이쯤 해 두자. 비유는 실질을 백 퍼센트 나타내지 못하니까.

　나는 적어도 '생각하는' 목회자이고 싶었다. 어느 목회자가 생각 없이 목회하겠느냐 만은, 그래도 좀 더 깊은 생각, 올바른 생각으로 하나님을 만나고 성도들을 만나고 싶었다. 그런 나를 괴롭힌 것은 바로 '영적 리더십'이란 것이었다. 과연 현재의 영적 리더십을 이대로 따라가야 하느냐, 아니면 좀 더 '다른' 생각을 해봐야 하느냐?

　또한 나는 '목회자의 본령을 추구하는' 목회자가 되고 싶었다. 어느 목회자가 목회자의 본령을 추구하지 않겠느냐 만은, 그래도 목회자가 할 일과 해서는 안 되는 일을 엄격하게 구분하고 싶었다. 그러는 나를 괴롭힌 것 역시 '영적 리더십'이었다. 리더십을 이야기하면서, 성경에서 달콤한 말을 뽑아내어 교인들로 하여금 이 세상에서 성공하고, 리더가 되라고 적당히 부추기는 그런 목회가 과연 하나님이 바라시는 것일까? 그런 것을 하라고 하나님은 나를 부르셨을까?

그렇게 두 가지 면에서 나를 괴롭힌 영적 리더십에 대하여 진지하게 생각해 보고 싶었다. 그런 생각이 들자, 리더십에 대한 의문들이 읽는 책의 갈피마다 행간마다 가득 차기 시작하였다. 여러 리더십 책을 읽으며 나를 괴롭혔던 여러 의문들에 대하여 내 나름대로의 해답들과 생각들을 기록해 놓은 것이 바로 이 책에 실린 글들이다.

삼인성호(三人成虎)라 해서, 없는 호랑이도 셋이 보았다고 하면 있다고 믿어진다더니, 사람에게 없는 영적 리더십도 세 명이 있다고 말하니 사람들은 있다고 믿는 것일까? 또한 일반 리더십에서 사용하는 이론과 도구를 그대로 영적 리더십에서 사용해도 문제는 없을까? 영적 리더십 주창자들은 서로 모순되는 이야기를 잔뜩 해도 아무런 책임이 없는 것일까? 왜 수많은 사람들이 그런 책을 읽고도 아무도 지적을 하지 않는 것일까? 의문점이 어디 그뿐인가?

과연 리더가 교회에 유익한 존재로만 역할을 하는가? 그런 영적 리더십 이론을 열심히 따라 하는 목회의 현장에서 '리더'는 순기능만 있는 존재일까? 영적 리더십은 과연 교회를 성장시키는 것일까? 강한 영적 리더십을 가지고 있는 목회자가 교회를 성장시킨다는 말이 과연 맞는 말일까? 그들이 말하는 게 진실일까? 아니, 진실인가는 둘째로 하더라도 사실이기는 한 것일까? 이렇게 의문은 의문의 꼬리를 물고 나에게 다가 왔다.

이 책의 결론은, 영적 리더십은 성령 하나님께 속한 것이라고 우리가 고백해야 한다는 것이다. 그러나 '이래야 한다'고 주장하다 보니 '그래서는 안 된다'라는 부분이 있게 되었다. 그게 바로

'사람에게 영적 리더십은 없다' 이다. 그것을 위해서 여러 리더십 주창자들의 견해를 부득이 비판하지 않을 수 없었다. 생각해보라. 잘못 세워진 울타리를 허물지 않고서는 어떻게 새 울타리를 세울 수 있겠는가? 그러니 그런 비판을 양해 해주시기 바란다.

어느 분야이든, 지배 담론과 비판 담론이 긴장을 이루어가면서 존재한다고 생각하는데 영적 리더십 분야만은 예외인 듯하다. 예외도 보통이 아니라, 아주 완전 열외다. 그러니 나 혼자 시작하는 비판 담론은 현재로서는 아무도 귀담아 들으려고 하지 않을 것이다. 그러나 확실히 믿기는 언젠가 이 조그만 소리가 울림이 되어 태산을 움직이리라 믿는다. 태산 앞에서 내 손에 든 것이 비록 호미 한 자루라 할지라도 우공이산(愚公移山)이라는 말이 있기에 한편으론 마음이 든든하다.

이 책이 나오기까지 참으로 감사를 드릴 분들이 많다.

나의 생각이 온라인을 벗어나 오프라인으로 모습을 드러내게 하신 『월간 목회』의 박종구 목사님께 먼저 큰 감사를 드리고 싶다. 그분 덕택으로 부족한 글이 일부나마 『월간 목회』에 6개월간 연재되어 세상에 빛을 볼 수 있었다. 실상은 이 책의 원고를 들고 찾아가 추천의 글을 써주십사 부탁하려고 했는데 이 글이 여러 군데 걸리는 데가 있어, 목사님께 혹 폐가 될까 봐 그러지 못한 것이 아쉽다.

대구성서아카데미 원장이신 정용섭 목사님께서는 설교 비평집 『속 빈 설교 꽉 찬 설교』, 『설교와 선동 사이』를 집필하시느라 바쁘신 중에도 불구하고, 필자의 글을 위해 대구성서아카데미(dabia.net)에 칼럼 방 〈오세용 목사의 '좋은 316'〉을 마련해 주셨다. 그 자리가 바로 이 책이 태어난 자리다. 거기에다가 귀한 '추천의 글'까지 써주셔서 몸 둘 바를 모를 정도로 감사하다.

플로리다에서 발행되는 한인 신문 「Korea Weekly」의 김명곤 대표는 알고 보니 고교 동기동창이었다. 그러나 헤어져 서로 이름도, 얼굴도 잊은 채 몇 십년이 지나 인터넷 상에서 내 글을 매개로 하여 다시 만났다. 인터넷에 올라 있는 영적 리더십에 관한 나의 글을 보고 김대표가 무언가 마음에 끌리는 바가 있어 신문에 연재하기 시작하였는데, 그게 작년 8월의 일이다. 그래서 컬럼의 필자와 신문사 대표로 서로 이름만 교환하고 지내 오던 중 올 2월에야 비로소 동기동창인 것을 알게 되어, 서로의 추억을 교환하며 희한한 해후를 하게 되었다. 미국의 한인사회를 위해 언론의 사명을 다하느라 불철주야 바쁜 중에서도, 시간을 내어 원고를 읽고 귀한 추천의 글을 써주어서 너무 고마울 뿐이다.

이 글들이 다비아에 연재되는 동안 부족한 글을 읽고 많은 의견을 주신 다비아의 여러 회원들께도 감사의 말씀을 전한다. 또한 이 책이 출판되는 과정에서 원고를 읽고 철자 한 개라도 틀릴세라 꼼꼼하게 교정해 준 배원경님께 감사를 드린다.

드림북의 민상기 사장님은 시장성과 별개로 이 책을 출판하는 강단(剛斷)으로, 나를 감격하게 해 주셨다. 이제 이 책이 잘 팔리는 은혜를 입어 민사장님이 감격하게 되기를 바라는 마음 간절하다.

이 책이 나올 수 있도록 지금까지 나를 지탱해 준 사랑하는 아내와, 사랑하는 두 딸(瑜彬과 多彬)에게도 감사의 마음을 전한다. 특히 두 딸에게는, 이 책을 읽어 인생 길을 옳게 자리매김해 준다면 아빠로서 더 바랄 것이 없겠다는 말을 꼭 전하고 싶다.

2007. 5월에

목 차

〈제 3 부 〉 리더십 책 살펴 보기 : 진리인가 아닌가?

1

사람에게
영적리더십은 없다

1
예수님 앞에 사람의 '영적 리더십'은 없다

지금으로부터 수십년전 행정학과 경영학을 배웠다. 행정학의 기초는 조직관리다. 조직을 관리하기 위한 효과적인 방법이 바로 리더십이다. 경영학에서도 리더십을 다룬다. 물론 접근 방향은 다르지만, 어떻게 하면 사람을 효율적으로 움직여 조직에 도움이 되게 하는가 하는 리더십의 원리는 동일하다. 그렇게 리더십을 배우고 다시 신학교에 들어갔는데 신학교 과목중에도 리더십이 있었다. 과목 이름은 리더십인데, 그 앞에 한 마디가 더 붙는다. '영적' 리더십. 그런데 영적 리더십이란 과목을 들으며 놀라지 않을 수 없었다. 그 내용은 분명 성경적인 리더십이어야 하는데, 성경적이라는 말은 겉 껍질뿐이고 그 속을 꽉 채우고 있는 것은 바로 세상에서 배웠던 리더십이었다. 행정학과 경영학에서 배웠던 복잡한 리더십 이론들이 신학 책에서는 마치 교회를 새롭게 만드는 이론인양 포장을 하고 앉아 있었다. 인간의 조직을 관리하기 위하여 쓰이던 이론들이 어느새 교회에서 영적인 면을 관장하는 도구로 둔갑되어 나타난 것이다. 그 변화를 어찌 설명해야 할까?

지금 교회와 교회 주변에서 펼쳐지는 리더십 세미나에서는 행정학과 경영학에서 쓰이는 리더십 이론을 누가 먼저 예수라는 이름을 대입하여 바꿔 놓느냐, 열거되는 각종 사례들을 어느 누가 멋지고, 그리고 감쪽같이 성경귀절로 바꿔놓느냐 하는 경쟁을 하는 것 같다.

그래서 이런 진단이 가능해진다.
〈영적 리더십을 설명하면서 일반적인 리더십의 모형을 먼저 제시하고, 그에 대하여 단순하게 성경적 해석을 덧붙이고 영적 의미를 부여하는 것은 영적 리더십의 개념을 모호하게 만듭니다.〉 (김광건 책임편집, 『하나님 나라와 리더십』, 96)

분명한 것은 그러한 세속적인 리더십은 예수님이 원하시지 않는다는 것이다. 세상에서 리더십을 빌려오게 된다면 영적 리더십이 세속화될 뿐만 아니라 결국 예수님의 '종이 되어 오셔서 섬김'을 '리더십'이란 미명하에 훼손시키는 것이 될 것이다. 성경적인 리더십은 분명 존재한다. 그러나 그것은 사람을 리드하여 조직을 융성하게 하는 리더십이 아니라, 하나님이 친히 만드신 사람을 '하나님의 사람'으로 대하며, 섬기는 리더십이다.

그 리더십은 사람을 리드하지 않는다. 다만 섬길 뿐이다. 진정한 '섬김'은 서번트 리더십(servant leadership)이 아니라 서번트십(servant -ship)으로만 이루어지는 것이다. 그래서 필자는 '영적 리더십' 그리고 '리더십'이란 용어가 교회에서 쓰이는 것을 반대하는 것이다. 아니, 용어뿐만 아니라 예수님 앞에서 사람의 '영적 리더십' 자체가 있을래야 있을 수가 없다고 생각한다. 목회자는 '영적 리더십'으로 교인들을 리드해 가는 것이 아니다. 함께 손잡고 가는 것이다. 예수님께서 종 되셔서 섬기셨던 바로 그 '섬김'을 실천하면서.

2
하나님으로부터 멀어져 가는 영적 리더십.

"세워진 이유를 알기 전에는 그 울타리를 결코 헐지 말라." 체스터톤(Chesterton)의 말이다.

존 맥스웰은 체스터톤의 이 말을 인용하여 장래의 변화를 시도하기 전에 과거의 역사를 아는 것이 중요하다며 훌륭한 지도자는 조직의 역사를 알아야 한다고 말한다. 그렇게 다른 사람이 한 말을 자기의 주장을 펴는데 자유롭게 사용해도 된다면, 필자는 그 말을 이렇게 바꿔 사용하고 싶다. 울타리가 세워진 이유를 알기 전에는 그 울타리를 결코 헐지 말라. 그러나 그 이유를 알게 된다면 언제든지 그 울타리를 헐어도 된다고 말이다. 아니 헐어도 되는 게 아니라 그 울타리가 세워진 이유가 잘못된 것이라면 그 울타리를 과감히 헐어버려야 할 것이다.

그 '울타리'는 이 책의 제목에서 유추할 수 있는 바와 같이, 바로 우리 앞에 놓여진 '리더십'이란 울타리이다. 필자는 이 책에서 리더십이란 잘못 세워진 울타리를 헐어버리려고 한다. 물론 헐어버린 다음에는 제대로 된 울타리를 다시 세워야 되겠지만.

그 리더십이라는 울타리를 헐어버리려 하는 가장 중요한 이유는, 지금 거론되고 있는 리더십이 도무지 영적이지 못하기 때문이다. 필자의 이런 말에 의문을 가지는 분이 있을 것이다. 대체 '영적 리더십'이 어떤 면에서 '영적'이지 않는가? 앞으로 계속하여 이에 대하여 언급을 하겠지만, 이 장에서는 원론적인 이야기만 하고 넘어가기로 하겠다.

영적 리더십이 '영적'이지 않은 이유는 영적 리더십 이론이 빌려 쓰고 있는 리더십 이론의 한계로 인해 태생적으로 그렇게 될 수 밖에 없다(두 개의 리더십 이론을 구분하기 위하여 편의상 '영적 리더십'과 '일반 리더십'으로 부르기로 하겠다).

일반 리더십 이론은 사람을 보는 눈이 성경과 다르다. 간단히 이야기하자면 그것은 문제의 해답을 사람에게서 찾는 이론이다. 따라서 일반 리더십 이론에서 사용하는 도구를 빌려다가 쓰는 영적 리더십 이론은 태생적으로 일반 리더십 이론의 한계를 고스란히 안고 갈 수 밖에 없다. 그러므로 영적 리더십 이론을 계속 접하다 보면 사람을 보는 시각이 성경과 달라지게 되는 것이다.

예를 한번 들어보자. 요셉을 아는지? 기독교 신자라면 모두 다 잘 알고 있는 요셉이란 인물이 있다. 요셉을 어떻게 평가하는가? 먼저 성경에서 그 평가를 찾아보도록 하자. 성경을 보면 요셉의 일생을 기록, 평가한 부분이 많이 있는데 먼저 스데반(Stephen) 집사의 시각을 통하여 살펴보도록 하자. 스데반 집사는 죽음을 앞두고 행한 그의 설교에서 요셉에 대하여 이렇게 언급하고 있다.

"열두 족장들은 요셉을 시기하여 그를 이집트에 종으로 팔아 버렸습니다. 그러나 하나님께서는 요셉과 함께 계셨습니다. 요셉은 그 곳에서 많은 어려움을 당했으나 하나님께서 그 때마다 구해 주셨습니다. 또 하나님께서 요셉에게 지혜를 주셔서 이집트 왕 파라오에게 사랑을 받게 하셨습니다. 이집트 왕은 요셉을 총리로 삼아 이집트와 왕궁을 다스리게 했습니다"(쉬운 성경, 행 7:9-16).

스데반 집사는 요셉이 어려움을 많이 당했으나 그때마다 하나님이 구해 주셨다고 한다. 즉, 스데반 집사는 요셉이란 인물을 해석하면서 하나님의 주권적 역사를 강조하고 있는 것이다. 요셉이 모진 어려움을 이겨낸 그 힘이 어디에서 나왔는가? 그 원인을 요셉이 가지고 있는 능력이라든가 인격에서 찾는 것이 아니라 하나님에게서 찾고 있다. 하나님이 요셉과 함께 하셨다. 요셉이 어려움을 겪을 때에 하나님이 그 때마다 구해주셨다. 또 하나님이 요셉에게 지혜를 주셔서 애굽의 총리 자리에 오르게 하셨다, 이런 식이다. 이게 스데반 집사의 시각인데 어디 스데반만 그러했는가? 시편 기자도 마찬가지이다.

"주께서 그 땅에 기근을 내리시고 모든 식량 공급을 막으셨습니다. 그리고 먼저 한 사람을 보내셨는데 그가 종으로 팔렸던 요셉이었습니다"(쉬운 성경, 시 105:17).

이것 또한 스데반 집사와 마찬가지로 '하나님께서' 요셉을 애굽으로 보내셨다는 시각이다.

그런가 하면 요셉 자신도 자신의 인생을 이렇게 평가하고 있다.

> "하나님이 큰 구원으로 당신들의 생명을 보존하고 당신들의 후손을 세상에 두시려고 나를 당신들보다 먼저 보내셨나니 그런즉 나를 이리로 보낸 이는 당신들이 아니요 하나님이시라 하나님이 나를 바로에게 아버지로 삼으시고 그 온 집의 주로 삼으시며 애굽 온 땅의 통치자로 삼으셨나이다"(창 45:7-8)

> "그의 형들이 또 친히 와서 요셉의 앞에 엎드려 이르되 우리는 당신의 종들이니이다. 요셉이 그들에게 이르되 두려워하지 마소서 내가 하나님을 대신하리이까 당신들은 나를 해하려 하였으나 하나님은 그것을 선으로 바꾸사 오늘과 같이 많은 백성의 생명을 구원하게 하시려 하셨나니 당신들은 두려워하지 마소서. 내가 당신들과 당신들의 자녀를 기르리이다 하고 그들을 간곡한 말로 위로하였더라"(창 50:18-21)

그렇게 요셉 자신은 물론 스데반 집사나 시편 기자도, 요셉의 삶 모든 고비마다 하나님의 주권적인 개입을 인정하고 있는 것이다. 이게 바로 하나님의 눈으로 인생을 보는 시각이며, 이런 시각을 '영적'이라고 하지 않는가? 그런데 일반 리더십 이론에 의하면 그런 시각은 전혀 찾을래야 찾을 수가 없다. 그들이 가지고 있는 분석 도구(tool)에는 애초부터 하나님이 들어 설 자리가 없기 때문이다. 예를 들어보자. 다른 또 한 명의 '스데반'인 스티븐 코비(Stephen Covey)는 그의 책 『성공하는 사람들의 7가지 습관』

에서 요셉을 이렇게 분석하고 있다.

〈내가 좋아하는 구약 성서 내용에는 유태인의 기독교 전통에 대한 부분이 있다. 그것은 17세의 나이로 형제들에 의해 이집트에 노예로 팔려간 요셉에 관한 이야기이다. 우리는 '얼마나 요셉이 죄없는 자신을 팔아 넘긴 형들과 노예 상인들의 나쁜 짓을 원망할 수 있었으며, 보디발의 종으로서 자신의 불쌍한 신세를 보고 괴로워할 수 있었을까' 를 상상할 수 있을 것이다. 하지만 요셉은 주도적인 사람이었다. 그는 '될 수 있다' 고 결의하며 열심히 일했다. 그결과 그는 얼마 안가서 보디발의 가사를 돌보는 관리자가 되었다. 그는 큰 신망을 얻었기 때문에 보디발의 모든 재산을 관리하게 되었다. 어느날 요셉은 매우 어려운 상황에 처했지만, 불의와의 타협을 거부하여 결국 13년간이나 부당한 옥살이를 하게 되었다. 그러나 그는 주도적이었다. 즉, 그는 '영향력의 원' 에 집중하였고, 의존적 기대보다는 '될 수 있다' 의 결의로 최선을 다했다. 얼마 가지 않아 요셉은 감옥에서도 큰 영향을 미치게 되었다. 그후 요셉은 마침내 이집트에서 왕 다음 가는 제 2인자가 되었다.〉 (120)

인용한 스티븐 코비의 말에서 몇가지만 짚어보자. '큰 영향을 미치게 되었다' 는 말이 코비의 결론이다. '영향' ! 이 말에 언더라인을 해야 된다. 일반 리더십 이론의 핵심이 바로 '영향력' 이기 때문이다. 리더십을 여러 가지로 정의할 수 있지만 가장 지지를 많이 받고 있는 것은 어떤 상황에서 조직의 목표달성을 위해 어떤 개인이 조직 구성원이나 조직의 행위에 영향력을 행사하거나 이끌어 가는 과정이라는 것이다. 줄여 말하자면 리더십은 '영향력'인 것이다. 그래서 리더십 이론에서 리더란 '영향력을 가지고 있는 사람'이다. 그러므로 스티븐 코비에 의하면 요셉은 주변에 영향을 끼친 사람으로서 리더의 역할을 한 것이 된다.

그러면 코비는 왜 요셉이 주변에 영향을 끼쳤다고 볼까? 그는 몇가지로 그것을 분석하고 있다. 첫째는 요셉이 주도적인 사람이었다는 것이며, 둘째는 그가 '될 수 있다'고 마음 먹었으며, 셋째로 그는 열심히 일했으며, 넷째로 불의와의 타협을 거부한 사람이라는 것이다.

이 네 가지가 바로 요셉이 주변에 영향력을 가지게 된 이유이며 요셉이 지니고 있었던 지도자의 모습이다. 그래서 일반 리더십에서는 요셉이 가지고 있었던 그러한 특성(혹은 성격)들을 추출하여, 지도자가 가져야 할 자질로 확대하여 일반화시키는 것이다. 이게 바로 일반 리더십 이론에서 흔히 사용하는 리더의 조건을 추출해 내는 방법과 절차이다. 그래서 지도자가 되기 위해서는 주변에 영향을 끼쳐야만 하는데, 그 영향을 끼치기 위하여는 주도적이야 하며, 할 수 있다는 적극적인 사고방식을 가져야 하며, 열심히 일하는 근면한 사람 그리고 불의와 타협하지 않아야만 한다는 공식이 나오는 것이다. 이런 생각의 그 어디에 하나님의 은혜가 개입할 수 있겠으며 하나님의 주권적인 역사가 개입할 수 있겠는가?

영적 리더십 이론에서는 일반 리더십 이론으로부터 위와 같은 분석 도구를 빌려쓰고 있다. 그렇게 해서 영적 리더십 이론이든 일반적 리더십 이론이든 '인간적인 시각'으로 덧칠해진 안경을 쓰고, 리더십 이론을 전개해 나가게 되는 것이다. 그러니 영적 리더십에서는 아무리 애를 써도, 사용하고 있는 도구때문에 비록 성경에 나오는 인물을 분석할지라도 '영적'이 되기 위한 필요 충분조건인 '하나님의 시각'으로부터 자꾸만 멀어지게 되는 것이다. 그것이 영적 리더십 주창자들이 '인간적인 시각'으로 패러다임의 변동이 되어 버린 것을 단적으로 보여주는 좋은 실례이다. 그렇게 해서 일반 리더십 이론에서 사용하는 도구를 사용한 결과 영적 리더십은 말만 영적이지, 결코 영적이지 못한 모습으로 변해버렸다.

그렇게 '영적'이지 못한 영적 리더십을 자꾸 전파한다면 교회에서 어떤 일이 일어날까? '하나님의 시각' 대신에 자기도 모르게 '인간적인 시각'을 가지게 된 수많은 '영적 리더'들이 교회안에 가득 차게 될 것이다. 과연 영적 리더십 주창자들은 교회가 그렇게 되기를 바라는 것일까? 자기들이 말하는 리더십이 영향력을 끼치는 과정이라고 진정 생각한다면 이제 잠시 발걸음을 멈추고 자기들이 어떤 영향을 끼치고 있는지 살펴 보아야 할 것이다. 영향력은 반드시 좋은 방향으로만 나가는 것이 아니라는 것을 염두에 두고.

그래서 필자는 체스터톤이 한 말을 이렇게 고쳐 읽고 싶은 것이다.
'울타리가 세워진 이유를 알기 전에는 그 울타리를 결코 헐지말라. 그러나 그 이유가 잘못된 것을 알게 된다면 한시라도 빨리 그 울타리를 헐어야 된다.'

3

'영적 리더십', 세속화의 역사

과연 언제부터 '일반 리더십'이 '영적 리더십'이라는 이름으로 교회 내에 들어오게 되었을까? 리더십에 관한 책을 읽으면서 그 점이 몹시 궁금했다. 요즈음에는 영적 리더십만을 전문적으로 연구하는 분들도 계시는데, 그분들의 책에서도 그 점에 대해서는 별반 언급이 없었다. 그러니 더 궁금한 노릇이었다.

그러던 중에 김광건 목사가 책임 편집한 『하나님 나라와 리더십』이란 책을 읽게 되었는데, 거기에 약간의 힌트가 나오는 것을 발견했다. 그 책 서문에서 리더십 이론이 교회내에 들어오게 된 역사 및 우리나라에 들어오게 된 경위를 김상복 목사가 언급하고 있다. 김상복 목사는 거기에서 본인과 리더십이 관련된 이야기를 하면서 우리나라에 맨 처음 리더십 이론을 들여온 것을 말하고 있다.

내용을 간략하게 소개하자면 "1980년도 말까지 교회와 신학교들은 리더십에 대한 관심이 거의 없었습니다"라는 말로 서문은 시작되고 있다. 여기에서 '교회와 신학교'라 함은 우리나라는 물론이거니와 미국의 교회와 신학교를 의미한다. 그래서 미국의 풀러 신학교에서 도날드 맥가브란 교수를 주축으로 하여 교회 성장학이 개발되고, 피터 와그너 교수의 저서들을 통해 교회성장의 원리들이 관심을 끌기 시작했으며, 나중에 1980년도 말에 가서야 교회성장이 리더십과 관련이 있음이 감지되었다고 한다. 그래서 그때부터 신학교 ―미국의 신학교 ―에 리더십 강좌가 개설되기 시작하였고, 김상복 목사는 당시 워싱톤 신학대학에서 가르치고 있었는데, 그 곳에서 리더십 과목을 개설하여 강의를 하였다는 것이다. 또한 한국 교계의 요청에 의해 1986년에는 한국의 신학교에서 리더십 강좌를 열었는데, 그게 한국에서 리더십 강좌의 효시가 되었다고 말하고 있다. 그 강좌에서 강의한 내용이 나중에 책으로 출판되었는데, 그 책이 목회자와 리더십을 주제로 한 국내에 소개된 첫 번째 책이라는 것이다.

김상복 목사의 말은, 결국 영적 리더십은 리더십 자체의 필요성에서가 아니라, 교회성장을 위한 한 방편으로 도입된 이론이라는 것이다. 피터 와그너 교수의 책을 읽어보면 말 그대로 영적 리더십은 완전히 교회 성장을 위한 방편이다. 그런데 김상복 목사는 『목회자의 리더십』이 목회자와 리더십을 주제로 한 책으로 국내에 소개된 첫 번째 책이었다고 하는데, 그 말은 아마 한국인으로서 리더십에 관하여 지은 첫 번째 책이라는 말이 아닌가 싶다. 1984년에 출판된 피터 와그너의 책 『Leading your church to growth』가 김선도 목사의 번역으로 『교회성장을 위한 지도력』이라는 제목하에 국내에서 1984년 7월에 이미 출판되어 있었기 때문이다.

그래서 위의 사항을 종합하여 보면, 미국의 기독교계에는 1980년에 교회성장을 위한 필요성에서 영적 리더십이 도입되었으며, 한국 교계에는 피터 와그너의 책이 1984년에 번역 소개되었고, 김상복 목사의 리더십 강의가 1986년에 이루어졌으며 그 강의를 토대로 한 책 『목회자의 리더십』이 그 다음해인 1987년도에 출판되었다는 역사적 기록이 성립이 되는 것이다.

그런데 다른 책을 읽다가 위의 기록과 다른 것을 하나 발견했다. 바로 오스왈드 샌더스의 책 『영적 리더십』이다. 그 책은 이동원 목사에 의해 번역되어 국내에서 1982년에 출간되었다. 1982년이면 피터 와그너의 책이 국내에 번역되어 소개되기 몇 년전의 일이다. 그런데 그 책의 '저자 서문'에서 오스왈드 샌더스는 이렇게 말하고 있다.

"이 책은 1964년과 1966년에 싱가폴에서 열린 해외 선교회(OMF)의 지도자들에게 전한 두 차례에 걸친 설교를 정리한 것이다."

그래서 그 책 영문판은 1967년도에 초판이 발간되었고, 개정판은 1980년에 발간되었다. 김상복 목사의 말에 의하면 미국에 영적 리더십 이론이 교회에 들어오게 된 시점이 1980년도 말이라는데, 오스왈드 샌더스는 무려 십여년 전에 이미 영적 리더십을 주장했던 것이다. 존 맥스웰도 그의 책 『열매맺는 지도자』에서 "1970년에 나는 오스왈드 샌더스가 지은 『영적 리더십』이란 책을 읽었다"라고 말하고 있다. 그러니 김상복 목사가 위에서 "1980년도 말까지 교회와 신학교들은 리더십에 대한 관심이 거의 없었습니다"라고 말한 것은 사실과 상당히 다르다는 것을 알 수 있다.

그러면 김상복 목사는 왜 위와 같이 기록하고 있을까? 그 분이 없는 이야기를 지어내서 말한 것이라고는 생각하지 않는다. 그래서 생각해 볼 수 있는 가능성은, 1980년도에는 오스왈드 샌더스가 피터 와그너보다도 영향력이 적었던 것이 아닌가 한다. 그러길래 미국 현장에서 그것을 보고 있던 김목사가 오스왈드 샌더스의 영적 리더십을 거론하는 대신, 피터 와그너의 교회 성장에 중심을 둔 영적 리더십을 '영적 리더십'의 대세로 파악하고 국내에 소개한 것이 아닌가 생각된다. 그래서 김상복 목사는 이미 오스왈드 샌더스의 책이 우리나라에 번역 출간되어 있음에도 불구하고, 오스왈드 샌더스의 책을 교재로 채택하거나 효시로 보지 않고, 1986년에 피터 와그너 계열의 영적 리더십을 소개하면서, 영적 리더십이 교회로 처음 들어오게 된 것으로 기록하고 있는 것이다.

오스왈드 샌더스와 피터 와그너가 각각 주장하는 '영적 리더십'은 그 본질이 다르다. 피터 와그너의 영적 리더십은 영적 리더십을 교회 성장의 도구로 본 반면에 오스왈드 샌더스는 교회 성장과 리더십을 연결시키지 않고 있다. 그러나 시간적으로 오스왈드 샌더스가 먼저 영적 리더십에 관한 책을 냈으니, 그의 영적 리더십을 효시로 본다면 피터 와그너의 영적 리더십은 원래의 리더십 방향에서 한 번 방향을 바꾼 굴절된 영적 리더십인 것이다. 교회 성장 위주의 리더십은 영적 리더십 이론을 '교회 성장'이라는 한정된 부문으로 리더십의 방향을 돌려 버린 것이다. 그래서 피터 와그너의 영향을 받은 영적 리더십 책들은 교회 성장과는 뗄래야 뗄 수 없는 관계를 가지고 있음을 볼 수 있다.

그런데 리더십 이론이 방향을 선회한 역사는 여기에서 끝나는 게 아니다. 그렇게 교회 성장이라는 방향으로 선회했던 영적 리더십은 1980년대 후반에 들어서 걸출한 인물을 만나 다시 한번 방향을 돌리게 된다. 영적 리더십 이론에 '성공'을 이식한 존 맥스웰이라는 인물이 그 주인공이다. 그의 책『열매 맺는 지도자』에서 싹을 보이기 시작한 성공지상주의 리더십은『리더십의 법칙』에 와서는 더 한층 발전된 모습을 보여주고 있다. 그래서 그에 의하여 리더십은 사람 혹은 조직에 있는 문제를 해결하기 위한 도구로 변해 버리게 된다. 그가 몇 번이고 되풀이 해서 강조하고 있는 말 "누차 강조하지만 모든 것은 리더십에 달려있다"(『리더십의 법칙』, 82)는 말이 그것을 잘 표현해 주고 있다. 그렇게 해서 리더십 이론은 '성공'을 만나 다시 한 번 방향을 선회하게 된 것이다. 영적 리더십은 본연의 리더십에서 한 번 벗어나, '교회성장'을 위해 꺾어지더니 이제 또 다시 몸을 굽혀 '성공'이란 것을 위해 또 한 번 꺾였다. 그러니 완전히 그 방향을 상실해 버린 것이다.

여기서 교회 성장 위주의 리더십과 성공위주의 리더십을 간단하게 비교 분석해 보자. 본연의 영적 리더십은 '사람들을 움직여 하나님의 일을 하게 하는 것'인데 비하여, 교회 성장 위주의 리더십은 '교회 성장'이라는 한정된 부문으로 리더십의 방향을 돌려 버리는 것이다. 그래서 리더십 이론이 추구하고 있는 다른 요소들을 도외시한 채 오직 교회의 성장이라는 목표에 매진하게 만들었다. 따라서 교회를 성장시키지 못하는 목회자는 리더십이 없는 것이며, 오직 강력한 영적 리더십을 가진 리더만이 교회를 성장시킬 수 있다고 주장한다.

성공 위주의 리더십은 한 걸음 더 나아가 조직의 문제를 해결하는 것으로 리더의 역할을 축소해 버림과 아울러, 그러한 문제해결 능력을 리더십의 척도로 삼아 리더의 성공을 평가하는 논리를 구사하고 있다. 그래서 하나님과의 관계 설정에 힘쓰기 보다는 인간관계에 더욱 힘을 쓰는 기형적인 리더십의 모습을 보여주고 있다. 이것을 다른 각도로 보자면 '처세술'로까지 비쳐질 수 있는 위험성이 있다.

그런데 흥미로운 사실은 각각 '교회성장'과 '성공'을 위주로 하는 두 갈래의 리더십 이론간에 공통점이 있다는 것이다. 바로 그 측정방법에서 외형적인 면과 결과를 중시한다는 점이다. 조직의 문제를 잘 해결하는 사람이 곧 성공하는 리더라는 성공지상주의 리더십은 그래서 따르는 사람이 많아야 성공하는 리더라고, 세속적인 안목으로 리더십을 측정하고 있다. 또한 강력한 리더가 있는 조직이 성장한다고 하는 성장위주의 리더십 역시 철저하게 세속적인 안목으로 리더십을 평가하여 교인수로 리더의 리더십을 평가한다. 그래서 교인수가 많은 교회의 목회자는 강력한 영적 리더십을 지닌 리더이며, 교인수가 적은 교회의 목회자는 상대적으로 영적 리더십이 부족한 사람으로 평가를 받게 되는 것이다.

그렇게 두 영적 리더십은 세속적인 면이라는 점에서 교집합을 이룬다. 결국 사람 눈에 보이는 결과로 평가하며, 외형적인 면을 중시한다는 면에서 두 영적 리더십 이론은 서로 상승작용을 일으켜 가며 '영적 리더십'을 세속화하는데 앞장서고 있다. 이게 바로 우리들이 현재 보고 있는 '세속화된 영적 리더십'의 모습이다.

그래서 영적 리더십의 참 모습을 보려면, 현재 우리들이 보고 있는 영적 리더십 이론에서 '성공'이란 얼룩을 제거해야 할 뿐만 아니라, 한 걸음 더 나가 '교회 성장'의 도구로 쓰이고 있는 잘못도 과감히 시정해야 한다. 그런데 그렇게 두 가지의 얼룩을 제거한다고 해서 곧바로 진정한 영적 리더십의 모습이 보이리라고는 생각지 않는다. 영적 리더십의 효시라고 생각되는 오스왈드 샌더스의 영적 리더십도 결코 완전한 것이 아니기 때문이다. 그 안에 들어있는 인간적인 요소들, 즉 일반적인 리더십에서 빌려온 도구들을 다 제거하여 하나님의 역사가 영적 리더십의 전면(前面)에 나오도록 해야만 비로소 영적 리더십은 본연의 모습으로 우리에게 다가올 것이다.

4
예수님은 우리더러 으뜸이 되라 하셨나?

리더십, 특히 성공위주의 리더십을 주장하는 분들이 말하는 리더십의 성경적 근거는 어디일까? 그들은 무엇을 근거로 하여 리더십을 말하고 있는 것일까? 그 근거는 마가복음 10장에 나오는 예수님의 말씀이다. 그 중에서도 43절과 44절의 말씀이다.

"너희 중에 누구든지 크고자 하는 자는 너희를 섬기는 자가 되고 너희 중에 누구든지 으뜸이 되고자 하는 자는 모든 사람의 종이 되어야 하리라"

또 다른 분은 마가복음 9장 35절의 말씀을 근거로 하고 있기도 하다.

"예수께서 앉으사 열두 제자를 불러서 이르시되 누구든지 첫째가 되고자 하면 뭇 사람의 끝이 되며 뭇 사람을 섬기는 자가 되어야 하리라 하시고"

명성훈 목사는 그의 책 『성경속의 리더십 마스터키』에서 예수님께서 제자들에게 하신 말씀(막 10:43-44)을 다음과 같이 해석하고 있다.

〈지도자가 되고 싶은 열망은 지극히 좋은 것이다. 어떤 면에서 그
것은 성서적이다. 주님께서도 그것을 인정하셨다.

"누구든지 크고자 하는 자는", "너희 중에 누구든지 으뜸이 되고
자 하는 자는"이라는 말씀은 무엇을 의미하는가? 크고자 하는 것
이나 으뜸이 되고자 하는 마음 그 자체가 잘못이 아니라는 말이다.
얼마든지 크고 으뜸이 되라는 것이다. 문제는 그 방법이 좋아야 하
고 올바른 것이어야 한다. 성경의 방법은 세상과 정반대이다. 섬
기는 자가 되어야 하고, 종이 되어야 한다는 것이다. 성경의 리더
십은 세상의 리더십과 정반대의 방법론을 가르칠 때가 많다. 하나
님 나라는 "거꾸로 왕국"(the upside down kingdom)이다.〉
(39)

또한 길버트 빌지키언 박사는 그의 책 『공동체』에서 다음과 같
은 해석을 하고 있다.

〈예수님은 …… 다음과 같은 말로 메시지를 요약하셨다. 아무든지
첫째가 되고자 하면 뭇 사람의 끝이 되고 뭇 사람을 섬기는 자가
되어야 하리라. (막 9:35) 예수님은 첫째가 되려는 욕망이 잘못이
라고 책망하시지 않았다.〉 (166)

피터 와그너 교수 또한 "지도자가 되기 원하는 데에는 잘못된
것이 없다고 예수께서 말씀하셨음을 주목하라"고(『교회 성장을
위한 지도력』, 88) 하고 있다.

과연 위의 해석대로 예수님이 우리더러 세상 사람들보다 큰

사람이 되라고 하셨을까? 으뜸이 되라고 하셨을까?

　지도자가 되고 싶은 열망을 갖는 것이 과연 성경적일까? 아니다. 그들은 성경해석을 잘못하고 있다. 인용한 성경말씀 막 10:43-44절 두절만 놓고 보면 마치 예수님이 제자들에게 으뜸이 되라 하셨고, 첫째가 되라 하신 것처럼 보인다. 그래서 첫째가 되기 위하여는 섬겨야 한다고 하여, 마치 첫째가 되기 위한 조건으로 섬김이라는 항목을 열거한 것처럼 이해하고 있다.

　그러나 예수님께서 이 말씀을 하시게 되는 배경을 살펴보면 전혀 그렇지 않다는 것을 알 수 있다. 야고보와 요한이 예수님에게 와서 "선생님이여 무엇이든지 우리가 구하는 바를 우리에게 하여 주시기를 원하옵나이다"라고 청하니 예수님은 "너희에게 무엇을 하여 주기를 원하느냐?"라고 물으신다. 이때 두 제자와 예수님 사이를 감싸던 분위기는 얼마나 따뜻했을까? 예수님은 그들이 무엇을 말하든지간에 다 들어줄 듯한 자애로운 음성으로 그들에게 말씀하셨을 것이다.

　그도 그럴 것이 사랑하는 제자들이 와서 새삼스럽게 무언가 청을 하겠다니 예수님이 어찌 모르는 체 하실 것인가?

　그래서 예수님은 그들에게 무엇이든지 다 들어 주겠다는 뉘앙스조차 풍겼을 것이다. 그런데 이때 예수님이 그들로부터 기대하던 질문에는 다음과 같은 것은 제외되어야 한다.

　어떤 것이 예수님이 예상하신 질문들이 아니었을까? 먼저 제외시킬 것은 요한과 야고보가 예수님에게 다가오기 전에 예수님이 제자들에게 말씀하셨던 것과 관련된 것이다. 그들이 말을 꺼내기 방금 전에 예수님은 제자들에게 무엇을 말씀하셨던가? 바로 자기가 예루살렘에 올라가 죽을 것이라는 말씀이었다. 그러니 예수님의 죽음, 즉 남을 위하여 희생하는 죽음과 반대되는 이야기는 생각지 않으셨을 것이다. 또한 예수님이 생각지 않았던 것으로는 마가복음 9장에서 이미 언급한 바 있는 문제- 제자들 가운데 누가 크냐 하는 문제- 도 예상하지 않으셨을 것이다. 이미 그 문제에 대하여는 예수님이 한번 딱부러지게 짚고 넘어가지 않았던가?

"예수께서 앉으사 열두 제자를 불러서 이르시되 누구든지 첫째가 되고자 하면 뭇 사람의 끝이 되며 뭇 사람을 섬기는 자가 되어야 하리라"(막9:35)

그렇게 이미 말씀하신 것이니 어찌 예수님이 요한과 야고보의 입에서 그런 요청이 나오리라고 상상이나 하셨겠는가?

그러니 '주의 영광중에서 우리를 하나는 주의 우편에, 하나는 좌편에 앉게 하여 주옵소서'라는 그들의 요청은 예수님의 기대를 여지없이 깨트려 버리는 것이었다. 방금 전에 예수님께서 제자들에게 예루살렘에 올라가 죽을 것이라는 말씀을 하실 때에 과연 제자들은 어떤 의미로 받아 들였기에 그 말이 끝나고 나자 야고보와 요한이 와서 그런 요청을 하게 되었을까? 그들은 예수님이 예루살렘에 가셔서 돌아가시겠다는 말을 전혀 심각하게 받아 들이지 않은 것이다. 예수님이 그런 말씀을 하실 때에도 그들의 마음속에는 오로지 누가 첫째가 되는가에 관한 생각으로 가득했던 것이다. 자, 그런 상황이었으니 그런 말을 들은 예수님의 마음은 오죽했을까? 아마 귀를 의심했을지도 모른다. '내가 잘못 들은 것이 아닐까?' 그러나 예수님이 잘못 들으신 것이 결코 아니었다. 그래서 예수님은 깊은 한숨을 쉬었을지도 모른다. '한심한 것들 같으니라구!!!' 입에서는 한숨을 내 쉬시며 그렇게 속없는 제자들을 외면하신 채, 먼 산을 바라보시면서 속으로 어찌할꼬, 하는 한탄을 하셨을 것이다.

이윽고 한번 목청을 가다듬으신 예수님이 제자들을 향하여 정색을 하고 말씀하신다.

"너희는 너희가 구하는 것을 알지 못하는도다. 내가 마시는 잔을 너희가 마실 수 있으며 내가 받는 세례를 너희가 받을 수 있느냐?"

이렇게 질문하신 것은 그들이 요청한 것이 얼마나 덧없는 것인가를 다시 한번 깨닫게 하심이었다. 그러나 멍청하기 이를 데 없는 두 제자는 아무런 생각없이 불쑥 대답한다. "할 수 있나이다." 이런 대답에 예수님은 너무 너무 안타까워서 이렇게 대답하신다.

"너희는 내가 마시는 잔을 마시며 내가 받는 세례를 받으려니와 내 좌우편에 앉는 것은 내가 줄 것이 아니라 누구를 위하여 준비되었든지 그들이 얻을 것이니라"

문제는 다음에 다시 일어났다. 야고보와 요한이 예수님에게 그러한 청을 했다는 소식을 들은 다른 제자들이 분란을 일으킨 것이다. 그래서 예수님은 제자들을 다시 부르신다. 부르셔서 말씀하신다.

"이방인의 집권자들이 그들을 임의로 주관하고 그 고관들이 그들에게 권세를 부리는 줄을 너희가 알거니와 너희 중에는 그렇지 않을지니"

이 말이 무슨 말인가? 세상 권세 있는 자들은 다른 사람들을 권세로 부리며 자기들 마음대로 몰아가지만 너희는 그러지 말라는 말씀이다. '너희 중에는 그렇지 않다'는 말이 다음 이어질 말의 전제가 되며, 해석의 방향이 된다.

"너희 중에 누구든지 크고자 하는 자는 너희를 섬기는 자가 되고 너희 중에 누구든지 으뜸이 되고자 하는 자는 모든 사람의 종이 되어야 하리라. 인자가 온 것은 섬김을 받으려 함이 아니라 도리어 섬기려 하고 자기 목숨을 많은 사람의 대속물로 주려 함이니라"

이말을 다시 한번 해석해 보면 다음과 같다.

'너희들이 그렇게도 첫째가 되고 싶고, 으뜸이 되고 싶으냐? 그러냐? 정 그렇다면 그래 일등이 되어라, 첫째가 되어라. 으뜸이 되어라. 단, 남들보다 크고자 하는 자는 남을 섬겨야만 하고 으뜸이 되고자 하는 자는 모든 사람의 종이 되어야 한다. 자, 그래도 너희가 첫째가 되고 싶고 으뜸이 되고 싶으냐? 어리석은 것들아, 정신차려라. 내가 이 땅에 온 것은 일등이 되어서, 크게 되어서 섬김을 받으러 온게 아니지 않느냐? 도대체 몇번이나 말해 주어야 알아듣겠느냐? 나는 다른 사람의 종이 되어서 섬기러 왔단 말이다. 다시 말해 줄까? 죽기 위해 왔다는 말이다.'

예수님은 이 말씀 속에서 섬김을 말씀하셨지만, 그 섬김은 제자들에게 으뜸이 되기 위해서 필요한 조건으로 언급하신 것이 결코 아니다. 우리는 예수님의 말씀속에서 그 행간에 숨은 뜻을 살필 수 있어야 한다. 예수님은 친히 성경의 행간 읽기 모범을 보여주신 적이 있다. 바로 마가복음 10장의 앞부분에 나온다. 예수님이 모세의 글에서 그 행간을 읽으신 장면이다.

"바리새인들이 예수께 나아와 그를 시험하여 묻되 사람이 아내를 버리는 것이 옳으니이까 대답하여 이르시되 모세가 어떻게 너희에게 명하였느냐 이르되 모세는 이혼 증서를 써주어 버리기를 허락하였나이다 예수께서 그들에게 이르시되 너희 마음이 완악함으로 말미암아 이 명령을 기록하였거니와 창조 때로부터 사람을 남자와 여자로 지으셨으니 이러므로 사람이 그 부모를 떠나서 그 둘이 한 몸이 될지니라 이러한즉 이제 둘이 아니요 한 몸이니 그러므로 하나님이 짝지어 주신 것을 사람이 나누지 못할지니라 하시더라"(막 10:2- 9)

바리새인들이 와서 예수님을 시험하기 위해 묻는다. "사람이 아내를 버리는 것이 옳으니이까?" 그러한 상황에서 예수님은 모세의 말한 바 '이혼을 하되, 이혼증서를 써주라'는 것을 어떻게 해석하시는가? 예수님의 해석은 이혼을 허락한 것에 강조를 둔 것이 아니라, 사람들이 오죽했으면 모세가 그런 말을 했겠는가, 이다. 모세가 그런 말을 한 이유는 사람들의 마음이 완악해서 조그만 흠이 있어도 아내를 버리고 있으니 그렇게 하지 못하게끔 이혼증서를 써주도록 한 것이라는 해석이다. 이혼증서를 써주라 하면 그것이 귀찮고 힘들어서라도 아내 버리기를 그치지 않겠느냐? 예수님은 그렇게 모세의 말씀 행간을 읽으셨다. 그것도 문제되는 말씀과 같은 장(章)에서 그렇게 하신 것이다.

그런 예수님의 행간 읽기를 우리도 생각해 보아야 하지 않겠는가? 예수님을 본받아야 하는 우리들이니 한번쯤 예수님의 성경 해석 방법을 따라 해보는 것도 나쁘지는 않을 것이다. 자, 그렇게 한번 따라 해보자. 우리는 예수님을 열심히 본받아야 하니 말이다.

사람들이 와서 우리에게 묻는다. "사람이 리더가 되는 것이 옳습니까?" 그러한 상황에서 우리는 예수님이 말씀하신 바 '너희 중에 누구든지 으뜸이 되고자 하는 자는 모든 사람의 종이 되어야 하리라' 라는 말씀을 어떻게 해석해야 하는가?

해석의 원칙은 예수님이 사람들에게 으뜸되라고 말씀하신 것에 강조를 둘 것이 아니라, 사람들이 오죽했으면 예수님이 그런 말씀을 하셨겠는가 이다. 사람들의 마음이 완악해서 서로들 잘났다고 하면서 으뜸이 되기를 원하고 있으니 그렇게 하지 못하게끔 으뜸이 되기를 원하는 사람은 다른 사람의 종이 되어야 한다고 하신 것이라는 해석이다.

다른 사람의 종이 되어야 한다고 하면 그것이 귀찮고 힘들어서라도 으뜸되는 것을 포기하지 않겠는가?

"너희 중에 누구든지 크고자 하는 자는 너희를 섬기는 자가 되고 너희 중에 누구든지 으뜸이 되고자 하는 자는 모든 사람의 종이 되어야 하리라"

오죽이나 사람들이 으뜸이 되려고 하고 다른 사람들보다 크고자 하려 했기에 예수님은 정 그렇게 하려거든, 일등이 되고 싶으면 섬기는 일로 으뜸이 되라고 하셨을까? 자, 그런데도 예수님의 말씀속에서 한두절을 쏙 골라내어 예수님이 우리더러 첫째가 되어도 좋다고 하셨다며, 으뜸이 되고자 하는 마음이 잘못된 것이 아니라고 주장하는 해석은 과연 제대로 된 해석인가?

리더십 주창자들은 "크고자 하는 마음이나 으뜸이 되고자 하는 마음 그 자체가 잘못이 아니라는 말이다. 얼마든지 크고 으뜸이 되라는 것이다"라고 말한 데 이어 "얼마든지 크고 으뜸이 되라는 것이다. 문제는 그 방법이 좋아야 하고 올바른 것이어야 한다. 성경의 방법은 세상과 정반대이다"라고 말한다. 그러나 과연 방법만 세상 것과 정반대로 하면 되는 것일까? 목적이 세상이 추구하는 것과 동일한 것이라면 아무리 방법을 세상 것과 반대로 한다 할지라도 이미 전제가 틀렸다. 목적 자체가 틀렸으니 아무리 방법이 다르다 한들 무슨 소용이 있으리요? 정말 하나님 나라가 '거꾸로 왕국'(the upside down kingdom)이라고 한다면, 방법만이 아니라 목적도, 목표도 세상 것과는 달라야 한다.

우리들이 지향해야 할 목표는 그냥 '섬김'이다. 지도자가 되어서, 혹은 지도자가 되기 위하여 하는 '섬김'은 지양해야 한다. 그런데도 불구하고 그들이 "성경에는 높아지기 위하여 무엇인가를 포기하였던 하나님의 사람들에 대한 수없이 아름다운 증거가 있다"(존 맥스웰, 『열매 맺는 지도자』, 31)는 식의 주장을 하는 것을 보면 안타깝기만 하다.

정 그렇게 그 말씀을 예수님이 우리더러 첫째가 되라고 허용하셨다는 식으로 해석한다면, 마태복음에 있는 다음과 같은 예수님의 말씀은 어떻게 해석해야 할까?

> "지도자라 칭함을 받지 말라 너희의 지도자는 한 분이시니 곧 그리스도시니라"(마 23:10)

5
(독후감) 예수님은 우리더러 으뜸이 되라 하셨나?
— 성서를 도구화하는 것은 사탄의 성서해석이다.

필자는 작년 10월부터 주일학교 교사로 봉사를 하고 있다. 교회가 작아서 설교를 두 분의 선생님들과 돌아가면서 토론식으로 하고 있다. 교사가 질문을 하면 학생들은 거기에 대해서 생각하는 방법으로 성서말씀에 대한 올바른 지식을 익혀가도록 돕는 방법이다. 물론 토론을 진행하려면 교사가 성서정과[1]를 보고 이번 주에 나눌 말씀을 시간을 정해서 미리 공부해야 한다. 지난주에는 루가의 복음서 4:1-13을 주제로 미리 공부를 하면서 많은 깨달음을 얻었는데, 그 중 하나가 성서를 자신의 욕심을 채우기 위한 수단으로 이용하면 안 된다는 것이다. 악마가 예수님에게 성서를 근거로 고난의 길을 걸어가는 십자가의 메시아가 아닌, 영웅이 되라고 부추기는 모습을 보면서 필자는 성서를 자신의 욕심을 채우는 수단으로 이용하는 것은 사탄의 성서해석임을 절실하게 느꼈다.

---

1) 아침기도, 저녁기도, 미사에 사용될 성서말씀과 교회력(教會曆)을 적은 표이다

그런데 한국교회에서는 성서의 일부 구절을 이용해서 자신의 욕구를 채우려 하는 경우가 많이 있다. 오세용 목사님의 글 '예수님은 우리더러 으뜸이 되라 하셨나?'에서도 그러한 사례가 적나라하게 묘사되고 있다. 오 목사님은 '너희 중에 누구든지 크고자 하는 자는 너희를 섬기는 자가 되고 너희 중에 누구든지 으뜸이 되고자 하는 자는 모든 사람의 종이 되어야 하리라'(마가 10:43-44)를 '높아지려는 것은 잘못이 아니다'라는 뜻으로 잘못 해석하는 문제를 지적하고 있다. 사실 이 문장은 예수님이 로마제국을 상대로 무장혁명을 일으켜서 예수정권을 세우면 한 자리를 차지하려는 권력욕으로 가득찬 제자들을 바로 잡기 위해서 하신 말씀이다. 높아지라는 게 아니라, 높아지지 말라는 이야기이다.

성공회 사제이자 신학자인 양권석 신부님의 표현을 빌리면 로마의 패권주의에 반대하는 말씀이기도 하다. 그런데도 높아지려는 욕심에 가득한 일부 해석자들은 높아지라는 뜻으로 잘못 해석하고 있다. 성서를 입으로는 하느님의 말씀이라고 고백한다면서 자신의 명예욕을 채우기 위한 수단으로 이용하고 있다. 생각없이 들으면 은혜받았어요라고 할지 모르지만, 또는 은혜롭다고 할지 모르지만, 성서가 하느님의 말씀임을 생각하면서 들으면 성서를 예수의 길을 방해하기 위한 수단으로 이용한 사탄의 성서관을 따르는 것임을 알 수 있다. 그래서 저자는 이렇게 묻는다.

"예수님의 말씀 속에서 한 두절을 쏙 골라내어 예수님이 우리더러 첫째가 되어도 좋다고 하셨다며 으뜸이 되고자 하는 마음이 잘못된 것이 아니라고 주장하는 해석은 과연 제대로 된 해석인가?"

　사순절 기간이다. 우리를 위하여 고난받으신 그리스도를 생각하면서 그분의 말씀이 수록된 책인 복음서를 올바르게 해석하면서 그분의 삶을 본받아야 하는 때인 것이다. 한국교회에서 성서를 도구화하는 사탄의 모습을 버리고 올바르게 해석, 하느님의 말씀대로 사는 참된 그리스도인들이 많아졌으면 좋겠다.

김재홍(성공회 부평교회 청년교우)

6

요셉 말고 하나님을 보여주세요.

이제 영적 리더십을 주장하는 측에서 요셉을 어떻게 보고 있는가를 구체적으로 살펴보기로 하자. 강준민 목사 하면, 그 분야에서 한 몫을 단단히 하는 목회자다. 그의 책을 아무 것이나 펼쳐 보면 '비전', '영성', '리더십' 이란 말들이 주체할 수 없이 쏟아져 나온다. 그의 책들은 위의 세 가지 말들이 장마다 면마다 녹아 있어 책장을 넘길 때 마다 손에 묻어나는 느낌이 든다고 해도 과언이 아니다. 그가 요셉에 대하여 설교한 『꿈꾸는 자가 오는도다』는 좋은 예가 될 것이다.

강목사는 그책의 서문에서 이런 말을 하고 있다.

〈저는 요셉과 더불어 꿈을 성취한 사람들의 생애를 연구하면서, 그들에게 공통점이 있다는 사실을 발견했습니다.〉(8)

여기서 '공통점' 이란 말은 요셉 그리고 꿈을 성취한 다른 사람들이 함께 가지고 있는 '특성' 들을 말한다. 여러 사람들로부터 각자 가지고 있는 특성을 뽑아낸 다음에 그것 중에서 공통분모를 추려 냈다는 말이다. 그런데 가만히 생각해 보면 어디서 많이 듣던 말 아닌가? 바로 일반 리더십 이론에서 쓰는 도구를 쓰겠다는 말에 다름 아니다. 오해하지 말기 바란다. 강목사가 뽑아낸 '특성' 중에는 물론 하나님의 은혜로부터 온 것도 있다. 그러나 무려 350여쪽에 달하는 이 책에는 하나님의 은혜로 인한 것보다도 강목사가 '인간적인 시각'으로 경도된 리더십 도구를 가지고 뽑아낸 요셉의 특성들이 더 많이 담겨 있다.

강목사가 요셉을 바라보는 시각에서 가장 기본적인 것은 '요셉은 꿈꾸는 사람'이었다는 것이다. 꿈이 있기에 믿음도, 기도도 가능하며 유혹을 이기는 힘도 생겨난다. 그래서 요셉의 꿈은 만능이다. 여기서 잠을 잘 때 꾸는 '꿈'이 어떻게 해서 비전을 말하는 꿈으로 해석되는지 궁금하지만, 그 정도 성경해석의 자유로움쯤은 강목사에게 허락해 주도록 하자. 그러나 근본적인 것(으뜸- 믿음, 기도)과 부수적인 것(딸림- 꿈)이 거꾸로 되었다는 느낌을 지울 수가 없다. 요셉에게 믿음이 있었기에 미래를 향한 기대(필자는 가급적 '꿈'이라는 말은 사용하지 않으려 한다)를 가지고 있었고, 기도했기에 미래를 소망했던 것이 아니었을까? 그런 믿음과 기도의 힘으로 성적 유혹도 이겨낼 수 있었으리라고 필자는 생각한다.

그렇게 꿈을 대 전제로 하여 강목사는 요셉이 가지고 있는 특성들을 다음과 같이 추출해 낸다. 한 가지 목표에 집중한 사람, 환경에 적응한 사람, 소박한 성품, 성실한 사람, 자기 위치를 지키는 사람, 봉사 지향적 성격, 실력을 쌓았던 사람이 바로 요셉이다. 이런 것들이 65쪽과 66쪽, 단 두쪽에 열거된 요셉의 성격이다. 그 뿐만이 아니라 또 있다. 요셉은 결단력, 낙천주의, 강인함(68)을 가지고 있었으며, 작은 일에 충성하는 자(104), 모든 환경을 배움의 기회로 만드는 자(106), 기다림을 통해 성숙해진 사람(109), 기회가 올 때 붙잡은 사람(119), 용서했던 사람(160), 자기 관리를 잘한 사람(180)이었다. 한 마디로 말해서 요셉은 영락없는 슈퍼맨이다. 공중을 날지 못하는 것만 빼고는.

그런데 책의 마무리가 되는 부분이 다가오자 강목사는 갑자기 태도를 바꾼다. 요셉은 믿음으로 시작했다고 말하는 것이다(338). 그리고는 믿음의 사람들의 특징은 요셉처럼 꿈을 꿉니다, 라고 살짝 말을 바꿔 놓는다. 지금까지는 꿈이 있어 믿음도 가능하고 기도도 가능하다고 했는데, 갑자기 이제 와서는 으뜸과 딸림이 바뀌진 것이다. 아니, 그게 바꿔진 것이 아니라, 제대로 자리잡은 것이겠다. 이 부분이 강목사의 진심이라고 필자는 생각한다. 그게 믿는 자의 정상적인 사고방식이기 때문이다.

마지막 장인 17장의 타이틀은 '믿음의 꿈은 최후까지 승리한다' 이다. 그런데 신기하게도 이 마지막 장에서는 꿈이란 말이 별로 등장하지 않는다. 타이틀과 중간에 몇마디 등장하고는 '꿈' 이란 말이 자리 잡을 자리에 '믿음' 이란 말이 대신 앉아 있다. 그러면서 이번에는 '믿음' 이 그를 위대하게 만들었다고 말한다. 믿음이 요셉을 포기하지 않는 사람, 끈기있는 사람, 인내하는 사람, 유혹을 물리칠 수 있는 사람으로 만들었다고 한다(336). 이어서 강목사는 요셉의 일생을 몇 단어로 정리한다. 꿈꾸는 사람, 믿음의 사람, 은혜의 사람. 그렇다. 이것으로 요셉의 인생을 정리할 수 있다. 그러니 강목사는 책의 마무리를 잘 한 것이다.

그런데 하나 찜찜한 것이 있다. 그렇게 간단하게 정리가 되는 요셉을, 왜 그렇게 그의 전 '생애를 연구하면서, 꿈꾸는 자들에게 공통점이 있다는 사실을 발견'하려고 애를 썼을까? 그 이유는 그가 바로 리더십 이론에 경도되었기 때문이다. 요셉의 생애를 주관했던 하나님에 대한 믿음과 하나님의 은혜를 말하기는 하나, 그렇게 말하면서도 중간에 '사람의 특성'을 뽑아내려고 자기도 모르게 애를 쓰는 것은 바로 리더십 이론에 감염되었기 때문이다.

어떤가? 강목사의 요셉 연구분석 결과가 앞장에서 인용한 스티븐 코비의 것과 유사하지 않은가? 당연한 일이다. 사용하는 분석 도구가 같으니 결과가 유사하게 나오는 것이 당연하다. 스티븐 코비의 분석에 의하면 요셉이 성공하게 된 것이 요셉 자신의 노력 덕분이다. 거기에는 전혀 하나님이 개입하실 여지가 없다. 적어도 스티븐 코비의 눈에는 그렇게 보인다. 그런데 강목사의 분석에 따른다 할지라도 결론은 흡사하다. 그렇게 훌륭한 성격을 가진 요셉이니 하나님의 역사가 없어도 애굽의 제2인자가 되는 것은 당연한 일이다.

그래서 강목사의 이러한 설교를 들은 사람들에게, 요셉은 목표에 집중한 사람, 환경에 적응한 사람, 소박한 성품, 성실한 사람, 자기 위치를 지키는 사람, 봉사 지향적 성격, 실력을 쌓았던 사람이었으므로 거기에 하나님의 은혜는 보이지 않게 되는 것이다. 그런 요셉의 위대한 '특성'들을 닮고 싶지 않을 '리더'가 어디 있을까? 그렇게 하면 자기도 일국의 총리가 될지도 모르는데, 그래서 요셉의 특성들이 마음속에 잔상으로 남아 있는 사람들에게 리더는 이러 저러한 특성을 가진 사람이므로 '나도 그러한 특성을 가지기 위하여 노력하자' 는 결단을 하게 만들게 된다. 이게 바로 하나님을 보여주지 않고 요셉을 보여준 결과이다.

문제는 그것만으로 끝나는게 아니다. 또 다른 문제가 설교단으로부터 흘러나오게 된다. 먼저 강해 설교의 대가인 브라이언 채플의 말을 인용해 보자. 그는 성경속의 인물을 설교할 때 주의할 점에 대하여 다음과 같이 말한다.

> "설교자는 한 (성경속의 인물) 개인의 경건한 신앙에 초점을 맞추기 보다 그 배후에 역사하시는 신실하신 하나님의 변함없는 은혜와 인도하심에 초점을 맞춰야 합니다. 한 사람이 다른 사람보다 더 경건하거나 하나님의 뜻을 더 잘 성취해 드리는 것이 아니라 하나님께서 당신의 뜻을 성취하기 위해 그들에게 은혜를 내리시고 그렇게 할 수 있도록 사랑을 베푸셨다는 것을 발견했습니다. 때로 그들은 매우 연약하고 죄 중에 빠지기도 했지만 그 역시도 우리가 선포해야 할 설교의 대상이란 것을 알았습니다. 성도들은 이런 인물들이 하나님의 인정을 받을 만큼 충분히 성숙한 사람인 것이 아니라 하나님께서 전적인 은혜를 내리신 것임을 알아야 합니다."

그래서 설교자들은 성경속의 인물을 소재로 하여 설교할 때에는 양자택일의 결단을 내려야 한다. 성경속의 인물을 보면서 그 인물의 배후에서 역사하시는 하나님을 보여줄 것인가? 아니면 전면에 나와서 행동을 하는 사람을 보여줄 것인가? 매번 설교단에 설 때마다, 설교자는 이런 질문을 하여야 하는 것이다. 그러나 리더십 주창자들은 어떻게 접근하고 있는가? 물론 리더십 이론에 따라서는 하나님께서 주신 카리스마를 강조하기는 하지만, 그 단계를 넘어서면 이미 하나님은 개입할 여지가 없이 그 인물이 가지고 있는 특성이 전면에 등장해 버린다. 그래서 성경속의 인물들은 영적 리더십 주창자들에 의하여 '영적 거인'이 되기도 하고 '신앙의 위인'이 되기도 하며, 설교단에서 하나님을 가리우는 인물로 활용되는 것이다. 이게 바로 리더십 이론이 설교 강단에 입힌 폐해이다.

결론적으로, 강목사같은 영향력을 지닌 목회자가 하나님을 보여주는 대신 요셉을 멋있게 청중들에게 보여주는 설교를 하게 되면 어떤 일이 생길까? 두 가지 일이 벌어진다. 설교단 바로 아래에서 듣는 사람(회중)들은 그런 요셉의 인간적인 특성을 닮으려고 결단하게 되고, 강단 멀리에서는 그런 영감있는(?) 설교를 해보기로 결단하는 목회자들이 늘어나게 된다. 어느 유명 설교자가 한번 성경 본문을 어떤 식으로 영감있게 해석하여 설교를 하고 나면 그 다음부터 비슷한 똑같은 내용의 설교가 여기 저기서 발견된다. 인터넷이 광범위하게 보급된 후에는 더더욱 그렇다. 무수한 아류(亞流) 설교와 아류 설교자가 만들어 지는 것이다.

깊은 영성과 비전을 가진 강목사가 영향력을 그렇게 끼치는 것이 그래서 오히려 안타깝다. 해서 언젠가 같은 저자로부터 '꿈꾸는 자가 오는도다'라는 제목 대신 '꿈꾸게 하시는 분이 오시는도다'라는 책이 나오기를 기대해 보는 것은 무리일까? 요셉말고 하나님을 보여주는 책 말이다.

7

그들의 '영향력' 은 이렇게 나타난다 (1)

악화는 양화를 구축한다

 이상 말한 것들이 영적 리더십 주창자들의 시각이 '인간적인 시각' 으로 바뀌어 버린 것을 단적으로 보여주는 좋은 실례들이다. 그렇게 '영적' 이지 못한 영적 리더십을 자꾸 전파한다면 교회에서 어떤 일이 일어날까? 이미 지적한 바 있지만, '하나님의 시각' 대신에 자기도 모르게 '인간적인 시각' 을 가지게 된 수많은 '영적 리더' 들이 교회 안에 가득 차게 될 것이다. 과연 영적 리더십 주창자들은 교회가 그렇게 되기를 바라는 것일까?

 문제는 단순히 거기에서 끝나는 게 아니다. 리더가 되라는 교육을 받으며 살아가는 교회의 성도들은 실상은 목회자들보다 더 일찍, 그리고 강도 있게 리더십을 생활현장에서 실전으로 익히며 배운 사람들이다. 거기에 영적이지 못한 '영적 리더십 '을 영적 리더십으로 배워 알게 되면 교회 중직의 자리에 서 있는 리더십 행사권자들은 그렇지 않아도 지금 목회자를 일반 리더십에서 경험하여 얻은 시각으로 바라보고 있는데, 앞으로는 더욱 더 목회자를 일반 리더십의 기준으로 평가하게 될 것이다.

이 말이 무슨 의미인가? 목회자를 평가하고 선정하는 기준이 바뀐다는 말이다. 지금까지는 그래도 '영적'인 목회자를 찾고 있었지만 이제는 그럴 필요가 없게 된다. 일반적인 '리더'로서도 충분히 교회를 끌어갈 수 있고, 부흥만 잘 되면 그것으로 족하다. 그래서 '악화는 양화를 구축한다'는 그레샴의 법칙이 교회 내에서 통용될 날이 멀지 않았다. 그 때가 되면 교회는 철두철미 경영의 논리, 숫자의 논리에 의해 지배될 것이다. 투입 산출의 원리에 의해 지배되는 철저한 경영 마인드로 움직이는 조직, 그게 리더십 주창자들에 의해서 만들어지게 되는 우리 한국 교회의 미래인 것이다. 그 때에는 진정 영적인 리더는 교회 내에서 찾아 볼 수 없을 것이다.

게다가 요즈음에는 '영적'이라는 말에 대한 인식도 바뀌고 있음을 알아야 한다. 요즈음 인기리에 팔리고 있는 책 중에 조용기 목사의 리더십을 다룬 『CEO 조용기』라는 책이 있다. 그 책을 지은 이들은 현직 교수들인데, 책 내용을 보면 그들도 기독교인임을 알 수 있다. 그래서 그들이 '영적'이라는 말을 어떻게 사용하는지를 파악한다면, 앞으로 교회에서 어떤 일이 일어날지 미루어 짐작할 수 있을 것이다.

〈영적 비전이란 근본을 바꾸고 패러다임 자체를 변화시킬 수 있는 수준의 비전을 말한다. 전 세계적으로, 또 역사적으로 영적 비전을 가지고 그를 실현시키기 위해서 인생을 걸고 노력했던 사람들의 예를 찾는 것은 그리 힘든 일만은 아니다. 멀리 보면 모세가 있고 루터가 있으며, 나폴레옹이 있었고, 칭기즈칸이 있었다. 세종대왕, 이순신, 백범이 그랬고 등소평과 호치민과 링컨에게서도 그 예를 찾아 볼 수 있다. 이들은 한결같이 그 당시 사람들이 가지고 있었던 인식의 경계를 허물어뜨린 사람들이다.〉(73)

이분들이 생각하는 '영적' 이란 개념은 단순하다. '정신적' 이란 말과 동의어이다. 근본을 바꾸고 패러다임 자체를 변화시킬 수 있는 수준이면 족하고, 사람들이 가지고 있는 '인식' 을 바꿀 수만 있다면 그것은 충분히 '영적' 인 것이다.

그러니 이런 견해를 따른다면, 영적 리더십과 일반 리더십을 구태여 구분할 필요조차 없어지게 된다.

이런 인식을 가진 사람들이 이제 얼마 있지 않으면 교회 내에서 주류가 될 것이다. 조금 시간이 지나면 이런 분들이 교회의 중직을 차지하게 될 것이고, 시간이 조금 더 흐르면 다수를 차지하게 될 것이다. 그래서 자연이 그런 분들로 목회자를 초빙하는 위원회가 구성되게 될 것이다. 그 위원회에서 선호하는 목회자의 자격은 영적 지도자인 것은 분명하겠지만, 나폴레옹, 칭기즈칸 같은 지도자도 '영적' 인 지도자로 분류하는 수준이라면 그 위원회에서 고려되는 목회자의 선정 기준은 짐작할 수 있지 않겠는가? 그 때에 하나님을 거론하며 영적인 기준을 찾는 사람이 있다면 구석기 시대의 사람으로 치부되어 왕따 당하는 시대가 될 것이다.

리더십이 영향력을 끼치는 과정이라고 진정 생각한다면, 리더십 주창자들은 이제 잠시 발걸음을 멈추고 자기들이 어떤 영향을 끼치고 있는지 살펴 보아야 할 것이다. 그들의 영향을 받아 '하나님의 시각' 대신에 자기도 모르게 '인간적인 시각'을 가지게 된 수 많은 '영적 리더'들이 교회 안에 가득 차게 될 것이고, 그 때에는 영적 리더십이라는 낱말 자체가 시대에 뒤떨어진 용어가 되어 뒷방 차지가 될 것이다. 리더십 주창자들은 분명히 이것을 알아야 한다. '영향력'이란 것이 반드시 좋은 방향으로만 나가는 것이 아니라는 것, 그리고 악화는 양화를 구축한다는 그레샴의 법칙은 교회 안팎을 넘나든다는 것을.

8

리더도 '사람'인 것을 기억하라.

리더는 다른 사람을 리드하는 사람을 말한다. 따라서 리더는 어디까지나 사람이다. 리더가 된다고 해서 갑자기 초인이 된다거나 리더십 주창자들의 주장대로 만능인 슈퍼맨이 되는 것은 아니다. 그래서 리더인 사람이 가지는 리더십도 그저 리더를 리더되게 하는 자격 정도를 말하는 것이지, 무슨 특별한 것이 아니다.

그러나 리더십이 없는 리더는 상상할 수 없을 정도로 리더에게는 리더십이 반드시 필요하다. 또한 '리더'는 항상 '리더십'이 있어야 된다. 그러나 현실에서는 이 둘이 항상 함께 가는 것은 아니다. 그런 결과 어떤 리더는 리더십을 가지고 있는데 비하여, 어떤 리더는 리더십이 없기도 하다. 리더십 주창자들이 말하는 지위에 근거한 리더십을 가진 리더가 바로 그런 경우이다. 극단적인 예를 들면, 전혀 목회에 뜻도 없고 사명도 없지만 단순히 아버지의 후광으로 담임 목회자 자리를 물려받은 목회자의 경우가 바로 그것이다. 또 하나의 경우는 리더라 할지라도 그 리더의 온 생애에 걸쳐, 혹은 그가 리더의 자리에 있는 기간 동안 리더십이 그에게 항상 같이 있는 것이 아니라는 것이다. 예를 들자면, 목회를 잘 하다가 갑자기 심신상태가 악화 되어 판단력이 흐려져서 더 이상 목회를 하지 못할 정도가 되는 경우이다.

그렇게 현실에서 리더와 리더십이 항상 함께 가는 것이 아닌 이유는 리더가 사람이기 때문이다. 그래서 아무리 리더십이 충만한 리더라 할지라도 그가 사람인 이상 리더십을 행사함에 있어 항상 온전하리라는 보장은 없다. 이런 때에는 어떻게 할 것인가? 리더십 주창자들은 이 점에 대하여는 언급하고 있지 않다. 아니 애써 눈을 감고 있으려 한다.

어디까지나 리더도 사람이므로 리더십을 잘 이해하기 위해서는 '사람에 대한 이해'를 전제로 하여야 한다. 사람에 대한 올바른 이해 없이는 리더십을 올바로 인식할 수 없다. 그렇다면 기독교에서 '사람'에 대한 이해를 어떻게 하고 있는가? 성경에서는 사람에 관하여 어떤 존재라고 말하고 있는가? 여기에 대하여는 아무래도 바울의 말을 들어보아야 할 것이다. 고린도전서 3장에서 바울은 이런 말을 하고 있다.

> "어떤 이는 말하되 나는 바울에게라 하고 다른 이는 나는 아볼로에게라 하니 너희가 육의 사람이 아니리요 그런즉 아볼로는 무엇이며 바울은 무엇이냐 그들은 주께서 각각 주신 대로 너희로 하여금 믿게 한 사역자들이니라 나는 심었고 아볼로는 물을 주었으되 오직 하나님께서 자라나게 하셨나니 그런즉 심는 이나 물 주는 이는 아무 것도 아니로되 오직 자라게 하시는 이는 하나님뿐이니라"(고전 3: 4-7)

바울은 심지어 자기 자신까지도 포함하여 ‘아무것도 아니’라고 말하고 있다. 그는 오직 자라게 하시는 분은 하나님이라고 하고 있다. 여기서 ‘자라게 하시는 이’란 말이 무슨 뜻인지 아는가? 과일 나무를 심고 기르는 것으로 생각하면 오산이다. 이 세상의 모든 일을 주관하시고 처리해 나가시는 분이 바로 하나님이시란 것이다. 따라서 당연히 심는 이나 물 주는 이는 아무 것도 아닌 것이다. 그래서 결론으로 바울은 다음과 같이 말하고 있다. “그런즉 누구든지 사람을 자랑하지 말라”(고전 3: 21)

그러나 리더십 이론은 이와 반대로 사람을 자랑하는 이론이다. 사람에게 리더십이 있음을 자랑하는 이론이다. 그래서 리더십이 있는 사람에게 영향력이 있음을 인정하고 그 사람의 말과 행동에 권위를 부여해주어서 그 뒤를 따르자는 것이다.

존 맥스웰은 그의 책 『리더십의 법칙』(241)에서 중국의 시를 하나 인용하고 있다.

〈그들의 일이 성취되었을 때
그들의 일이 다 완수되었을 때
사람들로 하여금
“우리 힘으로 이 일을 해냈다”고 말하게 한다.〉

이게 바로 리더십 주창자들이 말하는 ‘사람의 힘’이다. 리더십 주창자들이 그렇게 찬양하는 영적 지도자들의 실수를 성경에서도 솔직하게 적어놓고 있다. 그렇게 그들의 실수를 기록하여 놓은 것은 사람은 유한한 존재라는 것을 명심하라는 하나님의 뜻이다. 모세도 그렇고 다윗도 역시 실수를 저질렀던 사람들이다. 다윗의 실수로 인하여 죽은 이스라엘 백성이 무릇 얼마이며, 고난받은 그의 가족 구성원은 또한 얼마였던가? 모세도 결국 그의 실수 때문에 가나안 땅을 목전에 두고도 후손들이 무덤이 어딘지도 모르는 죽음을 쓸쓸히 맞지 않았던가? 베드로를 비롯한 사도들의 부족함과 잘못을 성경에 일일이 기록해 놓은 것은 호사가들이 할일 없어 기록해 놓은 것이 아니다. 후세에 경계로 삼기 위하여 기록해 놓은 것이다. 그 이유는 너희는 '실수' 하는 '사람' 임을 잊지 마라는 것이다. 그런데도 불구하고 애써 거기에 눈을 감고 지도자의 상을 세우기 위해서 애쓰는 분들은 그게 바로 또 하나의 우상을 세우는 것에 다름 아님을 깨달아야 할 것이다.

비단 성경에서만 지도자들이 실수하는 사람임을 말하고 있는 것일까? 아니다. 인류역사 자체가 그것을 말해주고 있다. 비단 인류 역사를 들먹이지 않고 교회사를 몇 쪽만 열어보면 확실하지 않은가? 교회사를 열어보면 첫 페이지부터 마지막 페이지까지 사람 냄새가 묻어나는 기록들이 아니던가? 세계사적인 교회사와는 관련이 없다고 생각한다면, 우리 한국의 교회 모습에 대해서는 어떻게 생각하는가? 그렇게 리더 양성을 외쳐오고, 영적 리더십을 부르짖은 결과, 지금 현재의 모습은 어떻게 달라졌는가? 리더가 득시글거리는 대형교회 치고 어느 한 교회 몸살을 앓지 않는 교회가 없다. 심지어 세간을 떠들썩하게 했던 불륜 6걸이니 하는 소리는 왜 들려오게 되었는가? 그런 소리가 들려오는데도 불구하고 당사자이면서 자칭, 타칭 영적 지도자라 하는 그 분들이 거기에 대해 침묵하고 있는 이유가 무엇일까? 자기들을 불륜

6걸이라 부르는 사람들의 잘못을 자비로운 마음, 그리고 사랑의 마음으로 덮어 주고 있는 것인가? 일만 터지면 사회 법정으로 달려가 고소를 일삼는 그분들이 왜 거기에 대해서는 애써 못들은 척 하고 있는 것일까? 그게 바로 우리나라 기독교의 현주소가 아닌가?

뉴욕의 어느 한인 교회에서 30년간 목회하며 카리스마적 리더십으로 교회를 성장시켰다고 평가받는 이 아무개 목사의 경우도 마찬가지다. 겉으로는 영적 리더십을 가지고 목회하는 것처럼 보였지만 속으로는 하나님 말씀을 제 멋대로 농단하는 '사람' 이 아니었던가? 영적 지도자, 영적 아버지라 하는 사람들의 일부분은 바로 그런 사람들이다. 그런 사람들이 아직도 교회 강단의 중심에 서서 영적 리더십을 외치고 있는 게 바로 우리 한국교회의 현실이 아닌가?

이게 바로 사람을 의지하지 말라는 성경말씀을 몰라라 하고 헛되이 리더십을 부르짖은 결과가 아니겠는가?

성경을 자세히 읽어보라. 그리고 사람을 자랑하지 말라, 의지하지 말라는 그 말씀에 귀를 기울이라. 사람을 자랑하지 말라는 말은 곧 자랑할만한 사람을 세우지도 말라는 것이다. 사람을 지도자라고 사람들 앞에 세우지 말라는 말이다. 지금이라도 사람을 자랑하고 사람에 의지하기보다는, 하나님에게 초점을 맞추는 참된 신앙으로 되돌아 가자. 그것이 하나님이 원하시는 것이다.

9
리더십은 '실체'가 있는 것일까?

세상에서 통용되던 리더십 이론이 교회 속으로 들어온 지 40년이 넘었다. 그 동안 리더십에 관한 많은 연구가 이루어졌고 그 결과 많은 책들이 쏟아져 나왔다. 그런데 강산이 네 번이나 변할 세월 동안 끊임없이 리더십 이론을 주장해 왔으면 무언가 손에 잡히는 그 무엇이 있어야 할 터이고, 나름대로 성과가 있어야 하는데 현실을 보면 그렇지 못하다. 나오는 책마다 지금도 제대로 된 리더십을 찾아 볼 수 없다고 아우성이니 참으로 이상한 일이다. 다른 이론 같으면 도입된 지 40여년이 지났으면 오히려 그 반대의 소리가 들렸을 텐데 말이다.

이에 대하여 먼저 리더십의 사부라 할 수 있는 존 맥스웰의 말을 들어보기로 하자.

> 〈모든 사람이 리더십에 대해 말하지만 실제로 이해하는 사람은 거의 없다. 많은 사람이 리더십을 원하지만 실제로 얻는 사람은 없다.〉(『리더십의 법칙』, 22)

리더십의 사부가 한 말 치고 참으로 뜻밖의 말이다. 그가 리더십을 주창해 온 지 거의 몇 십 년이 지났는데 아직도 리더십을 실제로 이해하는 사람이 없다니, 도저히 이해할 수가 없다. 도대체 그 오랜 기간 동안 그는 무엇을 어떻게 했길래 리더십을 실제로 이해하는 사람이 아직까지 없는지, 뜻밖의 말이다. 그런데 이런 식의 발언은 비단 존 맥스웰에게만 국한된 게 아니다. 우리나라의 한홍 목사도 역시 비슷한 취지의 말을 한다.

〈요즘 어딜 가든 우리 사회의 리더십 부재를 개탄하는 소리들이 들린다.〉(『칼과 칼집』(이하, '칼', 30)

〈리더십에 관한 책이 이토록 관심을 모은다는 것은 우리가 살고 있는 시대가 그만큼 제대로 된 리더를 목마르게 필요로 한다는 말도 된다.〉(칼, 10)

이 말은 결국 아직도 제대로 된 리더가 나오지 않았다는 말이다. 그렇게 리더십을 외치고 부르짖는 바로 그들이, 제대로 된 리더십을 찾아 볼 수 없다고 걱정들을 하고 있으니 정말 리더에 이르는 길은 어렵고 험난한가 보다. 또한 리더십 주창자중에서 그래도 긍정적인 평가를 받고 있는 블랙커비는 『영적 리더십』에서 이렇게 말하고 있다.

〈"리더십은 지상에서 가장 많이 언급되면서도 가장 이해가 부족한 현상이다." 제임스 맥그리버 번즈의 말이다. 현재 리더십을 주제로 방대한 양의 자료가 출간되고 있지만 리더의 역할에 대해 만국 통용의 이해는 전혀 없는 듯 하다.〉(30)

그런데 리더십에 대한 그들의 걱정은 말로만 끝나는 게 아니다. 실제로 '리더십'을 둘러싼 갈등이 도처에서 일어나고 있다. 실례를 하나 들어볼까 한다. 얼마 전에 미국에 있는 아주 유명한 한인 교회에서 분란이 일어났다. 장로들과 담임 목사가 서로 불신하여 갈등이 증폭되고 결국은 담임 목사가 사임한다고 선포를 하기에 이르렀다. 담임 목사가 사임을 예고하면서 말하기를 "지난 5년간 섬기며 목회해 왔지만 당회장으로서 리더십을 발휘하는 데 한계를 느꼈다. 당회 서기에게 정식으로 사의를 표명했다"고 그 사임 이유로 리더십의 문제를 거론했다.

필자는 그 분이 영적 리더십에 관한 책도 많이 쓰고, 영성 목회의 대가로 알려져 있는 분이라 리더십의 문제로 인하여 교회에 문제가 생겼으니 그 해결책은 분명히 그가 주장해 온 리더십의 방법 중 하나로 해결이 될 줄로 생각했었다. 그래서 이번 기회에 그가 주장해 온 리더십의 진수를 볼 수 있겠구나, 하는 은근한 기대까지 하였다. 그런데 그 후에 그는 사임의사를 번복하면서 교회구조 개혁을 골자로 하는 안을 내어 놓았다. 그리고 결국 당회를 해산하고 담임 목사에게 교회의 전권을 부여한다는 안을 통과시켰다. 그 결과 그와 견해를 달리하는 당회원들을 같은 비전하에 품고 교회의 일치를 이루어 낸 것이 아니라, 자기의 '리더십'에 복종하지 않는 문제의 '장로'들을 장로의 직에서 물러나게 하는 것은 물론이고 교회안에 '당회'라는 기구마저 없애 버리는 것으로 끝을 냈다. 그런 방법은 그의 리더십 책에서는 전혀 볼 수 없었던 전혀 새로운 방법이었고, 모두의 기대를 뛰어 넘어선 획기적(?)인 방법이기도 하였다.

필자는 여기에서 강한 의문이 생겼다. 본인의 입으로 분명 말하기를 리더십의 문제라면서 왜 다른 방법으로 풀어 보려고 하는가? 서로 용서하고 화해하며 일치하여 같은 교회의 비전을 이루어 나가는 것이 리더십이라고 주장해 온, 리더십의 대가가 한 행동치고는 뜻밖의 모습이었다. 더구나 자기를 청빙해 온 주체인 당회를 다수의 힘을 빌어 없애버렸다는 것은 충격적이기조차 하였다. 그가 번역하기도 했고, 금과옥조로 여기며 시시때때로 인용하는 존 맥스웰의 책 『리더십의 법칙』에서는 "모든 일의 성패는 리더십에 달려있다"(13)라고 말하고 있는데, 현실에서는 그 말이 통하지 않는다는 말인가? 그렇다면 리더십으로 풀 수 있다는 '모든 일'은 과연 무엇을 말하는 것일까? '교회 조직'을 제외한 나머지 모두란 말인가? 아니면 담임 목사의 리더십이 미치는 범위 말고 그 나머지 '모두 다'라는 말인가? 리더십의 문제는 당연히 리더십의 차원에서 풀어야 하는데, 리더십의 문제를 다른 것으로 풀 수 밖에 없다면 과연 그들이 몇 십 년간 부르짖어 왔던 리더십의 실체는 과연 무엇일까? 그 실체가 있기는 한 것일까? 정말 리더십은 실체가 있는 존재인가? 아니면 허상뿐인가? 그런 의문이 들었다.

그렇게 리더십으로 풀어야 할 문제를 리더십 이론은 거들떠도 보지 않은 채 사람의 방법으로 해결해 버린 것을 보면, 혹시 실체도 없는 리더십이란 허상에 우리가 그 동안 속아 왔던 것은 아닐까? 리더십이란 것이 실체가 있다면 그들이 주장하는 리더십은 그들뿐만 아니라 제 3자도 객관적으로 시행이 가능하고, 그 방법을 따라 한 결과 효과가 나타나야 한다. 같은 모습으로 반복 할 수 없는 것이라면 이론이라고 주장하기 어렵고, '법칙'이라고 주장하기는 더더욱 어려운 것이다. 그저 단지 공허한 주장에 불과한 것이다. 리더십으로 모든 문제를 다 풀 수 있다 큰 소리쳐 온 리더십 주창자들 조차 정작 실제 문제에 있어서는 참된 리더십의 모습을 보여주지 않는다면, 그들이 그렇게 주장하던 리더십이 실상은 실체가 없는 것이 아닐까?

그런데 얼마 전에 교계신문 (『크리스천 투데이』, 2006.08.16)이 리더십 주창자들의 눈에 띨만한 자료를 내놓았다. 그 자료는 『목회자 리더십이 교회성장 이룬다』라는 제목하에 목회자의 리더십이 약할 때 교세가 감소하는 것으로 나타났다는 기사였다. 그 내용의 일부를 소개하자면 다음과 같다.

"리더십 전문잡지 『리더십 저널』 최근호는 1965년-85년 20년 동안 미국 주류교단의 교세와 리더십의 상관관계를 분석한 특집 기사를 게재했다. 이에 따르면, 영적 지도자들이 강력한 리더십을 가질 때에는 교회가 성장하고 결여 됐을 때에는 감소하는 것으로 드러났다. 특히 이 기간 동안 목회자의 리더십이 결여됐을 때 연합감리교회는 16%, 성공회는 20%, 장로교회 24%, 그리스도의제자교회 42%씩 교세가 감소됐다고 밝혔다. 이 잡지는 빌 하이벨스 목사(윌로우 크릭 커뮤니티 교회)의 '집중적인 리더십'을 소개하면서, 세속의 리더십보다 한층 수준 높고 강력한 목회자 리더십의 필요성을 강조했다."

필자는 이 기사를 읽으면서 궁금한 생각이 들었다. 리더십이 교회성장과 관련이 있다 했는데 그것을 어떻게 측정했을까? 교인 수는 숫자로 나타나니까 객관적인 자료로 나타나겠지만, 교인 수에 영향을 미친 리더십은 어떻게 파악을 했을까? 교인이 줄어든 교회의 목회자가 리더십이 부족하다는 것을 어떻게 판단했을까? 어떤 방법을 사용해서 목회자의 영적 리더십이 약하다, 강하다 라고 판단할 수 있었을까? 그런 점들이 궁금했다.

그 기사는 이어서 영적 리더십의 구비조건들이라 해서 다음의 다섯 가지를 소개하고 있다.

◆영적 리더는 사람들을 현재의 자리에서 하나님이 원하는 자리로 옮기도록 한다.
◆영적 리더는 성령께 의존한다.
◆영적 리더는 하나님께서 책임지신다.
◆영적인 리더는 불신자에게도 영향을 미친다.
◆영적인 리더는 하나님의 계획에 따라 일한다.

과연 통계를 낸 사람은 위의 다섯 가지 항목을 어떻게 측정했을까? '영적 리더는 하나님께서 책임지신다' 라는 항목을 계량적인 방법으로 어떻게 측정할 수 있을까? 고작 할 수 있는 것은 평판이 좋다거나, 그리고 교인 수가 증가했다는 것, 정도일 것이다. 다른 항목들도 마찬가지다. 기껏해야 교인 수로 평가할 수 있을 뿐인 것들이다. 그래서 교회에서의 영적 리더십이 강하다, 약하다 하고 말하는 그 근거가 교인의 숫자로 표시되는 것이라면, 이것 또한 일반적인 세속적인 일반 리더십의 경우와 다를 바 없는 것이다. 일반 기업에서는 리더가 강한 리더십을 발휘함으로 적자에 헤매던 기업이 흑자가 되고 선두기업이 되었다,는 사례가 강한 리더십의 전형적인 모습이다. 아이아코카가 거의 사망 직전의 크라이슬러를 살려 놓은 것이 대표적인 사례다.

그런데 교회라는 곳에서 발휘되어야 하는 영적 리더십을 어떻게 영리를 추구하는 회사와 같은 방법인 계량적 방법으로 측정한다는 말인가? 단순히 교인 숫자로 리더십의 강하고 약함을 평가한다면, 통일교 등 이단의 경우는 어떻게 이해를 해야 하는지 궁금하다. 그러니, 『리더십 저널』에서 발표했다는 그 자료는 리더십 주창자들의 주장을 옮겨놓은 것에 불과하며 전혀 신뢰성이 없는 자료이다. 전혀 객관적인 근거를 찾아 볼 수 없는 것이다. 리더십을 다른 객관적인 형태로 측정할 수 있는 다른 방법이 있는지 궁금하다. 그것은 곧 리더십의 실체가 과연 있는가에 대한 의문으로 직결되기 때문이다.

홍사중은 『리더와 보스』라는 책에서 다음과 같이 말을 한다.

〈성공하니까 카리스마를 가지고 있는 것처럼 보이는 것이지 카리스마를 가지고 있기 때문에 성공하는 것은 아니다.〉 (49)

홍사중은 카리스마를 예로 들었지만, 실상은 리더십 전반으로 생각해도 문제는 없을 것이다. 그래서 리더십이 있어서 성공한 게 아니라 성공하니까 리더십이 있는가 보다, 라고 판단하게 된다고 해석해도 무리는 없을 것이다. 리더십은 성공한 사람에게서 찾아 볼 수 있는 것이라 그런지, 리더십을 주창하는 분들의 면면을 보면 모두 다 대형교회의 목회자들이다. 세상적으로 보면 그들은 성공한 목회자들이다. 그래서 그들이 리더십을 부르짖는 것이 하등 이상하게 보이지 않는다. 그들에게 리더십이 있으니, 그 정도 큰 교회를 만들었다는 주장이 그럴 듯 하게 들리는 것이다. 또한 대형교회 목회자들이 아니더라도 리더십을 주장하는 사람들의 면면을 보면, 모두 다 자기가 성공한 이야기, 어떻게 교회를 장악(?)했는가 하는 이야기들이다. 한 마디로, 성공했다는 것이다. 그렇게 리더십은 외부로 나타날 때에 성공이라는 이름으로 나타난다. 그러니 『리더십 저널』기사에 대한 해석은 홍사중의 말로 충분하다고 생각한다. 리더십이 있어서 교회가 성장한 것이 아니라, 교회가 성장했기에 목회자에게 리더십이 있는 것으로 '보인다' 는 것이다.

리더십은 과연 실체가 있는 것일까? 실체가 없다. 리더십은 실체가 없는 허상뿐이다. 그들의 입으로 리더십은 아무도 이해 하지 못한다느니, 많은 사람이 리더십을 원하지만 실제로 얻는 사람은 없다,는 말이 나오는 것은 바로 그 때문이다. 차력으로 바윗돌을 깨 보인다고 장터에서 사람들을 모아놓고 약을 파는 사람들이, 바윗돌을 깨어 보여달라는 사람들의 계속되는 요구를 자꾸만 미루는 것처럼, 리더십 주창자들도 리더십에 대해서는 말을 많이 하면서도 정작 자기 자신들이 제대로 된 리더십을 보여주지 못하는 주된 이유가 바로 그것이다. 자기들이 리더십의 실체를 실제적으로 보여 주지 못하기에, 지금까지 제대로 된 리더십을 볼 수 없다고 주장하는 것이며, 리더십은 아무도 이해하지 못한다고 말하는 것이다. 앞에 예로 들은 어느 한인교회에서도 그 목사님이 교회에서 갈등의 원인을 '리더십 '의 문제' 라고 했지만 실상은 다른 문제를 리더십의 문제라고 둘러 댄 것뿐이다. 현재까지 나타난 현상을 보면, 교회에 갈등이 생긴 진짜 이유는 다른 문제인데, 그것을 호도하기 위해 실체가 없는 '리더십'이란 말로 포장한 것뿐이다. 애초에 리더십이라는 것이 실체가 없으니 리더십의 문제라고 말한 것은 '다른 문제'를 드러내기 싫어서 빙 돌려서 듣기 좋게 표현한 것에 불과하다. 정말 그 목사님 말대로 리더십의 문제라고 한다면 그가 많은 책에서 주장한 것처럼, '법칙들'에 의하여 풀면 간단한 일인데 말이다. 그러니 이번 일은 본인이 주장하는 리더십의 '실체'가 없다는 것을 스스로 보여주는 사례라 할 수 있겠다.

필자가 지금까지 리더십을 연구해 오면서 안타까웠던 것이 바로 그러한 부분이다. 말은 그럴 듯 하고 무언가 있어 보이는데, 객관적인 실체가 없어 손에 잡히지 않는다는 것이다. 이 책을 읽으면서 혹시 여기에 무언가 있나 보다, 하고 읽어도 바윗돌 깨기를 다른 핑계를 대면서 약을 판 후로 미루는 약장사들 모양으로 역시 아무것도 보여주지 않으니 독자들 손에 아무것도 남지를 않는다. 그래서 또 다른 책을 손에 들면서 이번에는 혹시, 하는 기대를 가지고 보아도 그래도 역시 마찬가지인 것이다.

그대신 그들은 위와 같은 통계 자료를 내 보이며 '이것이 리더십이다'라고 말하는 것이다. 결과로 나타나 보이는 현상을 해석하기를, 그 교회가 성장하는 것을 보니 목회자가 리더십이 강해서 그렇다, 라고 결론을 내려 버리는 것이다. 그렇게 결과적으로 나타난 현상을 가지고 거꾸로 원인을 억지로 해석하는 그런 주장쯤은 누가 못하겠는가? 리더십 주창자들이 주장하는 이론은 전혀 객관적인 검증을 받지 못하는 것이며, 인과관계를 설명하지 못하는, 단지 그들의 공허한 주장에 불과한 것이다.

그래서 필자가 내린 결론은 '리더십'이란 말의 실체는 없으며, 단지 성공한 목회자에게만 있어 보이는 '허상'이라는 것이다. 리더십이란 것은 그저 있어 보이는 것이지, 실제로 있는 것은 아니다, 사람에게는. 그래서 존 맥스웰의 말을 잘 음미해보면, 필자의 주장을 그도 인정하고 리더십이 허상임을 고백하는 것이나 다를 바 없음을 알 수 있다.

"모든 사람이 리더십에 대해 말하지만 실제로 이해하는 사람은 거의 없다. 많은 사람이 리더십을 원하지만 실제로 얻는 사람은 없다."

2

리더십 책 살펴보기 :
사실인가 아닌가?

필자는 지금 '독자' 노릇을 한창 하고 있다. 그 동안 읽지 못했던 책들을 옆에 쌓아두고 독서의 기쁨에 빠져 있는데, 그 기쁨의 대상이 되는 책 중에 리더십 관련 책들도 빠지지 않는다. 워낙 리더십에 대한 책들이 많은지라 아직 전부 읽지는 못했지만, 지금까지 읽은 책들에 대한 소회는 세 가지이다.

책값은 저자의 지명도에 비례하는 것이 아닌가, 하는 생각이 우선 들었다. 유명한 분이 쓴 책들은 하드 카버에다 책값도 다른 책에 비해 비싸다. 이제 이름이 알려질 만큼 알려져 많은 사람들이 책을 사보려 할 것이니 책값을 올려도 된다는 것인가? 그것은 그 동안 책을 열심히 사서 읽어주며 저자의 이름을 알려준 독자들에 대한 예의가 아니다.

두 번째는 '옥석혼효'(玉石混淆)라는 사자성어가 떠올랐다. 옥과 돌이 한꺼번에 섞여 있어 구분하지 못한다는 의미이다. 그리고 마지막으로는 '옥석구분'(玉石俱焚). 좋은 것과 나쁜 것이 섞여 있으면 함께 망한다는 것이다. 그러니 '옥석구분'(玉石俱焚)이 되지 않으려면 옥석구분(玉石區分)을 해야 한다는 생각이다.

이런 필자의 생각은 자라나는 다음 세대를 위해서도 더 절실하다. 다음 세대를 담당할 순수하고 어린 청년들은 그들이 접하는 신앙서적 속에 들어있는 모든 분야의 '주장'을 여과없이 사실로 받아들인다. 특히 몇몇 인기 짱인 분들의 책들은 그들에게는 또 하나의 '바이블'이나 다름이 없을 정도이다. 그 책에 들어있는 모든 것들, 성경말씀을 비롯하여 예화로 쓰인 역사, 경제, 사회, 음악 모든 항목을 다 사실로, 진리로 받아들인다. 심지어는 그 주장을 담아내는 방법 및 언어, 그 주장을 펴는 논리 방법까지도 모두 다 따라 하는 정도이다. 그러니 그곳에 담겨있는 내용들이 과연 어느 만큼의 진리일까, 진리가 아니더라도 어느 정도 사실일까, 가 걱정되는 것이다. 그들이 잘 잘못을 구별하지 못해 잘못된 책을 읽을 수 밖에 없게 되고, 그렇게 해서 그들의 인생이 잘못되게 된다면 끔찍한 일이다. 이것이 신앙의 문제일 때에는 더욱 심각한 문제이다. 그러니 걱정이 되지 않을 수 없다.

그래서 리더십 관련 책들을 읽고 이런 글을 쓰는 것은 옥과 돌이 섞여있는 리더십 책들 중에서 어떤 것이 옥이고 어느 것이 돌인지를 골라내 그들에게 보여주어, 제대로 보고 듣고 자라나도록 하고 싶은 것이다.

그리하면, 지금은 여러 책 속에 진리와 비진리가 함께 섞여 있어 구분을 못할 지경이라고 할지라도 결국에는 우리 모두 옥석을 구분(區分)할 수 있으리라. 설사 진리와 비진리를 구분하는 데에는 시간이 걸리고 많은 노력이 필요하다 할지라도, 책 속에 숨어 있는 사실과 거짓은 그나마 쉽게 구분할 수 있지 않겠는가? 그러한 마음으로 우선 사실과 거짓을 분간하는 작업부터 시작해 보았다. 거짓 위에는 진정한 영적 리더십이 설 수 없으므로...

10
옥석혼효(玉石混淆)이니 옥석구분(玉石區分)해야

한홍 목사의 책을 읽고 있다. 거의 다 읽었다고 해도 과언이 아니지만 아직 그의 책 모두를 읽지는 못했다. 거의 다 읽었다면서 아직 다 읽지 못했다는 말은, 아직도 그가 계속해서 글을 쓰고 또 그 글들은 책으로 엮어져 나올 것이기 때문이다. 아무래도 필자의 글 읽기가 그의 글 쓰기보다 속도가 느린가 보다. 그의 글쓰기는 언제 끝날지?

가장 먼저 읽은 책은 『거인들의 발자국』(이하 '거인')이다. 거인들이 나오는 책이라 그런지 두께가 만만치 않다. 개정되기 전에는 368쪽이더니 개정되어 나온 책은 405쪽으로 두꺼워졌다. 값도 만만치 않다, 13,000원. 하드 카바라 더 비싼가? 과연 책값 외에 무엇이 그리 바뀌었을까?

어쨌든 필자는 그 책의 서론을 읽으면서 감격했다. 아, 드디어 영적 리더십에 대해 올바른 생각을 가진 사람을 만났구나, 하는 생각과 함께. 서문에서 그는 구구절절이 옳은 말을 한다. 리더십에 대한 열정과 또한 리더십에 대하여 어떤 생각을 가져야 하는지를 그는 한 마디 한 마디 힘주어 말하고 있다. 먼저 이런 말을 들어보자.

> 〈그러나 한가지 우려되는 것은 '탁월한 리더가 되려면 이렇게 해'라는 인스턴트식 방법론의 리더십 논리들이 너무 많다는 사실이다. 현실은 그렇게 만만하지 않은데 대안들을 너무 턱턱 마구잡이로 내던지는 것 같아 걱정이 된다. 이런 맥락에서 리더십에 관해 이야기하기에 앞서 몇 가지 우리가 주의해야 할 점들을 생각해보고 싶다.〉 (거인, 19)

정말 그렇다. 시중에 나와 있는 리더십 책을 읽어보면 단정적인 말들을 그야말로 턱턱 마구잡이로 내던지는 경우가 얼마나 많은가? 그 책 한 권만 읽으면 사람을 다 모을 수 있는 리더가 되는 것 같은 착각을 가지게 하는 책 광고 카피에 속아 넘어간 것이 어디 한두 번인가? 이 책이야말로 리더십의 고전이요 법칙이라는 선전 때문에 많은 기독교인들이 그런 책들을 집어 들었을 것이다. 하여튼 베스트셀러라 하니 읽어야 어디에 가서도 말을 한 마디 거들 수 있지 않겠는가, 하는 마음으로 책을 집어 들게 된다. 그러나 그런 광고를 보게 되면, 우리 그리스도인들은 정말 살얼음판을 딛는 심정으로 주의를 해야 한다. 깨진 얼음 속으로 언제 빨려 들어갈지 모르기 때문이다. 그만큼 잘못된 책의 폐해는 크다. 그런 뜻에서 한목사의 말은 어쩌면 필자의 생각과 그리 같은지, 필자는 허겁지겁 물 만난 물고기처럼 다음을 읽었다.

> 〈예를 들어, 마이크로소프트사의 빌 게이츠 회장 같은 한 명의 탁월한 경영자가 나오면 모두가 그 사람의 리더십 방법들을 벤치마

킹 하려고 한다. 물론 그가 탁월한 사업가임은 틀림없지만, 이런 맹목적인 우상숭배에 가까운 인물 카피는 위험부담이 너무 크다. 왜 그런가?〉(거인, 19)

아, 필자가 지금까지 생각했던 것들이 여기 고스란히 나와 있다. 지금까지 써 온 필자의 글 요지가 이것이 아니었던가? 강준민 목사가 요셉의 특성과 장점을 무려 수십 가지를 뽑아내어 보여주었을 때, 그것은 하나님을 가리는 일이라고 필자가 걱정한 것과 같은 걱정을 한목사가 하고 있는 것이다. 필자는 먹구름 낀 하늘에서 한줄기 빛을 본 듯, 동지 한 명을 만났다고 좋아했다. 그는 그렇게 사람의 리더십 방법을 카피하는 것이 우상 숭배라고 말하며, 그게 위험부담이 크다고 하며 그 이유를 세 가지로 말하고 있다.

그 이유는 첫째, 우리가 살아가는 시대가 계속 바뀌기 때문이다. 둘째, 장소와 문화가 너무나 다르다는 사실이다. 셋째, 분야의 차이를 고려해야 한다.

첫 번째와 두 번째에 대한 그의 설명은 굳이 인용하지 않아도 될 것이다. 그러나 세 번째 항목에 대한 설명은 인용해볼 만한 가치가 있다. 그 설명이 리더십에 대한 이해를 더 잘하도록 도와주는 말이기 때문이다. 그래서 조금 길지만 그 내용을 다 인용해 보기로 한다.

〈셋째, 분야의 차이를 고려해야 한다. 비즈니스 세계의 리더십 방법론을 정치나 예술, 교육, 특히 교회에 그대로 적용하면 문제가 많이 생긴다. 물론 근본적인 개념, 가령 다음 세대 지도자를 키워

내는 시스템 같은 본질의 문제는 분야를 초월해서 적용할 수 있는 것들이 많지만, 그래도 각 분야의 특성을 충분히 고려하지 않으면 큰일난다. 예를 들어 시시각각 변하는 상황에 맞게 빠르고 정확한 결정을 내려야 하는 첨단산업 경영 방식을, 장기적인 안목을 가져야 하는 교육정책에 바로 투입해서는 안 된다(한국의 교육개혁이 계속 난항을 거듭하는 이유는 정부와 교육이 너무 밀착되어 있어, 장관 한번 바뀔 때마다 입시정책이 정신 못 차리게 바뀌기 때문이다). 교회는 더 더욱 그렇다. 비즈니스는 사장이 밥그릇을 쥐고 있기 때문에 보이지 않는 최소한의 권위가 있지만, 자원봉사를 철칙으로 하는 교회에서 목회자가 교인들에게 접근하는 리더십은 근본적으로 차원이 다르다. 물론 비즈니스 경영에서 많은 중요한 리더십 기본 원리들을 배울 수 있긴 하지만, 그것을 깊이 숙고해서 여과하지 않고 그대로 교회에 적용해서는 안 된다는 것이다. 동시에 목회자들 또한 단순한 종교적 흑백논리의 시각으로 급변하는 세상의 기업과 정부와 언론을 쉽게 평가해서는 안 된다.〉(거인, 20-21)

세상에서 일반적으로 쓰이는 일반 리더십 이론이 영적 리더십에 무분별하게 도입되어 쓰여지는 이 현상에 대하여 필자가 그렇게 안타까워 했고, 그래서는 안 된다고 주장했던 소이가 바로 여기에 있다. 한목사도 분명히 양쪽은 근본적으로 차원이 다르다고 하지 않는가? 교회는 더 더욱 그렇다, 는 말에 필자는 감격했다. 아무렴 그렇고 말고. 어디 그뿐인가, 한목사는 계속해서 필자의 누선을 자극하는 말을 하고 있다.

〈보통, 우리는 한 명의 탁월한 리더를 부각시키고 그 사람의 천재

성을 철저히 해부해서 공부하는 '위인전 읽기' 식 접근을 한다.〉
(거인, 21)

얼마나 딱 부러지는 말인가? '위인전 읽기' 식의 리더십 이론
은 잘못되었다는 이야기다. 또 읽어보자. 그 다음에는 이런 말도
한다.

〈삶에는 변수가 너무 많다. 문화, 시대, 특히 따르는 사람들의 반
응 등 내가 어떻게 하지 못하는, 오직 하나님의 주권에 딸린 요소
들이 너무 많기 때문에 리더십은 이렇게 하면 된다는 칼 같은 결론
을 성급히 내리는 것은 좀 자제할 필요가 있다.〉 (거인, 24)

일반 리더십 이론에는 하나님의 주권적 역사가 나타날 여지가
없다. 하나님을 인정하지 않으니 그들이 하나님의 주권적 역사를
인정하지 않는 것은 당연한 일이다. 그러나 우리 기독교인들은
인간사 모든 일에 하나님이 역사하심을 인정해야 하고 따라서 리
더십에 있어서도 역사를 변화시킨 리더의 배후에서 일하시는 하
나님을 인정해야만 진정한 그리스도인인 것이다.
비단 한목사가 서문에서만 옳은 이야기를 한 것은 아니다. 본
문에서도 옳은 말을 많이 한다.

〈리더십이라는 주제를 염두에 두고 성경을 읽어가는 중에 나는 아
주 재미있는 사실을 하나 발견했다. 예수님은 '리더십'에 대하여
언급한 적은 거의 없지만, '따르는 일(followership)'에 대하여는
무수히 많은 말씀을 하셨다는 것이다.〉 (거인, 63)

이 말은 그가 리더십의 준거를 찾기 위해 성경을 읽었다는 것인데, 아무리 찾아도 예수님이 리더십에 대하여 말씀하신 부분을 '거의' 발견하지 못했다는 고백이다. 여기서 '거의' 라는 말은 전무(全無)하다는 말과 동일한 말이다. 예수님께서 리더십에 대하여 '한 말씀' 이라도 하셨다면 얼마나 자랑스럽게 그 말을 인용했을 것인가? 그것이 바로 리더십의 준거가 될 것이니 말이다.

어쨌던 그의 말을 계속 들어보자.

〈내가 영향력을 행사하려고 해서 되는 게 아니라, 내가 실력과 인격을 갖춘 사람이 되면 사람들이 자기도 모르게 나의 영향력을 받는 것이다.〉 (거인, 254)

맞다. 리더십을 영향력이라 정의하고 그 영향력을 남에게 행사하기 위하여 이것 저것을 하라고 하는데, 굳이 그럴 필요가 없다는 말이다. 진정 리더십이 영향력이라면, 실력과 인격을 갖춘 리더가 되면 다른 사람들이 저절로 리더의 영향력을 받게 되어 있으니 말이다.

〈그러나 하나님이 세우는 리더십은 다르다. 인간의 한계를 초월해 버리는 그 무엇인가의 힘에 의해 이끌려간다.〉 (거인, 334)

그렇게 한목사는 리더십은 하나님이 세우는 리더십이어야 함을 말하고 있다. 이 얼마나 올바른 생각인가? 어디 그뿐인가, 한목사는 리더십 각론 격으로 쓴 다른 책에서도 옳은 말을 하고 있다.

　　〈리더십이란 결국 하나님이 이미 주신 축복의 열매를 따먹는 것이
　　다. 성숙하지 못한 대부분의 리더는 내가 무언가 이루었다, 내가
　　역사의 한 획을 그었다, 무에서 유를 창조했다 하며 자신의 공로를
　　내세우고 싶어한다. 그러나 성숙한 리더십은 다르다.〉(『리더여, 사
　　자의 심장을 가져라』 이하 '사자', 25)

　　그러니, 존 맥스웰이 중국의 시를 인용하여 보여주는 훌륭한
지도자상은 한목사의 견해에 의하면 성숙되지 못한 리더십 이론
인 것이다.
　　〈그들의 일이 성취되었을 때
　　그들의 일이 다 완수되었을 때
　　사람들로 하여금
　　"우리 힘으로 이 일을 해냈다"고 말하게 한다 〉
　　(존 맥스웰, 『리더십의 법칙』, 241)

　　그럼, 한목사가 리더십에 대하여 가지고 있는 생각의 결론은
무엇일까?

　　〈리더십의 가장 중요한 자질은, 모든 것을 갖추었으면서 역시 자
　　신의 힘으로는 아무것도 할 수 없음을 겸허히 하나님 앞에 인정하
　　는 자세일 것이다.〉 (거인, 365)

　　〈당신이 아무리 스스로 아무리 탁월하다고 믿어도, 당신의 인격과

능력만 가지고는 안 되는 일이 세상에 너무나 많다. 좋은 사람들이 당신의 리더십을 따라 주어야 하고, 또 적절한 역사의 바람이 맞아떨어져야 한다. 그 모든 것을 뒤에서 지휘하시는 전능자 하나님의 도움 없이는 그 어떤 리더십도 가능하지 않다. 이제 자기 힘으로 안간힘을 쓰며 살아보려 했던, 다른 사람을 내 마음대로 움직여 보려 했던 그 가련한 인간적 리더십의 과거에서 벗어나자.〉 (거인, 372-373)

〈교회는 세상 기업처럼 돌아가는 게 아니다. 하나님의 일은 철저히 하나님의 방법대로 해야 한다.〉 (『남자는 인생으로 시를 쓴다』 이하 '인생으로 시를', 129)

하나님의 일은 하나님의 방법으로, 라는 말에 필자는 굵고 굵은 밑줄을 그었다. 이상이 필자가 한목사의 글을 읽으면서 골라낸 옥(玉)이다. 이런 말들로 책을 한 권 만든다면 그야말로 완벽한 리더십 책이 될 것이다. 한목사의 옥구슬 같은 이 말들로 재목을 삼아 리더십의 집을 지으면, 그야말로 나무랄 데 없는 훌륭한 집이 되어 나올 것이다. 아니, 재목이 훌륭하니 당연히 그러한 집이 되어 나와야 한다.

그러나 과연 그럴까? 과연 그럴까, 하는 의문을 품고 책을 읽어가는 필자에게 한목사는 힘을 실어주는 말을 한다.

〈어리숙한 것 같아도 하나님의 사람은 궁극적으로 진리의 옥석을 가려낸다.〉 (인생으로 시를, 213).

한목사의 이 말에 필자는 작은 소망을 가진다. 그리하여, 지금은 여러 책 속에 진리와 비진리가 함께 섞여 있어 구분을 못할 지경이라고 할지라도, 결국에는 옥석이 분명 구분(區分)되리라는 것을 믿는다. 지금은 어렵고 힘들겠지만, 필자의 이런 소망이 언젠가는 이 땅에서도 이루어 질 줄 믿는다.

11
시저는 로마의 황제였던가?

책 속에 인생을 살아가는 길이 있다. 그래서 사람들은 그 길을 찾기 위해 부지런히 책들을 읽는다. 그런데 책 한 권만 읽는다면 어떻게 될까? 그 길이 잘못된 길이라면 공연히 책 사느라 돈 들이고 읽느라 수고한 것만 아깝지 않겠는가? 그럼, 여러 권을 읽되 한 사람이 쓴 책만 읽는다면? 그것도 문제가 될 수 있다. 일방적인 한 가지 외침만 듣고 가면 길을 잘못 들 수 있기 때문이다. 그래서 진정 올바른 길을 찾으려 한다면, 같은 분야에 관해서 방향이 다른 두 가지 이상의 책을 읽어야만 하는 것이다. 그래야만 제대로 된 길을 찾아 갈 수 있다. 이번에 필자는 리더십 분야에서 실감나는 경험을 했다. 앞장에서 말했듯이 한홍 목사의 책을 읽고 있는데 한목사의 책 말고 다른 사람의 책을 미리 읽었던 게 다행이었다. 그 책을 읽었으니까 한목사의 책 속에서 옥과 돌이 구분되어 보이기 시작했으니 말이다. 한목사의 책에 보면 이런 대목이 있다.

〈루스벨트는 당시 미국에서 거의 신화와 같은 존재였다. 미 역사 상 처음으로 12년간 3회 연속 대통령 자리에 올랐던 그의 존재는

미국인들에게 있어서 가히 절대적이었다.〉(사자, 16)

여기에서 무언가 필자의 기억에 걸리는 게 있었다. 루스벨트는 대통령에 네 번, 즉 4회 연속 당선되었는데. 그런데 그것을 확인하기 위해 굳이 역사책을 떠들어 볼 필요가 없었다. 예전에 읽은 글이 떠올랐고, 마침 그 책이 옆에 있었기 때문이다. 헨리 블랙커비는 그의 『영적 리더십』 164쪽에 이렇게 기록하고 있다.

〈1944년 프랭클린 루스벨트가 네 번 연속 대통령으로 당선되자..〉

네 번 연속으로 당선됐다면 4회 연속해서 대통령 자리에 올랐다는 말이다. 그렇다면 한목사 책에 있는 기록과 다르다. 동일한 사람이 대통령에 세 번 되기도 하고 네 번 될 수가 없는 노릇이니, 분명 어느 한쪽은 잘못이다. 다를 뿐만이 아니라 틀린 것이다. 누가 틀린 것일까? 미국의 역사는 프랭클린 루스벨트 대통령이 전무후무하게 네 번 당선되었다고 기록하고 있다. 그러니 한목사의 말이 틀린 것이다. 그렇게 한번 틀린 것이 발견되자, 옥이라 여기고 그냥 지나쳤던 것들의 많은 부분이 돌맹이임을 알게 되었다.

그러면 필자는 왜 그때까지 그러한 돌들을 보지 못하고 지나쳐 왔을까? 바로 한목사에 대한 믿음이었다. 필자의 믿음은 무작정의 믿음이 아니라 근거가 있는 믿음이었다. 그 근거는 다음의 네 가지였다.

첫 번째는 그가 대학교에서 미국과 유럽의 현대 역사를 전공했다는 사실이다. 그는 그것을 그의 책에서 강조하고 있다.

> 〈나는 신학을 하기 전에 버클리대학에서 '미국과 유럽의 현대사'를 공부했다. 어렸을 적부터 역사를 남달리 좋아한 이유는 거기에 바로 사람 사는 이야기들과 인생이 들어 있었고... 〉(거인, 24)

> 〈대학교에서 나는 미국과 유럽의 현대 역사를 공부했다. 워낙 어릴 때부터 그쪽 방면으로 글 읽기를 즐겼던 까닭도 있고... 〉(거인, 341)

필자는 우리나라든 미국이든 교육기관의 권위를 인정한다. 그래서 미국대학, 특히 명문이라 불리는 대학의 학문적 권위 역시 인정한다. 더구나 버클리는 확실한 가르침을 주는 대학이 아닌가? 거기에서 배웠으니, 그래도 확실할 것이라는 믿음이었다.

두 번째는 그가 목회 외에 대학교에서 역사를 가르쳤다는 사실이다.

> 〈온누리 교회에서 목사로 사역하면서 동시에 포항에 있는 한동 대학교에서 일주일에 한 번씩 교수로 미국 역사, 리더십, 스피치를 강의했는데...〉(거인, 16)

> 〈매주 화요일이면 포항으로 내려가 한동대에서 미국 역사, 리더십, 스피치(speech) 강의를 했는데, 하루에 비행기와 차를 5시간 이상을 타야 할 정도로 힘든 길이다.〉(거인, 357)

『갈대상자』를 읽으며 한동대학이 어떤 대학인가를 알게 된 필자에게, 그 대학에서 미국 역사를 강의한 한목사의 말 한 마디, 말 한 마디는 무게를 가지고 다가왔다. 그러한 대학에서 미국 역사를 가르치신 분이니 말하는 것이 확실한 것이지 않겠느냐는 믿음이다. 설사 한동대학이 아니면 어떠랴, 대학에서는 아무나 가르치는 게 아니다. 대학 강단에 선다는 사실 자체가 그만큼 믿음을 주는 것이다.

그것만이 아니다. 그는 박사 학위를 위하여 공부할 때의 은사 짐 브래들리(Jim Bradley) 박사 이야기를 한다.

〈그는 한치의 양보도 없는 서릿발 같은 학적 예리함을 나에게 요구하는 엄격한 스승...〉(거인, 348)

〈나의 은사이신 짐 브래들리 교수는 학자는 자기가 확실히 알고 있는 것 이상을 말하지 않아야 한다를 늘 입버릇처럼 강조했다. 알찬 내용이 없이 포장만 그럴듯하게 과시하지 말라는 따끔한 일침이었다.〉(칼, 172).

필자도 미국에서 교육을 받으며, 미국인 교수들이 글쓰기에 대하여 정확성을 얼마나 강조하는지 알고 있다. 특히 근거가 되는 자료라든지 남의 글과 생각을 인용할 때 어느 정도 엄격하게 따지는지를 체험해 보아서 익히 아는지라, 한목사의 말이 십분 이해되고 따라서 그의 글쓰기에 믿음을 가지게 되었던 것이다.

마지막으로 책 쓰기에 대한 그의 다짐이다.

〈그래서 남들 보기에는 쉽게 내는 것 같지만 내 나름으로는 밀도 있는 내용들을 압축해서 쓰는 것이다. 한번도 대충 대충 책 낸 적은 없다.〉 (거인, 404)

많은 사람이 가지고, 읽는 책에다 그렇게 자신만만하게 공언할 정도의 자신감을 드러내 보이는 사람을 필자는 지금껏 보지 못했다. 다른 사람들은 혹시 부족함이 있을지 모르니 하는 겸양- 속마음이야 그렇지 않겠지만- 을 보이면서 글을 쓰는데 비하여 한목사는 달랐다. 그런 그의 당당한 태도에 믿음이 갔던 게 사실이다.

그러나 그러한 필자의 '믿음'들은 배신을 당했다. 이 배신감은 '부르터스, 너마저?' 하며 죽어가던 시저의 마음이 그랬을까? 참, 시저의 이야기가 나왔으니 이것 먼저 이야기해보자.

〈백전백승의 명장으로 유명했던 로마 황제 줄리어스 시저는 자신의 전쟁기를 직접 자세하게 쓴 것으로도 유명하다.〉 (사자, 81)

줄리어스 시저가 로마의 황제였나? 언제 그가 로마의 황제가 되었던가? 줄리어스 시저는 로마의 황제가 아니었다. 시오노 나나미의 책을 소개하며(거인, 291-299) 로마인 이야기를 우리에게 들려주던 한목사가 아니던가? 시오노 나나미는 시저를 주인공으로 하여 두 권씩이나 되는 긴 이야기를 해주고 있다. 그 책을 읽었으면 분명 시저는 황제가 아니었다는 사실을 알건데 왜, 한 목사는 시저를 황제라 하여 필자의 믿음을 저버리는가?

시오노 나나미의 로마인 이야기를 우리에게 해주는 가운데, 한목사는 또 다른 실수를 한다.

〈예를 들면, 로마에서는 오늘날의 국무총리에 버금가는 최고관직인 집정관을 지낸 사람도...〉 (거인, 292)

'버금간다' 는 말은 '그 다음 차례 '라는 말이다. 으뜸의 바로 아래가 되는 자리를 말하기도 하니 비슷하거나 동등하다는 말이 아니다. '버금간다' 는 말은 이렇게 쓰인다. '왕에 버금가는 권세', '실력이 그에 버금가다.'

로마시대의 집정관은 우리나라의 국무총리와 비교하여 그 다음 가는 정도의 지위가 아니며 비슷하지도 않다. 오히려 그보다 더 권한이 많다고 할 수 있다. 그러니 한목사의 말은 틀렸다. 그러나 이 경우는 한목사가 버금간다는 말의 의미를 오해했을지 모른다. 왜? 그는 미국으로 이민을 가서 미국에서 성장한 사람이다. "나는 14세 때 미국으로 이민 가서 20년 가까이 살다가 1999년 초에 한국으로 들어온 이민 1.5세이다." (거인, 16) 그러니 그런 단어에 대한 오해쯤은 있을 수 있다. 그러나 그것은 단어 한마디에 목숨을 걸어야 하는 글쟁이의 자세, 특히 말 한 마디에 하나님의 마음을 담아 전달해 주어야 하는 목회자의 자세는 아니다. 그래서 그러한 실수가 필자는 안타깝다.

그 밖에도 한목사가 과연 단어의 뜻을 확실히 알고 썼는지 의심이 되는 대목이 많이 보인다. 몇 가지 예를 들어 보기로 하자.

그는 일본의 요시다 쇼인이란 사람을 소개하면서 " … 거기서 그는 무려 618권이나 되는 책을 섭렵하고, 일본이 서양인들의 침입에 적응하기 위해서…"(칼, 137) 라고 말하고 있다.

여기에서 '적응' 이라는 말은 잘못 쓰인 것이 아닐까? 이 경우에는 '적응' 이 아니라 '대응' 이라는 말이 맞는 말이다.

〈1997년 6월에 결성된 암스테르담 협정으로 인해 유럽연합에 가속도가 붙기 시작하면서 〉 (거인, 114)

여기서 '결성' 이라는 말은 맞지 않는 말이다. '체결' 이라는 말이 맞다. 아울러 한글을 제대로 알고 있는지 의심이 가는 부분도 있는데, 몇 개만 소개하자.

〈가난의 근본적인 원인을 타계하기 위하여...〉 (칼, 22)
타계- 타개.

〈하지만 오호라, 통제라〉 (인생으로 시를, 11)
통제라- 통재(痛哉)라

〈수십 년 간 교단을 지켜온 반백(斑白)의 선생님들도 그러하다〉 (칼, 15)
이 경우 반백이란 말의 한글 뜻을 모르는지 아니면 한자, 반백(半白)을 모르는지 구분이 되지 않는다.

〈성(成)을 정복하는 것 이상으로 그 성을 지켜내기가 어렵고〉(칼, 232)

이 경우는 분명히 한자에 대한 오류이다.

위의 지적 사항들은 한목사의 잘못이 아니라 출판사의 실수일 수도 있다. 출판사에서 교정을 제대로 보지 못할 수도 있으니 말이다. 그러나 한목사의 책들이 개정판으로 19쇄를 거듭하여 출판된 책도 있는데, 그 정도 오류를 바로잡지 않고 있는 것은 책임감을 강조하는 리더십 주창자로써 독자에 대한 예의가 아니다.

그의 글에서 요시다 쇼인을 소개하면서 그가 읽은 책이 618권이라고 자세하게 숫자를 인용하는 한목사는 뜻밖에도 숫자를 가지고 독자들에게 많은 혼동을 주고 있다.

일본인 이야기를 했으니 그럼 이번에는 이순신 장군에 대하여 한목사가 쓴 글을 살펴보자.

〈명량해전에서 단 12척의 배로 수백 대의 왜(倭) 함대를 패퇴시킨 이순신이었다.〉(사자, 8-9)

많은 기록들이 이순신 장군이 명량해전에서 지휘했던 배가 13척이라고 기록하고 있으며 적군의 배는 130여척이었다고 한다. 한목사가 말한 '12척'은 '13척'의 오식이라고 해두자. 그러면 우리가 보통 '수백'이라고 하면 몇 개를 예상하는지? 130여척을 '수백'이라고 표현할 수 있을까? 국어사전에 의하면 '수백(數百)'이라 표현하는 경우는 백의 두서너 배가 되는 수를 말한다.

그러니 '130여'를 '수백'이란 말로 대치하여 사용할 수가 없는 것이다.

숫자를 가지고 따지면 속이 좁다고 말할지도 모르니, 백보 양보하여 그런 '수백'쯤은 그냥 넘어가자. 우리 나라 사람은 숫자에 대하여 아량이 많은 국민이다. 그러나, 이런 경우는 어떤가? 위기 대처형 리더십을 이야기하면서 한목사는 윈스턴 처칠이 프랑스로부터 영국군과 프랑스군을 퇴각시킨 사건을 예로 든다.

〈동시에 치밀한 전략적인 준비를 한다. 먼저 프랑스와 영국의 65만 패잔병을 도버 해협을 건너 도피시킨 후, 그들을 바로 아프리카 전선 및 이탈리아로 보내, 독일과 이탈리아의 군사력을 흐트러뜨렸다.〉 (거인, 168)

여기에서 '프랑스와 영국의 65만 패잔병'은 어디에서 나온 숫자일까? 역사의 기록에 "덩커크의 철수" 혹은 "덩커크의 기적"이라고 불리는 이 사건은 그때 도버 해협을 통해 탈출한 프랑스와 영국군의 숫자가 정확히 338,226명이라고 기록하고 있다. 65만 명과는 상당히 차이가 나는 숫자이다. 한목사는 어디에서 65만이란 숫자를 가져왔을까? 새로 나온 최신의 자료에서 나온 숫자인가? 느닷없이 튀어 나온 311,774명은 어디에 숨어 있다가 이제 나온 군인들인가? 그것이 궁금하다.

12
마지노선은 몇 번 무너졌나?

그렇게 숫자로 독자들에게 혼동을 주고 있는 한홍 목사는 '너희가 신세대를 아느냐' 라는 장에서 이런 숫자를 제시하기도 한다.

〈세계인구의 50퍼센트 이상이 30대 이하이다. 특히 한국의 평균연령은 27-29세 정도로 다른 나라에 비해 아주 젊다.〉(거인, 99)

이러한 통계수치는 어디에 근거한 것일까? 이 책이 쓰여진 때가 2000년이니 인용된 통계는 그 이전의 통계이겠다. 그러면 2000년의 통계에 의하면 한국인의 평균 연령은 얼마였을까? 2004년 9월의 신문기사를 인용해 보겠다.

["한국인 평균 나이 34.6세로 높아져" 문화일보 보도 "2000년엔 33.2세 급속 고령화 우려" 조선닷컴 internetnews@chosun.com 입력 : 2004.09.25 14:11 46 국민들의 평균 나이가 3년만에 한 살 이상 높아진 것으로 나타났다고, 문화일보가 25일자로 보도했다. 한국사회가 고령화 사회로 진입하는 속도가, 엄청나게 빠

름이 드러나고 있는 셈이다. 이 신문이 보도한 통계청의 '2003년 전국 272개 시군구별 평균 연령 조사'에 따르면, 평균연령은 2000년 33.2세에서 34.6세로 높아졌다. 이 신문은 고령화로 경제 활동 인구가 줄어들면서 생산력이 줄어들고, 미래 세대의 노인층을 부양하는 부담이 가중되는 등의 부작용이 우려된다고 보도했다.]

신문이 보도한 통계자료에 의하면, 2000년 현재 우리나라의 인구는 33.2세라고 말하는데 한목사는 27-29세 정도라도 한다. 무려 4-6 세 차이가 난다. 최신 정보에 의하면 고령화를 우려하고 있는데, 한목사는 다른 통계를 제시하면서 다른 나라에 비해 아주 젊다고 신세대를 이해해야 한다고 주장하고 있다. 세계인구의 50퍼센트 이상이 30대 이하라는 한목사가 제시한 통계가 맞는다면, 문화일보에서 제시한 우리나라의 평균나이는 다른 나라에 비하여 분명히 높은 것이다. 그러나 분명 통계청은 우리나라의 인구 평균연령이 2000년 현재 33.2세라고 하지 않는가? 그래서 한국사회가 고령화 사회로 되어가는 것을 걱정하고 있지 않은가? 그러니 한목사는 완전히 반대의 자료와 해석을 독자들에게 제시하고 있는 것이다.

신세대를 알고 이해하자고 하는 주장의 취지를 모르는 바 아니지만, 그러나 근거자료를 확실히 인용하는 것은 더 중요하다. 책을 읽는 독자는 일단 책에서 제시되는 통계자료를 믿음으로 대한다. 그러기에 글 쓰는 사람은 인용하는 자료가 신뢰성을 가지도록 최선을 다하여 노력해야 한다. 최대한도로 정확성을 기해야 하고 임의로 그 자료를 변경해서는 안 된다. 가능하다면 출처까지 알려주는 게 좋다.

또 한번 양보해서 이 경우에도 한목사는 필자가 알지 못하는 자료를 이용했을 수 있고, 또 그때 가지고 있던 자료에는 그렇게 나올 수도 있으니, 마냥 한목사에게 책임을 물을 수는 없는 노릇이라고 해 두자. 그럼, 이런 경우는 어떨까? 제시한 내용의 출처가 상당히 궁금해지는 경우이다.

> 〈20세기 중반까지만 해도 미국 정계와 재계, 교육계의 탁월한 웅변가들의 절대 다수가 목회자 출신들이 많았던 것은 우연이 아니다.〉(거인, 225)

이것은 어떤 자료에 근거를 둔 것인가? '탁월한 웅변가' 라는 것은 어떻게 규정이 되는지? 전국웅변대회에 입상한 사람을 말하는지? 탁월한 웅변가에 해당하는 사람은 누구를 말하며 몇 명이나 되는지? '절대 다수' 란 몇 퍼센트를 말하는지? '목회자 출신' 이란 말은 목회를 하다가 그만 둔 사람, 혹은 목회자이면서도 다른 분야에 몸담고 있는 사람을 의미할 터인데, 미국의 정계, 재계 및 교육계에 진출한 목회자 출신은 얼마이며, 또한 그 중 탁월한 웅변가는 몇 명으로, 얼마나 많기에 '절대 다수' 라는 말인지? 더욱 궁금한 것은 20세기 중반까지 그랬다는데, 그렇다면 언제부터 20세기 중반까지라는 말인지? 그리고 21세기 초반인 현재에는 통계수치가 어떻게 변했는지 궁금하다.

그런 궁금증에도 불구하고 필자에게는 전혀 반박할만한 다른 정보가 없으니 한목사 말을 믿어야 하나? 그러나 다음과 같은 경우는 필자가 반박할 자료가 있으니 안심하고 이야기할 수 있겠다. 한목사가 연도를 직접 제시한 경우이다.

> 〈1776년 영국의 제임스 와트가 증기기관을 발명하고 아담 스미스가 자유 시장 경제 논리의 이론을 도입함으로써, 인류는 농경사회에서 산업사회로 전환하게 된다.〉 (거인, 88)

아담 스미스가 자유 시장 경제 논리의 이론을 도입함으로써, 인류가 농경사회에서 산업사회로 전환하게 되었다는 희한한 논리는 논하지 말고 연도만 생각해 보자.

1776년이라는 연도를 명시했고 바로 그 뒤에 제임스 와트가 증기기관을 발명했다고 썼으니, 와트가 증기기관을 발명한 해가 1776년이라는 말이다. 그럼 와트가 1776년에 증기기관을 발명했다고 기록한 것이 맞는 말인가? 역사의 기록에 의하면 제임스 와트는 1769년 최초로 증기기관 특허를 받았다. 그러니 한목사가 제시한 연도가 틀린 것이다.

그리고 '아담 스미스가 시장경제 논리 이론을 도입' 했다는 말은 정확하게 무슨 말인가? 추측하건대 아담 스미스가 그런 이론을 정립하여 발표했다는 말 같은데, 아담 스미스(1723-1790)가 『국부론(Wealth of Nations)』을 펴낸 것이 1776년이다. 그렇다면 1776년에 아담 스미스가 『국부론』을 펴냈다는 말을 위와 같이 표현한 것인가? 필자가 국어 공부를 더해야 하는지...

또 있다. 필자가 반박할 자료가 있는 경우다. 2차 세계대전 당시 프랑스 군에 치욕을 안겨준 '마지노선' 이라는 게 있다. 이에 대하여 한목사는 다음과 같이 기록하고 있다.

〈아테네는 무적이라고 자부했던 해전에서 졌고, 1차 대전 때 프랑스는 마지노선을 믿다가 무너져 버렸으며...〉(칼, 176)

분명히 마지노선은 2차 대전 때에 프랑스군이 설치했던 것인데, 한목사는 1차 대전 때의 일이라고 말하는 것이다. 그래도 혹시 이것은 편집상의 실수, 오타가 아닐까? 1자와 2자는 바로 이웃하고 있으니, 숫자를 입력할 때 실수도 있을 법하니 타이포(typo)일 수도 있겠다. 그러나 다른 책에서도 같은 실수가 있다면? 그것은 편집상의 실수가 아니라는 말이다.

〈균형의 원리는 집중의 원리와 함께 이해되어야 한다. 프랑스군은 1,2 차 세계대전 때 엄청나게 긴 마지노선을 그어놓고 그것을 철옹성이라 자랑했다. 그러나 독일군은 그 중 한 쪽을 집중적으로 공격해서 그 방어선을 간단히 무너뜨려 버렸다.〉(거인, 201)

이번에는 아예, 1차 대전과 2차 대전 모두라고 기록한다. 그렇다면 독일군은 두 번씩이나 마지노선을 무너뜨렸다는 말인가? 아니다, 분명 독일군은 한 번밖에 그러지 않았으며 프랑스군이 마지노선 때문에 창피를 당한 것도 역시 한 번이다. 그러니 두 번씩이나 독일군에게 당했다는 한목사의 주장을 프랑스에서 알게 되면 명예훼손이라고 항의가 들어올 법하다. 그 사람들이 얼마나 자존심이 센 사람들인가는 한목사가 "프랑스 국민들처럼 조국에 대한 남다른 긍지와 자부심을 가지고 있는 국민들도 드물다"(거인, 113)라고 말하여 우리 모두 알고 있지 않는가?

그런데 이런 숫자상의 실수가 그것으로 끝난 것이라면 얼마나 좋을까? 숫자상의 실수는 사람들이 흔히 하는 실수이기 때문이다. 그래서 돈거래를 하다가 돈이 덜 가기도 하고 더 주기도 하지 않는가? 그래서 그런 것쯤은 병가지상사라고 해주자. 그런데 위의 마지노선에 대한 설명 중 한목사는 색다른 설명을 하고 있다. 독일군은 마지노선 중 한쪽을 집중적으로 공격해서 그 방어선을 간단히 무너뜨려 버렸다는 설명 말이다. 그게 과연 사실일까? 독일군이 마지노선의 어느 한쪽을 집중적으로 공격했던가? 아니다, 독일군은 마지노선에 있는 진지를 공격한 적이 없다.

조금 더 구체적으로 마지노선에 대하여 알아보자. 그것이 1차 대전인지 2차대전의 일인지도 포함해서. 제1차 세계대전 때 프랑스가 독일군 포병대의 공격을 막아낼 수 있었던 것은 근대적인 요새 덕분이며, 또한 방벽을 쌓아 놓으면 수비 병력을 절약할 수 있으리라 생각한 프랑스는 독일의 공격에 대비한 방어 수단으로 튼튼한 방어용 장벽을 구축하였다. 이 방책은 창안자이며 육군 장관을 지낸 앙드레 마지노의 이름을 따서 마지노선이라고 불렀는데 이 방어선은 프랑스와 독일의 국경에만 건설되었고, 벨기에와 접한 국경에는 설치되지 않았다. 그래서 독일군은 1940년 5월 이 방어선을 우회하여 벨기에를 침공하고, 벨기에를 가로질러 행군을 계속했다. 독일군은 전차와 비행기로 마지노선 뒤쪽으로 우회해 돌파작전을 감행함으로써 마지노선을 쓸모 없게 만들어 "마지노선이 무너졌다"는 말이 생기게 되었다.

그러니 마지노선은 한목사의 말대로 독일군이 어느 한 곳을 집중적으로 공격해서 무너진 것이 아니다. 독일군이 그 진지를 우회해서 프랑스 영내로 쳐들어와서 결과적으로 마지노선이 쓸모 없이 되어버린 것이다. 마지노선이 무너졌다는 말을 흔히들 하는데, 한목사는 그 말을 문자적으로 해석하여 역사적 사실을 추리한 모양이다.역사적 사실을 추리 소설 식으로 함부로 해석해서는 안 된다는 것은 기본 아니던가?

혹자는 이렇게 말할지도 모르겠다. 사람은 그 정도 실수쯤은 있을 수 있는 것 아닌가? 또 그것이 한목사의 주장과는 관련이 없는 부수적인 것이 아닌가 하고 말이다. 그러나 그게 아니다. 분명 관련이 있다, 그것도 많이 있다. 글을 짧게 하기 위하여 일일이 설명하지 않았지만, 위에 제시한 한목사의 오류들은 모두 다 앞뒤로 그의 주장을 뒷받침하는 것들이다. 따라서 하나가 오류로 판명이 나서 무너지면, 그야말로 마지노선이 무너져 프랑스가 패배한 것처럼 그 뒤를 이어 다른 주장들이 무너지게 되어 있다.

한목사가 언급한 마지노선 역시 마찬가지이다. 그는 역사적 지식을 자랑하기 위하여 마지노선을 거론한 게 아니다. 한목사는 균형의 원리를 설명하면서, 거기에 집중의 원리를 설명하고 그의 주장을 뒷받침하는 사실로 역사적 사실인 마지노선을 들고 나온 것이다. 집중해서 한 곳을 공격하면 다른 부분도 무너진다, 곧 균형은 깨진다는 그의 주장을 더 강력하게 뒷받침하기 위하여 역사적 사실을 거론한 것이다. 그런데, 예로 들은 사건이 사실이 아니라면? 논리의 버팀목이 하나 쑥 빠져 버리는 꼴이 되어버리는 것이다.

이상 한목사가 독자들에게 제시한 자료들, 숫자 혹은 낱말들이 그 자체에 오류가 많이 있음을 살펴보았다.그러나 이러한 자료들은 그런대로 우리가 노력하고 시간을 들여서 다른 자료와 대조해 본다면 그 오류를 발견할 수가 있다. 물론 그 경우에 짜증은 나겠다. 당연히 저자가 제시하는 정보가 믿을만한 것인 줄 알고 책을 열심히 읽는데 정보가 틀린 것인지 맞는 것인지 일일이 찍어 맛을 봐야 한다니 …

그러나 그 정도는 약과이다. 자료를 직접 그대로 보여주지 않고 가공하여 독자에게 가공된 부분만 제시할 경우, 그리고 그 의미를 해석하여 제시할 경우, 독자들은 속수무책으로 그것을 곧이들을 수 밖에 없다. 기초가 되는 정보는 보이지 않고 해석만 보일 뿐인데, 그런 경우 해석자의 네임 밸류는 큰 역할을 하기 때문이다. 한홍목사, 그의 네임 밸류는 이미 우리의 의심을 허용하지 않을 만큼 크다. 그는 리더를 가르치는 리더로, 그 분야에서 지금 누구에 버금가는 사람이 아니다.

그러니 … 그의 주장에서 돌을 골라내 보이는 일이 쉬운 일이 아닐뿐더러, 설사 이런 글을 써도 이 글을 오히려 믿지 않으려 할 것이다. 그뿐 아니라, 지나가는 기차에 공연히 돌을 던지는 것으로 치부할 것이다. 그러나 분명히 말하지만, 필자는 지금 돌을 던지는 게 아니다. 한목사의 글 중에서 돌을 골라내어 독자들에게 보여주고 있을 뿐이다.그러니 다음에 계속해서 독자 여러분들이 보게 될 돌들도 필자가 던진 돌이 아니다. 한목사의 글에서 나온 돌멩이일 뿐이다.

13

13. 박약재(博約齋) 현판에 새긴 뜻은?

　　앞장에서 필자는 한홍 목사가 한자를 틀리게 썼다고 지적한 적이 있다. 반백(斑白 - 半白) 그리고 성(成 - 城)이라는 한자가 잘못되었다고 지적을 하였지만 미안한 일이다. 그 이유는 요즈음에 한자를 모르는 것이 그리 흠이 될만한 일이 아니기 때문이다. 국가의 어문정책이 오락가락했기에, 입학을 언제 했느냐에 따라 한자세대와 한글세대로 나뉘니 한자를 틀리게 적었다고 크게 나무랄 일은 아니다. 더구나 한목사는 미국에서 공부한 분이 아닌가. 또 하나, 한목사가 원고에는 바른 한자를 적어주었는데 출판과정에서 잘못되었을 수도 있다. 만약 그런 경우였다면 넓은 아량으로 용서해주시기를 바란다.

　　다음의 경우도 출판사의 실수이기를 바란다.

　　〈대통령이 되는 것을 대권 (大勸)… 〉(『시간의 마스터』이하 '시간', 163)

　　〈성공하기 위해 유명한 사람들과 연(聯)을 맺으려고 ..〉(시간, 252)

그런 실수가 있는데도 한목사는 한자를 자주 사용한다. 그러는 가운데 우리가 흔히 쓰지 않는 단어를 만들어 보이기도 한다. 대능(大能), 대심(大心)이라는 말이 국어사전에서는 볼 수 없는, 그가 만들어 낸 단어들이다.

〈사랑하는 이 땅의 리더들이여, 진정 대권(大權)을 추구하기 전에 대능(大能)을 구할 일이다.〉 (칼, 173)

〈대권(大權)을 구하기 전에 대능(大能)을 구해야 하며, 대능을 구하기 전에 대심(大心)을 가져야 함을 알지 못했던 자의 비극이다.〉 (인생으로, 219)

대능(大能)을 구하라는 말은 능력을 많이 구하라, 큰 능력을 가지기를 소원하라는 뜻이리라. 대심(大心)이라는 단어는 우리 상식으로 넓은 마음, 큰 마음인 줄로 이해가 된다. 앞의 대권 혹은 대능이란 말과 운율을 맞추려고 그랬는지, 아니면 대(大)자를 쓰면 더 좋게 보여서 그랬는지 모르겠지만, 둘 다 어색한 말임에는 분명하다. 그러나 한목사가 다른 곳에서 지적한 것처럼 "우리는 항상 큰 자리를 원하고 큰일을 하고 싶어하며 큰 사람이 되기 위해 노력한다. 대통령이 되는 것을 대권(大勸), 고등학교 다음엔 대학교(大學校), 나라 이름도 한국에 만족하지 못하고 대한민국 (大韓民國) 등 툭하면 대(大)자를 붙이는 것도 다 이런 욕구에서 비롯한다"(시간, 163)는 충고는 본인 스스로도 새겨들어야 할 것이다.

이번에 지적하고자 하는 것은 한자를 잘못 쓴 것이 아니고 한자의 해석이다. 따라서 이 건은 위의 세 가지 이유에서 모두 비껴난 일이니, 필자로서는 조금 덜 미안한 일이다. 솔직히 말해서 한문 해석이 틀렸다고 지적하기는 내키지 않는 일이지만, 한목사의 잘못된 해석으로 해서 그 파장이 만만치 않으니 그냥 넘어갈 수 없는 일이다. 게다가 이 일에는 우리가 존경하는 퇴계 이황 선생까지 관련이 되어 있다. 이황 선생은 전혀 모르는 일이고 관련이 없는데, 그만 한목사의 잘못된 해석으로 그분의 생각까지 그릇되게 전달되고 있으니 후손으로서 여간 미안한 일이 아니다. 그러니 그분에 대한 오해를 풀어주는 것도 후손으로서의 올바른 도리가 아니겠는가? 한자를 다르게 해석하는 바람에 이황 선생만 당황스러운 것이 아니다. 우리나라의 역사 두 토막이 왜곡된 것이 있으니 그것도 바로잡을 일이다.

일단, 한목사의 말을 들어보기로 하자.

〈안동의 퇴계 이황 선생의 사가에 가 보면 박약(博約)재라는 현판이 걸려있다. '박사' 할 때 쓰는 넓을 박(博)자와, '절약' 할 때 쓰는 묶을 약(約)자, 즉 학문은 넓히고 예절은 줄이라는 뜻이다. 유교 500년 역사의 지나친 예법 강조로 인해 참된 인간성이 말살되고 메마른 권위주의와 이에 대한 하급층의 반발만 커져가는 것을 개탄하여, 이황선생은 껍질뿐인 예절은 버리고 참 인간을 만드는 학문을 깊게 하라는 준엄한 충고를 남긴 것이다.〉(거인, 106-107)

한목사는 이황 선생의 사가에 걸린 박약재라는 현판의 글씨를 해석하여 퇴계의 사상을 설명하고 있다. 한목사로 하여금 퇴계의

사상을 풀어나가도록 한, 이황 선생의 사가에 걸린 현판의 내용
은 과연 어떤 것일까?

경북 안동시 도산면 도계동에 도산서원(陶山書院)이 자리잡고
있다. 바로 이 도산서원이 조선 중기의 대학자 퇴계 이황 선생이
머물며 후학들을 가르치던 곳인데, 퇴계 선생은 1557년부터 이
곳에 머물며 10년간 후학을 양성했다.

이황 선생 생존 당시 도산서원에는 도산서당과 농운정사 밖에
없었으나, 선조 7년(1574년) 유림에서 퇴계 선생을 추모하기 위
해 사당을 짓고, 전교당과 동재와 서재를 지었는데 바로 그 동재
가 박약재이다.

혹시 수중에 천원권 지폐(구권)가 있다면 꺼내보기 바란다. 천
원권 지폐 앞면에는 이황 선생이, 그리고 뒷면에는 도산서당의
모습이 보인다. 뒷면에서 맨 앞에 크게 보이는 건물이 도산서당
이고, 그 뒤 나무에 가려 몸체는 보이지 않고 지붕만 보이는 건물
을 지나 그 뒤로 건물 몸체부분 약간과 지붕이 보이는 건물이 바
로 동재인 박약재이다. 그 위로 태극문양이 있는 대문이 보이는
데, 그것은 삼문이다. 그러니 지폐 뒷면의 그림 중에서 가장 오른
쪽에 보이는 것이 삼문이고, 오른쪽에서 두번째로 보이는 것이
바로 박약재이다. 그림 중 도산서당은 이황 선생 생전에 있던 건
물이지만, 그 위로 보이는 건물 모두는 박약재를 포함하여 이황
선생은 전혀 알지 못하는 건물들이다.

동재 곧 박약재가 사후에 지어졌으니, 이황 선생은 생전에 박
약재라는 현판을 본 적도 없는 것이다. 그러니 이황 선생이 현판
에다가 뜻을 담아 준엄한 충고를 하였다는 것은 괴기영화에나 나

옴직한 해석이다. 어느 여름날 제자들의 꿈속에 나타나신 이황 선생이 내 뜻은 박약(博約)이니 그것을 현판에 새겨라 했을 리가 없는 것이다.

이번에도 다시 백보 양보하여 그의 제자들이 이황 선생의 뜻을 알아 새겨서 '박약'이라고 현판에 새겼다고 하자. 그러면 박약이란 뜻이 한목사가 해석한 내용과 같이 '학문은 넓히고 예절은 줄이라'는 것일까?

안타까운 일이지만 박약의 뜻은 한목사의 해석대로가 아니다. 다시 한번 한목사의 글을 살펴보자.

〈'박사'할 때 쓰는 넓을 박(博)자와, '절약'할 때 쓰는 묶을 약(約)자, 즉 학문은 넓히고 예절은 줄이라는 뜻이다.〉

어떻게 '박'자와 '약'자 단 두 자를 가지고 학문과 예절을 이야기 할 수 있을까? 박약은 박문약례(博文約禮)에서 온 말이기에 그렇다. 박약은 박(博)자와 약(約)자 뒤에 각각 문(文)과 예(禮)를 넣어 해석해야 한다. 그래서 문(文)을 박(博)하게 하고 예(禮)를 약(約)해야 한다, 고 해석을 한다. 여기까지는 한목사도 제대로 하고 있다. 한목사는 그래서 박학, 즉 학문을 博(넓게)하게 하라는 말을 학문을 넓히고 라고 해석하여, 맞게 했다. 그런데 그 다음 말 禮(예절)를 約(묶다)하라는 말은 '묶다'라고 약(約)자의 뜻을 제대로 풀어놓고는, 정작 해석할 때에는 '묶어라'라고 하는 대신에 '줄이라'고 해석을 하고 있다. '박'자와 '약'자의 뜻은 제대로 풀이해 놓았는데, 정작 해석할 때에는 틀리게 해버린 것이다. 그래서 '예로 묶어내라'는 말이 '예절은 줄이라'는 전혀 다른 말로 바뀐 것이다. 한 문장 안에서, 앞에서는 글자를 맞게 풀이하는가 했는데 뒤에 가서 감쪽같이 틀리게 해석해 버린 것이다. 정말 눈 깜짝 할 사이에 일어난 일이다. 그러니 읽는 우리도 정신을 똑바로 차려야 한다. 눈감으면 코 베어가는 세상이다.

박문약례는 문(文)을 넓게 하여 예(禮)로 묶으라는 뜻이다. 즉 '널리 공부하여 예의로 묶어내라'는 뜻이다. 좀더 부연 설명을 하자면, 박문약례는 학문 연구와 도덕적 실천 방법을 말한 것으로 '넓게 배우고 예(禮)에 맞추어 행하라'는 뜻이다. 이 말은 논어(論語)의 "군자가 글을 널리 배우고 예로써 그것을 묶어 실천한다면 도리에 어긋나지 않을 것이다"(君子 博學於文 約之以禮 亦可以弗畔矣夫)라는 구절에서 비롯된 것으로, 여기서 박학어문 (博學於文)은 문헌을 통하여 널리 배우고 익힌다는 뜻이며, 약지이례(約之以禮)는 이미 익힌 것을 다시 예로써 집약한다는 뜻이다.

결론하여, 이황 선생은 그 현판과 전혀 관련이 없으며, 또한 현판의 의미조차 한목사가 주장한 것 같이 껍질뿐인 예절을 버리라는 것이 아니라 오히려 그 반대이다. 그러니 이황 선생과 관련한 그의 주장은 허구에 기초한 것이다. 한목사는 완전히 상상력을 발휘하여 글을 써 놓은 것이다.

그렇다면 한목사가 말한 "유교 500년 역사의 지나친 예법 강조로 인해 참된 인간성이 말살되고 이황 선생은 껍질뿐인 예절은 버리고 참 인간을 만드는 학문을 깊게 하라는 준엄한 충고를 남긴 것이다"에서 '500년'은 누가 생각한 500년인가 궁금해진다. 이황 선생이 충고를 남기기 위하여 뜻을 가다듬을 때에 지나간 500년을 생각했다는 것인가? 아니면 한목사가 생각해 보니 유교의 역사가 500년이란 말인가? 그 누가 생각한 500년인가?

　그런데 문제는 그것으로 끝나는 것이 아니다. 박약재 현판의 글씨를 제멋대로 해석해 놓은 한목사는 다시 한걸음을 더 건너뛴다. 자기가 해석한 내용을 가지고, 이제는 이황 선생이 아주 '가르쳤다고 한다'며 자기의 주장에 무게를 실어주게 된다.

　　〈까다로운 매너와 화법을 따지는 영국의 젠틀맨십과 유사한 군자의 도를 한국형 리더십은 강조했다. 실속 있는 내용 이상으로 중요한 것은 바른 모양새를 갖추는 것이었다. 이런 현실을 한탄한 퇴계 이황 선생은 쓸데 없는 예절 형식은 최소화하고 실제적인 학문의 깊이를 넓히라고 가르쳤다고 한다.〉(거인 143)

　어떤가? 과연 이황 선생이 한목사가 말하는 것처럼 예절 형식은 최소한도로 하라고 가르쳤을까? 이황 선생은 전혀 그렇게 가르친 적이 없다. 이 대목은 한목사가 너무 많은 글을 쓰느라 피곤한 나머지 꿈을 꾸고 있는 것이다. 피곤해 졸다가 꿈속에서 이황 선생을 만난 것이리라.

　이제, 현판의 단 두 글자에서 새롭게 끌어낸 이황 선생의 사상을 한목사는 어떻게 마무리하고 있는가 살펴보자.

　　〈문제의 뿌리를 더듬어 보면, 이 권위에 대한 도전은 잘못된 권위주의에 상처입은 사람들의 쌓인 한의 폭발이다. 예절이 나쁘다는 게 아니라, 아랫사람들에게 사랑은 주지 않고 군기만 잡으려 한 까닭에 힘이 두려워 머리 숙이는 것 뿐인데, 그것을 진심 어린 존경으로 착각하는 웃어른들, 그래서 기회만 오면 밑의 사람들은 쌓인 한을 엄청난기세로 폭발시켜 왔다. 홍경래의 난, 동학혁명들은 다 그런 맥락에서 이해할 수가 있다. 오죽하면 '공자가 죽어야 나라가 산다' 라는 책까지 나왔을까? 바로 퇴계 이황이 우려했던 유교의 허점이 야기한 극단적 상황이 일어나고 있는 것이다.〉(거인, 107)

과연 홍경래의 난과 동학혁명이 한목사의 주장대로 그렇게 이해가 되는 사건이었던가? 동학란과 홍경래의 난을 간단하게 '기회만 오면 밑의 사람들은 쌓인 한을 엄청난 기세로 폭발시켜 왔'기에 일어난 일이라고 해석할 수 있을까? 게다가 이황 선생도 모르는 이황 선생의 '우려' 까지 곁들이고 있으니 정말 우려되는 글쓰기 아닌가?

어쨌든 한목사에 의하면 이제 이황은 '유교의 허점' 을 날카롭게 지적한 학자가 되어, 훗날 실학파에게 '멘토' 가 되며 동시에 실학의 선두주자가 되는 셈이다. 이러한 사실을 박약재라는 현판의 단 두 글자에서 추출해 내어, 한국사 연구에 있어서 획기적인 진전을 보이게 한 한목사의 쾌거는 이뿐만이 아니다. 한목사가 역사에 대한 새로운 해석으로 이루어 놓은 학문적 쾌거는 동서고금을 넘나들며 계속된다.

14

14. 돌을 골라, 뽑아내야 하는 이유

    지금 돌 골라내기 작업을 하고 있는데 실상 마음이 편치 않다. 남의 잘못을 지적하는 것이 그리 편한 일은 아니기 때문이다. 하도 리더십 이야기를 하길래 시끄러워서 쳐다보니 말도 되지 않는 이야기가 많은지라, 이건 아닌데 하는 생각이 들어 글을 쓰다 어느새 여기까지 와버렸다. 영적 리더십을 주창하는 사람들의 말이 그릇 되었다는 것을 말하려다 보니 자연스럽게 그들의 잘못을 지적하게 된 것이다. 그저 모르는 척 넘어가도 되는데 공연한 일을 시작해서 이 모양이 된 게 아닌가 하는 생각까지 든다.

    요즈음 책을 읽고 있다 했는데, 리더십 관련 책만 읽고 있는 것이 아니라 이런 것도 있다. 이솝 우화로 우리에게 잘 알려진 이솝의 어릴 적의 일화이다. 마음에 돌, 돌 하면서 글을 읽고 있으니 이런 글도 눈에 들어오는 모양이다.

    이솝이 어렸을 때, 하루는 아버지가 심부름을 시켰다. 목욕탕에 가서 사람이 많은지를 보고 오라는 심부름이었다.
    이솝이 목욕탕 앞에 갔을 때 그 입구에 커다란 돌이 하나 박혀

있는 것을 보았다. 목욕탕으로 들어가는 사람들이 그 돌부리에 걸려 모두 넘어질 뻔하였지만, 불평만 할 뿐 누구 하나 그 돌을 치우는 사람은 없었다. 이솝은 그 앞에 앉아 지켜보고 있었다. 그렇게 반나절이 되도록 지켜보고 있으려니 마침 돌부리에 걸려 넘어져 울고 있는 어린 아이를 한 남자가 일으켜준 뒤 그 돌을 뽑아 멀리 던져버리고 목욕탕으로 들어가는 게 아닌가. 이솝은 그제서야 자리에서 일어나 집으로 돌아갔다. 아버지는 왜 그렇게 늦게 왔느냐며 사람이 많더냐고 물었다. 이솝은 자신 있게 대답했다. "목욕탕에는 사람이 한 명 밖에 없어요." 그 말에 아버지는 이솝을 데리고 목욕을 하러 목욕탕으로 갔다. 그런데 이솝의 말과는 달리 목욕탕 안은 사람들이 가득하여 발 들여 놓을 틈도 없었다. 아버지는 화가 나서 이솝을 꾸짖으며 "이렇게 사람이 많은데 왜 넌 사람이 한 명 밖에 없다고 했느냐?"고 물었다. 그러자 이솝은 침착하게 대답했다. "아버지, 사실은 아까 제가 목욕탕 문 앞에서 지켜보니, 사람들을 넘어지게 한 돌부리가 있었는데, 여기에 들어오는 사람들 누구 하나 불평만 할 뿐 치우려고 하지 않았어요. 그런데 단 한 사람만이 그 돌을 치웠어요. 그러니 사람다운 사람은 한 사람뿐이었지요."

이 일화를 읽으면서 지금 필자가 하고 있는 '돌 골라내기'를 생각해 보았다. 돌을 골라내지 않으면 어떤 일이 생길까? 물론 아무 일도 일어나지 않을 것이다. '아무 일'도 생기지 않으므로 돌은 계속 거기에 있고 사람들은 계속해서 거기에 걸려 넘어질 것이다.

그럼 누가 맨 먼저 이 돌부리에 걸려 넘어질까? 맨 먼저 떠오르는 얼굴은 필자의 아이들 얼굴이다. 아이들이 이제 사회인이 되어서 우리 부부 무릎 앞을 떠나 있는데, 분명 신앙서적중 베스트 셀러라 이름하는 책들을 자기들 요량에는 무언가 배워보겠다고 집어 들게 될 것이다. 그런데 문제는 그 아이들이 그런 책들을 보면 처음부터 끝까지 모든 것을 다 진실로 받아들인다는 것이다. 특히 목사님들이 쓰신 책들은 그대로 다 믿고 흡수하는 것이다. 그런 지식으로 그들의 인생관에 더하기를 할 것이 분명한데 그것은 생각만 해도 끔찍한 일이다.

필자의 이러한 우려는 미국에서 유학생들을 접하면서 그런 케이스를 많이 보았기 때문에 더 절실하다. 필자가 만나 본 유학생들은 그런 신앙서적 속에 들어있는 모든 분야의 '주장'을 여과없이 사실로 받아들인다. 특히 몇몇 인기 짱인 분들의 책들은 그들에게 또 하나의 '바이블'이나 다름이 없을 정도이다. 그 책에 들어있는 모든 것들, 성경말씀을 비롯하여 예화로 쓰인 역사, 경제, 사회, 음악 모든 항목을 다 사실로, 진리로 받아들인다. 심지어는 그 주장을 담아내는 방법 및 언어, 그 주장을 펴는 논리 방법까지도 모두 다 따라 하는 정도이다. 그러니 과연 그곳에 담겨있는 내용들이 어느 만큼의 진리일까, 진리가 아니더라도 어느 정도 사실일까, 가 걱정되는 것이다.

필자가 만났던 많은 유학생들, 그들은 순수하다. 열심히 주님을 따르려고 한다. 그러나 그들은 폭넓은 독서가 모자란데, 시간과 여유가 없기 때문이다. 학교공부를 따라가기도 바쁜데 폭 넓게 독서를 하자면 부득이 공부시간을 줄여야 하는데, 그럴 수 없으니 이해도 된다. 그래서 그 모자라는 시간을 쪼개 내어 읽게 되는 신앙서적들이라 그만큼 귀하고 거기에 들어있는 모든 것을 받아들이려고 하는 것이다. 시간이 없어 책을 폭넓게 읽지 못하기 때문에 잘잘못을 구별하지 못하고, 잘못을 구별하지 못해 잘못된 책을 읽을 수 밖에 없게 되고, 그렇게 해서 그들의 인생이 잘못되게 된다면 끔찍한 일이다. 이것이 신앙의 문제일 때에는 더욱 심각한 문제이다. 그러니 걱정이 되지 않을 수 없다. 필자가 리더십 책을 읽으며 거기에서 발견되는 잘못을, 아무리 사소한 것일지라도 하나 하나 지적하고자 하는 것은 바로 그 때문이다. 내 아이들에게는 그런 일이 생기지 않기를 바라는 마음에서, 남의 잘못을 지적하는 일이 마음에 내키지 않지만 지금 하고 있는 것이다.

두 번째로 돌부리에 걸려 넘어질 것으로 떠오르는 얼굴은 자라나는 다음 세대들이다. 한 때 유학생들을 지도하면서 그들이 바른 말씀에 기초한 신앙생활을 하도록 가르쳤던 사람으로서, 다음 세대가 가까이 접하고 있는 것 중에 잘못된 것이 있을까 보아 염려가 되는 마음은 지금도 변함이 없다.

필자는 커가는 아이들을 볼 때마다 바른 것을 가르쳐 주고 싶다. 그래서 나의 아이들과 다음 세대들이 잘못된 돌들을 옥인양 생각하며 자라기를 원치 않는다. 이런 걱정은 비단 필자만 하고 있는 게 아니다. 한홍 목사도 똑 같은 걱정을 하고 있다.

〈요즘은 정보화 시대의 인재를 키운다고 컴퓨터와 영어에만 신경 쓰다 보니 거꾸로 인문계교육이 한참 뒷전으로 밀리고 있다. 한마디로 젊은이들이 역사와 철학과 문학을 읽지 않고 있는 것이다. 취직과 생존에 별 도움이 안 된다고 생각하기 때문이다. 그러나 내 나라의 역사를 알고 함께 살아갈 다른 나라들의 역사를 모르는 사람이 어떻게 다음 세대의 리더가 될 수 있겠는가? 동서양의 철학자들의 사상을 꿰뚫고 있지 못한 사람이 어떻게 앞으로 다른 사람들의 생각에 영향을 주며 새 역사를 만들어 나갈 수 있겠는가?〉 (거인, 183)

〈젊은이들에게 역사와 철학과 문학의 책들을 읽히지 않으니까, 똑똑한 사람들은 많으나 폭 넓고 깊이 있는 예지를 가진 인물들이 나오지 않는 것이다.〉 (거인, 183)

그러니 자라나는 다음 세대를 향한 걱정은 필자 혼자만이 아니라 우리 모두에게 공통이란 이야기이다. 정말, 이제 자라나는 젊은 세대들은 박정희 전 대통령이 우리나라 역사에서 구체적으로 어떤 일을 했는지, 더 나아가서 그 공과를 판단하지 못한다. 전두환 전 대통령이 우리나라의 민주발전에 얼마나 해를 끼쳤는지 관심이 없다. 그러니 역사를 거슬러 올라가 동학혁명으로, 홍경래의 난으로 올라가면 속절없이 까막눈이 될 수밖에 없다. 그래서 책 쓰는 사람이 역사의 한 줄이라도 소개할 때에는 정확하게 맥을 짚어 주어야 한다. 한목사가 "그래서 기회만 오면 밑의 사람들은 쌓인 한을 엄청난 기세로 폭발시켜 왔다. 홍경래의 난, 동학혁명들은 다 그런 맥락에서 이해할 수가 있다"고 역사의 한 부분을 잘못 소개한 것을 보고, 필자가 안타까워 했던 이유가 바로 여기에 있는 것이다. 더 바란다면, 하나님의 눈으로, 하나님의 마음으로 이 세상을 바라보고, 따라서 우리 나라의 역사도 그러한 눈으로 볼 수 있도록 해주어야 한다. 그런 필자의 마음을 이해하는지 한목사는 이런 말도 한다.

〈글을 쓸 때도 마찬가지이다. 읽는 사람들의 가슴을 답답하게 하고 생각을 혼란하게 하는 지식공해를 만들어서는 안 된다. 철저한 자료조사와 많은 고뇌를 통한 묵상과 분석, 그리고 정갈한 표현력으로 한 자 한자 내 영혼의 일부분을 내려놓는 기분으로 써야 한다. 그것이 사람들에게 읽힐 원고나 책을 쓰는 모든 사람들의 의무라고 생각한다.〉 (시간, 213)

맞다. 지식 공해를 만들면 안 된다. 그것을 만들면 안 되는 것은 한목사는 책을 쓰는 입장이니까 '책 쓰는 모든 사람의 의무'라고 했지만, 이것은 순전히 글 쓰는 사람뿐만 아니라 이 시대를 같이 살아 가는 사람 모두의 의무라 할 것이다. 책을 읽다가 잘못이 있으면 그것을 알려주어야 다른 사람들이 그 잘못을 피해 갈수 있을 것 아닌가? 그래야만 앞에서 본 이솝의 일화처럼 그 돌에 걸려 넘어지는 사람이 생기지 않을 것이다. 그러므로 글 쓰는 사람은 알고 있는 것을 다시 한번 검토해서 확실하게 써야 하고, 글을 읽는 사람은 글 속에 잘못이 있으면 골라 내야 한다. 그러니 결국 글을 읽는 독자인 필자에게도 그 책임이 있는 것이다.

그렇다면 필자가 할 일이 어떤 일이 있을까? 솔직히 고백하건대, 배운 것이 많지 않아 그저 책을 읽을 수 있을 정도이지만, 이제는 살아온 세월 덕분에 책을 읽으면 어느 것이 돌이고 옥인지를 조금은 분별하게 되었다. 그래서 필자가 할 수 있는 일이 바로 돌을 골라내어 뽑아 내는 일이다. 그러나 깊숙이 박혀있는 돌을 뽑아내기는 힘에 부치는 일이다. 그러니 누군가가 나타나 그 돌을 뽑아내기를 기다려야 하는데, 누군가 그 돌을 뽑아내기 전에 보이는 돌이라도 골라 내놓으면 그 사람이 일을 하기가 쉽지 않을까 하는 마음으로 이 일을 한다.

다음 세대에게 힘을 실어주는 리더십을 주장하는 분이 바로 한목사이니 그들에게 잘못된 것을 가르치고 싶지 않다는 필자의 생각을, 그래서 잘못을 지적할 수밖에 없는 필자의 마음을 한목사도 전폭적으로 이해할 것으로 생각한다.

"리더십은 곧 가르치는 것이다"(거인, 315)라고 하는 한목사이니, 가르치려면 올바르게 가르쳐야 하지 않겠는가? 그렇다면 잘못된 것을 잘못되었다고 지적하는 것을 분명 한목사도 좋아할 것이다. 그래서 다소 마음이 편치 않지만 이 일을 하려 한다.

그렇다면 이런 매체를 통하여 공개적으로 그러한 잘못을 지적하는 일이 올바른 일일까? 혹자는 필자더러 '잘난 척 하느냐? 누구를 못 잡아먹어서 그러냐?' 며 힐난을 하기도 한다. 실은 그런 소리를 들을까봐 개인적으로 메일을 보낼까 하는 생각도 해 보았다. 그러나 한편 생각해보니, 지금 한목사는 혼자 몸이 아니다. 필자가 보낸 메일을 읽고 실수를 깨닫는다 하더라도, 간단하게 잘못을 시인하고 책의 내용을 시정하는 정오표를 배부하거나 책을 리콜할 처지가 아니다. 한 목사는 지금 영적 리더십이란 이름의 호랑이 등에 탄 사람이다. 그는 달리고 있는 호랑이 등위에서 내리고 싶어도 내리지 못한다.

필자는 지금 그런 영적 리더십 주창자로서의 한목사를 상대하고 있는 것이지, 개인 한목사를 상대하고 있는 것이 아님을 한목사는 물론이고 독자 여러분들도 십분 이해해주기 바란다.

15
할 말, 못할 말

　사람은 말하는 동물이다. 말을 하면서 살아간다. 그런데 그 '말'이 문제다. 그 중에 남의 말을 함부로 전해서 문제가 되는 경우가 더 많다. 그래서 남의 말을 제 3자에게 전할 때에는 조심하여야 한다. 정확하게 듣고, 정확하게 전달하여야 한다. 그래야 문제가 생기지 않는다. 이것은 남의 '말'을 '말'로 옮길 때 뿐만 아니라 그것을 '글'로 옮길 경우에도 마찬가지이다.

　남의 말을 인용할 때 두 가지 방법이 있다. 직접 인용하는 경우와 간접 인용하는 경우이다. 글로 남의 말을 직접 인용하는 경우에는 인용부호를 사용하여 그사이에 그 사람이 한 말을 정확하게 기록하는 것이 바른 방법이다. 이때 쓰이는 문장부호가 바로 큰따옴표이다. 다른 사람의 말을 따온다 해서 따옴표라 부른다. 간접 인용하는 경우에는 약간 말을 변형하여도 되지만 직접 인용할 경우에는 정확을 기하여 주는 것이 글 쓰는 사람의 바른 도리이다.

　이제 한홍 목사가 남의 말을 인용하는 모습을 살펴보기로 하

자. 필자야 한목사가 말하는 것을 직접 듣지 못했으니 어디까지나 글로 남의 말을 인용한 경우이다. 윈스턴 처칠의 말을 한목사는 이렇게 인용하고 있다.

> 〈윈스턴 처칠은 이런 말을 했다. "국민은 꼭 자기 수준에 맞는 지도자를 가지게 되어 있다."〉 (거인, 70)

큰따옴표를 이용하여 처칠이 했다는 말을 그 사이에 적었다. 그러니 따옴표 사용을 제대로 한 것이다. 그런데 한목사는 그의 책 〈칼과 칼집〉에서 처칠의 말을 다시 인용하고 있다.

> 〈윈스턴 처칠은 "한나라 리더들의 수준은 꼭 그 나라 국민들의 수준이다" 라고 했다.〉 (칼, 28)

역시 큰따옴표를 사용하여 그 사이에 처칠의 말을 집어넣는 방법으로 인용하고 있다. 그런데 이상하다. 따옴표 사이에 들어간 처칠의 말이 맨 처음 인용한 것과 자못 다르다. 도저히 같은 문장을 번역한 것이라고는 생각지 못할 정도로 다르니 처칠이 각각 다른 말을 했다고 볼 수밖에 없다. 그러니 서로 다른 말이라고 치자. 그런데 한목사는 같은 책에 처칠의 말을 또 인용한다. 한목사는 처칠을 매우 좋아하나 보다. 그렇게 자주 인용하는 것을 보니.

> 〈윈스턴 처칠이 이런 말을 했습니다. "통치자는 그 당시 국민의 자기 수준에 맞는 리더로밖에 나올 수가 없다"고 말입니다.〉 (칼,60)

이번에도 역시 그 내용이 다르다. 의미로 볼 때에는 그 말이 그 말 같은데 서로 말이 다르다. 처칠이 같은 의미의 말을 여러 차례 다르게 표현한 것인가? 일단 그렇다고 생각하자. 또 한목사가 처칠을 인용한 것이 있다.

〈그래서 처칠은 "지도자의 수준은 그 나라 국민의 수준이다" 라고 말했는지 모른다.〉(사자, 31)

역시 이번의 경우에도 다르다. 같은 의미의 말을 처칠은 여러 번 다르게 했는가 보다. 상식에 의하면 큰따옴표로 남의 말을 직접 인용한 경우 따옴표 사이의 말은 그 사람이 한말 그대로이기 때문이다. 이것을 잘 알고 있을 한목사가 처칠이 하지 않은 말을 지어 내서 인용할 리 없는 것이다. 필자는 그렇게 믿는다. 그러니 처칠이 "한나라의 지도자의 수준은 바로 국민의 수준"(사자,54)이라는 뜻의 말을, 이 자리에서는 이렇게 말하고, 다른 자리에서는 저렇게 말을 했음이 분명하다.

그러면 다른 경우를 살펴보도록 하자. 한목사가 리처드 백스터 목사의 말을 인용한 경우가 있다.

〈나는 항상 16세기 청교도 목회자 리처드 백스터가 한 말을 깊이 생각합니다. '목회자들이 예수를 잘 믿으면 교회 문제의 대부분이 해결된다.'〉(칼, 46.)

이 경우 큰따옴표는 아니지만 별도의 문장을 사용했으니 큰

따옴표나 진배없다. 그 안의 말은 백스터가 그대로 한 말이라는 것이다. 같은 책에서 한목사는 다시 백스터의 말을 인용하고 있다. 이번에는 큰따옴표를 사용해 직접 인용하는 형식을 취했다.

〈16세기 청교도 리처드 백스터 목사는 "목회자들이 먼저 예수를 잘 믿으면 교회는 건강할 것이다"라고 했습니다.〉(칼, 204)

백스터 목사가 말했다고 인용된 두 가지 말을 비교해 보면 그 두 말이 같은 말이라고 인정되는 정황이 있다. 두 문장의 앞부분이 거의 흡사하다. 그러나 아직 성급한 판정을 내리지 말자. 백스터 목사도 처칠처럼 같은 의미의 말을 여러 장소에서 다르게 말했을 수도 있으니 말이다.

그런데 또 다른 사람의 말을 인용한 것이 있다. 일본의 검객 미야모토 무사시의 말을 인용한 경우이다.

〈검객 미야모토 무사시는 자신은 "3살 짜리 어린아이와 마주 설 때도 몸조심을 한다"고 했다.〉(칼, 183)

〈일본의 전설적인 검객 미야모토 무사시가 이런 말을 남길 정도였다. "무인이란 세 살짜리 어린애와 마주 설 때도 몸조심을 해야 한다."〉(사자, 22)

두 가지 말이 자못 다르나 같은 말임을 알 수 있다. 두 문장 똑같이 '세살 짜리' 어린애가 등장하니 이것은 누가 보더라도 같은 말임을 알 수 있다. 같은 말을 한목사가 다르게 표현하여 인용한 것이다.

자, 그렇다면 필자는 심각한 고민에 빠진다. 한목사는 직접 인용문에서 인용하는 말을 왜 다르게 했는가?

그렇다면 처칠의 경우와 백스터 목사의 경우도 그런 것인가? 처칠과 백스터 목사가 같은 의미의 말을 각각 다르게 말한 것이 아니라 한목사가 인용할 때마다 다르게 표현한 것인가? 그래서 이제 의심의 눈은 한목사에게로 향한다. 한목사가 말을 다르게 지어낸 것? 아니다. 아직은 모른다. 구체적으로 원문을 보지 못 했으니 한목사가 그렇게 말을 지어냈다고 단정지을 수는 없다. 그러니 심증은 있으나 물증이 없는 경우이다.

그런데 그 심증을 굳혀주는 단서가 하나 있다.

〈프랜시스 베이컨의 말처럼 '정보가 곧 힘' 인 세상이 된 것이다.〉 (거인, 90)

프랜시스 베이컨이 '정보가 곧 힘' 이라는 말을 했을까? 아니 다. 베이컨은 아는 것이 힘이다, 라고 말했을 뿐이다. 그렇다면 '아는 것' 과 '정보' 는 같은 말일까? 서로 호환성이 있는 말일까? 필자의 상식으로는 그렇지 않다. '아는 것' 과 '정보' 는 다른 말 이다. '아는 것' 은 일반적인 지식을 말한다. '정보' 는 일반적인 것이 아니라 관련 분야에서 가치가 있는 지식을 말한다. 해는 동 쪽에서 뜬다는 것은 그냥 일반적인 지식이다. 그것을 그 누구도 정보라고 말하지는 않는다. 그러나 내일의 날씨가 어떻게 될 것인가 하는 자료는 정보에 속한다. 따라서 '아는 것'과 '정보'는 다른 말이며 다른 용도로 쓰인다. 그런데도 불구하고 왜 한목사는 이렇게 프랜시스 베이컨이 말한 것을 바꿔 인용했을까? 대답은 간단하다. 자기의 주장을 뒷받침하기 위하여 베이컨의 말을 임의로 바꾼 것이다. 정보화 시대를 강조하기 위하여 베이컨의 '아는 것이 힘이다'라는 말을 임의로 '정보가 곧 힘'이라고 바꿔 인용한 것이다.

그렇다면 앞에서 의심했던, 심증은 있지만 물증이 없었던 두 경우, 이제 해답이 보인다. 처칠과 백스터 목사의 말을 인용하면서 한목사가 임의로 바꿔버린 것이 분명하다. 처칠과 백스터 목사가 그렇게 다른 말을 한 게 아니라 한목사가 임의로 말을 바꾸어 여기에서는 이말, 저기에서는 저말로 바꿔 사용한 것이다. 그러니 한목사는 상식을 뛰어 넘는 행동을 한 것이다. 글의 세계에서 서로 합의한 맞춤법의 기본 정도는 한목사는 무시해도 되는 것일까?

이렇듯, 남의 말을 옮길 때에 상황에 맞추어 적당하게 변형하는 그의 버릇은 거기에서 그치는 게 아니다. 이런 버릇은 성경을 인용할 때에도 똑 같이 나타난다.

〈구약성경 아가서에 보면 "포도원을 허무는 작은 여우를 조심하라"는 말이 있다.〉 (칼, 183)

큰따옴표 안에 있는 말은 분명 성경에 나오는 말이어야 한다. 성경에 작은 여우를 조심하라고 되어 있을까? 정확한 내용은 어떤 내용일까? 아가서 2장 15절은 다음과 같다. "포도원을 허는 작은 여우를 잡으라."

다른 한글 번역본을 몇 가지 살펴 보았으나 모두 다 '잡으라'고 되어있지 조심하라는 말은 없다. 영어성경에서도 catch the foxes 이지 watch가 아니다.

여기까지 살펴본 결과, 한목사는 남의 말, 글을 인용할 때 그냥 머리에서 떠오르는 대로 말하고 있음이 분명하다. 그것은 다음의 경우에서 더 확실하게 드러난다.

〈예수님도 리더십이 얼마나 힘든 것인가를 아셨기 때문에, "만일 네가 살고자 하면 먼저 죽어야 한다"라고 하셨다. 〉(거인, 234)

"만일 네가 살고자 하면 먼저 죽어야 한다"는 말씀은 큰따옴표 안에 들어있기 때문에 직접인용이다. 인용부호 안에 들어있는 부분은 직접 인용된 말이기 때문에 예수님이 직접 하신 말씀이어야 한다. 물론 예수님이 직접 하신 말씀이라는 것은 성경기자들이 우리에게 전해준 예수님 말씀을 말한다. 그러므로 큰따옴표 안에는 예수님이 하신 말씀이라고 성경에 나와 있는 말씀을 넣어야 한다. 그러면 예수님은 그런 말씀을 하셨을까? 만일 네가 살고자 하면 먼저 죽어야 한다, 고. 더구나 그런 말을 리더십과 연관하여 말씀하셨을까? 리더십을 염두에 두고 성경을 읽어가는 중에 아주 재미있는 사실을 하나 발견했다며, 예수님은 '리더십'에 대하여 언급한 적은 거의 없다(거인, 63)고 말한 한목사가, 예수님이 리더십이 힘든 것임을 아셔서 이런 말을 하셨다고 하니 어안이 벙벙할 따름이다. 더군다나, 예수님이 하신 말씀 중에는 안타깝게도 그러한 말이 없다. 의미상 비슷한 말은 있을지언정 큰 따옴표로 인용된 부분의 말은 성경에 없다. 이게 바로 한목사가 말씀을 경히 여기는 태도이다. 그런 모습은 다른 데에서도 볼 수 있다.

〈예수님은 교회를 그리스도의 군대라고 했지, 학교라고는 말씀하지 않으셨다.〉(사자, 33)

예수님께서 교회를 그리스도의 군대라고 언제 말씀하셨나? 지금, 한목사는 성경을 새로 쓰고 있는가? 성경 말씀을 정확하게 인용하는 것은 목회자들에게는 기본적인 사항이라고 목회자 후보생들에게 가르친 스펄전이 한목사의 위와 같은 말을 들었다면 무어라 말할까? 그는 "목회자라면 말씀을 정확하게 인용하는 것을 철칙으로 삼아야 합니다"(스펄전,『스펄전의 목사론』, 226)라며 따끔하게 충고 한마디 했을 것이다.

이렇게 남의 말을 경히 여기고, 성경상의 말씀조차 경히 여기는 한목사의 버릇은 '성경의 원리'라는 것을 마음대로 지어내는 경지에 이르게 된다.

〈콜린스가 도달한 결론들, "핵심은 보존하되 과감한 개혁을 하라", "많은 것을 시도해보고 잘되는 것에 집중해라", "인재를 내부에서부터 양성해라", "시간을 알려주는 것보다는 시계를 만들어

놓으라"는 성경의 원리와도 일맥상통하는 리더십의 법칙을 우리에게 알려준다.〉(칼, 162-163)

많은 것을 시도해 보고 잘 되는 것에 집중하라,는 것이 과연 성경의 원리와 상통하는 부분인가? 인재를 내부에서부터 양성해라,는 것은 성경의 어디에서 나온 원리일까? 한목사는 리더십 이론에 너무 많이 기울었다. 하나님과 리더십 사이에서 이제 그 구분이 희미해져 버린 것이다. 리더십 이론에서 자기가 옳다고 믿는 것들이 어느 사이에 성경상의 원리로 보이기 시작했으니 말이다. 아무리 리더십이 좋은 것이요, 교회와 교인들에게 득이 되는 것이라 할지라도 사실과 진리를 근거로 리더십 이론을 세워야지, 사실과 거짓을 마구 섞어가며 주장한다면 그 주장하는 리더십 이론의 신빙성이 없어진다는 것을 한목사는 모르는 것일까? 목적이 좋으면 수단쯤은 아무래도 좋다고 생각하는 것일까? 한목사는 더 이상 리더십을 주장하기 전에 독자가 혼동하지 않도록 사실과 거짓을 먼저 구분하는 버릇을 길러야 할 것이다.

이런 충고는 필자만 하는 것이 아니다. 한목사의 이런 모습을 스펄전이 본다면 역시 또 충고 한마디 할 것이다.

"성경을 혼동하고 왜곡하지 않도록 하십시오." (스펄전, 『스펄전의 목사론』, 227)

이렇게 하나님 말씀을 경히 여기고 마음대로 재단하던 한목사는 드디어 다음과 같은 발언을 하기에 이른다.

〈그러나 문제는 여기서 끝나지 않고 본 것을 묵상하고 적용한다는 데 있다. 다윗은 QT(Quiet Time)를 잘하는 사람이다. 밧세바의 나체를 본 다음 묵상하기 시작했다. 묵상을 했으니 적용을 했다. 사람을 보내어 그 여자가 누군지 조사를 시켰다. 그리고 유부녀, 그것도 사랑하는 부하 장군의 아내임을 확인하고도 불러와서 함께 밤을 보냈다.〉 (인생으로 시를, 141)

어떻게 이런 글을 쓸 수 있단 말인가? 목사로서 해야 할 말이 있고 해서는 안 될 말이 있다. 농담도 해야 할 자리가 있는 것이다. 아무리 글 쓰는 자유가 있다 하더라도 이런 글을 써서는 안 된다. 다윗이 정욕에 사로잡혀 밧세바를 생각하는 것을 어떻게 하나님의 말씀을 생각하는 때 쓰는, '묵상' 이란 단어로 표현한다는 말인가?

더구나 한목사는 묵상에 대하여 이렇게 말한 적이 있지 않은가?

〈'묵상' 이라는 말의 라틴어 어원을 살펴보면, 거울로 영상을 되받아 좀 더 자세히 본다는 뜻을 가지고 있다. 즉 묵상하는 삶이란 하루 중 사물과 사람들, 자신과 하나님을 좀 더 자세히 그리고 깊이 바라보는 삶이다.〉(사자, 136)

더 나아가서 그는 이렇게 말한다.

〈걸음을 늦추고 말을 멈춘 채 조용하고 겸손하게 영혼 깊은 침묵에 들어간다. 그 때 가장 평범한 것들 속에서 가장 거룩한 메시지

를 듣는다.〉

묵상을 통하여 '가장 거룩한 메시지를 듣는다' 고 말한 바로 그
사람이 '밧세바의 나체를 본 다음 묵상하기 시작했다. 묵상을 했
으니 적용을 했다' 고 어찌 말할 수 있단 말인가? 거룩 거룩한 메
시지가 여인의 나체 어디에서 나온단 말인가? 한목사에게 묻는
다. 밧세바의 나체를 마음속으로 그리는 것을 '묵상' 이라고 부를
수 있는가? 밧세바를 데려다 동침하는 것을 '적용' 이라고 생각
하는가?

한목사의 이 말은 거룩한 메시지를 듣는 행위인 '묵상' 에 침을
뱉는 것이며, 오물을 끼얹는 행위이다. 이것은 그의 책을 읽어주
는 독자들을 우롱하는 것이며, 하나님의 말씀을 묵상하는 QT를
희화화하고 모독하는 것이다. 더 나아가 묵상의 대상이 되는 '하
나님 말씀' 을 경홀히 여기는 행위이다. 하나님의 말씀을 경홀히
여긴다는 것은 곧 말씀의 주체이신 하나님을 경홀히 여긴다는 말
이다. 다른 것은 다 용납될 수 있을지 모르나, 하나님을 경홀히
여기는 것만은 믿는 자로서 더구나 목회자로서 해서는 안 되는
것이다. 정말, 한목사는 어디까지 가고 싶은 것일까?

한목사는 유혹에서 자신을 지키는 길을 말하면서 "성적농담
'야한 조크' 를 함부로 입에 담지 말라"(인생으로 시를, 169)고 권
면하고 있는데, 남에게 이런 말을 할 것 없이 한목사는 이 말을
먼저 철저히 지켜야 할 것이다. 그런데 그 말을 지키는 대신 "성
공하면 무슨 말을 해도 베스트셀러가 된다"(칼, 13)는 말을 한목
사는 농담이라고 말하더니, 진담으로 '생각' 하고 '실천' 하고 있

는 것이 아닐까? 아무리 그릇된 말을 하더라도 그의 책은 여전히 베스트셀러 대열을 달리고 있으니 말이다.

이런 때에 처칠의 말은 정말 '묵상'할 가치가 있다. 지도자의 수준은 그 나라 국민의 수준이라는 처칠의 말이 교회에서도 그대로 '적용'되는가 보다. 영적 지도자의 수준은 교인의 수준이라고……

16
딱 부러지게 틀려주세요.

〈어미의 얼굴도 모른 채 서모들 사이에서 불쌍하게 자란 마음씨 착한 요셉을 애굽의 노예로 팔아버린 사람이 누구인가?〉

한국 교계의 리더요, 리더십 박사이기도 한 정영진 목사의 책 『모이는 리더 떠나는 리더』의 39쪽에 나오는 대목이다. 교회 문턱을 웬만큼 넘나든 사람은 위의 말이 잘못 된 것을 바로 알아 차릴 수 있다. 요셉은 어머니의 사랑을 듬뿍 받으면서 자랐으니, 어머니의 얼굴을 모르고 자랐다는 것은 말이 되지 않는다. 요셉은 어머니의 얼굴을 아침 저녁으로 보면서, 뽀뽀도 하면서 자랐다. 요셉의 어머니 라헬은 둘째 아이를 낳다가 죽었으니(창35:16-19), 어머니 얼굴을 모른 채 자란 사람은 요셉이 아니라 그의 동생 베냐민이다. 누구나 알만한 이런 것을 실수하는 것을 보면 리더도 '사람'이라는 필자의 생각이 맞다. 그러나 이러한 실수는 금방 알아차릴 수 있으니, 독자들에게 그다지 위험하지 않다. 리더십 책을 읽을 정도의 독자라면 적어도 그 정도 성경 상식쯤은 가지고 있을 것이기 때문이다.

역시 그의 책에 다음과 같은 글이 있다.

〈1519년 미국의 코르테즈 장군은 멕시코 정복의 꿈을 안고……〉
(131)

이 경우도 틀렸지만 양호한 편이다. 코르테즈 장군이 스페인 사람이라는 것을 알고 있는 사람이라면 금방 그 글이 잘못되었다는 것을 알아 차릴 것이고, 설령 그것을 모르는 사람이라도 문장 맨 앞에 연도를 정확하게 적어주었으니 그것이 힌트가 되어 글이 잘못되었다는 것을 알아차릴 수 있다. 1776년에 미국이란 나라가 독립할 때에는 코르테즈는 이미 백골이 진토되어 있을 때이니 코르테즈 장군이야말로 미국이라는 나라 '얼굴'도 못 본 사람이다. 이렇게 글을 쓰다가 사람이니 실수를 하는 법이고, 그렇게 딱 부러지게 틀려주었으니 오히려 독자로서는 고마운 일이다. 그 잘못된 오류를 머리 속까지는 끌고 가지 않게 되니 글을 잘못 썼어도 고마운 편이다.

그럼 이제 한홍 목사의 글을 읽어보자. 그의 글을 읽으면서 독자가 어떻게 그의 오류에 같이 빠져들어가는지 살펴보자. 이야기를 전개함에 있어 처음에는 맞는 이야기로 시작하다가 어느 사이에 틀린 이야기로 이끌어가는 형태이다. 앞부분에서 맞게 시작하니 독자들은 그런가 보다 하면서 따라가다 보면 틀린 부분도 그냥 모르고 지나치게 된다. 예컨대 다음과 같은 부분이다.

〈광해군은 이런 점에서 전통적인 조선 시대 외교 패러다임을 깨뜨린 탁월한 외교전략가라 할 수 있다. 이때까지 광해군은 조선 시대의 대표적인 폭군으로서 연산군과 비교되는 등 평가 절하를 받았지만, 중국의 명-청 교체기란 미묘한 시점에서 자주적인 등거리 외교를 효과적으로 펼친 군주였다. 훗날 청나라의 태조가 되는 후금의 누루하치가 만주와 중국 대륙을 휩쓸면서 명나라를 압박하자, 명은 임진왜란 때를 상기시키며 조선에 도움을 요청한다.〉 (거인, 175-176)

여기까지는 모두 다 맞는 기술이다. 틀린 부분은 없다. 거기에다가 한목사는 각주를 달아 이 부분이 서울대학교 규장각의 한명기 특별연구원의 저서,『광해군』을 참고했음을 적시하고 있다. 그러니 독자는 믿어야 한다. 한목사의 말은 옳다. 믿어야 한다……그러나, 그 다음을 읽어보자.

〈명은 임진왜란 때를 상기시키며 조선에 도움을 요청한다. 그러나 광해군은 "사나운 신흥세력 후금과 명의 싸움에 끼여 들면 망할 수밖에 없다"고 하면서 거부하는 한편, 후금에 대해서는 견제와 균형을 잃지 않는 유연한 중립 외교책을 구사했다.〉 (거인, 176)

명의 원병요청을 광해군이 거부했을까? 아니다. 역사의 기록에 의하면 광해군이 그 요청을 받아들였다. 당시 광해군은 명나라와 새로 일어난 후금 사이에서 어느 한 쪽도 적극적으로 도와주지 않는 '등거리 외교'를 펼치고 있었다. 1619년 누루하치가 심양지방을 공격하여 명(明)나라의 출병요구가 있을 때 강홍립(姜弘立) 김경서(金景瑞) 장군을 보내어 명군을 원조하게 하면서 형세를 보아 향배(向背)를 정하라는 당부를 하였다. 그런 당부를 받고 출정한 강홍립은 후금과 명과의 싸움에서 명의 모문룡(毛文龍)이 패주하자 후금에 항복하였다. 강홍립은 후금에게 조선이 출병한 것은 본의가 아니라고 해명함으로써 결과적으로 조선은 후금의 침략을 모면하게 된다. 그렇게 광해군은 명과 후금 두 나라 사이에서 탁월한 외교정책을 펼친 임금이었다.

지금 필자는 한목사가 글을 쓰는데 참고했다는 책, 국사학자 한명기의 『광해군』을 보고 있다. 2000년 7월에 제 1판 제 3쇄로 출간된 책이다. 대체 이 책에 무어라 되어 있길래 한목사는 명의 요청을 광해군이 거부했다고 썼을까? 200쪽에 보면 이런 말이 나온다. "광해군은 왜 명의 징병요구를 거부하려고 했을까? 이유는 여러 가지이다." 그렇게 한 다음에 광해군이 명의 징병요구를 거절하려고 했던 몇가지 이유를 열거하고 있다. 이 부분을 읽고 한목사는 명의 요청을 광해군이 거부했다, 고 이해한 듯 하다. 그러나 이것은 광해군이 명의 요구를 거부하려고 애썼던 이유다. '거부하려고 애썼던 이유' 와 '거부한 이유' 의 차이 정도는 알아야만 되는 것 아닌가? 아니면 책의 다른 부분을 제대로 읽던지… 예컨대 다음과 같은 부분 말이다.

〈 … 광해군이 안팎에서 협공당하는 분위기였다. 어떻게 해서든 병력 파병을 피하려 했던 광해군의 노력이 실패로 돌아가는 순간이었다. 광해군은 끝까지 포기하려 하지 않았다. 좋다. 군대는 보낸다고 치자, 하지만 피해는 줄여야 했다. 나아가 후금에게도 군대를 보낸 것이 '피치 못한 것' 임을 알려야 했다. …… 1619년 2월 광해군은 강홍립에게 전권을 맡긴 뒤 군대를 만주로 보냈다. 전투원, 비전투원을 합쳐 모두 1만여 명이었다.〉 (한명기, 『광해군』, 199-200)

이렇게 엄연하게 그 책에는 광해군이 명의 징병요구에 굴복하여 군사를 보냈다고 기록하고 있는데, 거부했다고 하여 결과적으로 그 책 내용을 잘 못 소개하고 있으니 한목사는 국사학자 한명기에게도 누를 끼친 셈이다.

한목사의 글은 이렇게 오류가 있는데, 워낙 앞부분에서 서울대학교까지 거론하면서 말을 하는 바람에 독자들은 그냥 그 오류에 말려 들어가 버리고 만다. 그렇듯 한목사의 책을 읽을 때에는 언제 어디서 지뢰가 터질지 모른다. 그래서 우리 모두는 한 걸음, 한 걸음 조심하며 걸어가야 하는 것이다.

그러니 다음과 같은 글은 딱 부러지게 틀려주어서 오히려 감사한 일이다.

〈마틴 루터가 말한 대로, 즉 "당신의 지갑이 회개하지 않으면 당신은 진정으로 회개한 것이 아니다"라는 말이다.〉 (『다음 세대의 날개』 이하 '날개', 311)
큰따옴표 안에 들어있는 말은 마틴 루터가 한 말이 아니라 요한 웨슬레가 한 말이다.

〈마지막으로, 권력(power)의 부패를 경계해야 한다. 막스 베버가 말한대로 절대 권력은 절대 부패하는 법이다. 권력욕의 핵심에는 스스로 하나님이 되고자 하는 에덴의 야심이 들어있다.〉(거인, 196)

"권력은 부패한다. 절대 권력은 절대 부패한다(Absolute power corrupts absolutely)"고 말한 사람은 막스 베버가 아니라 19세기 영국의 정치철학자 액튼(H. B. Acton) 경이다.

〈다니엘서에 보면 비전이 없으면 백성이 망한다고 했다〉(시간, 158)

"비전이 없으면 백성이 방자히 행"한다는 것은 잠언 29: 18의 말씀이다.

〈프랑스 혁명과 미국의 독립 전쟁은 30년 차이를 두고 일어났는데 ……〉(거인, 23)

미국이 독립선언을 한 것은 1776년이며, 프랑스혁명이 일어난 때는 1789년이다. 두 숫자를 가지고 계산해보면 차이가 30년은 분명 안 된다. 그래도, 딱 부러지게 틀렸으니 고마운 일이다. 오류를 얼른 알아 볼 수 있으니 ...

아직도 한목사는 왕성한 집필 활동을 계속하고 있는데, 부탁이다. 제발 틀리더라도 확실하게, 딱 부러지게 틀려주기를 바란다. 독자들이 확실히, 얼른 알아 차릴 수 있도록…

17
한 줄로 역사 새로 쓰기

한홍 목사의 책은 잘 읽힌다. 한번 손에 잡으면 여간 해서 중도에서 놓기가 어렵다. 왜 그럴까? 그것은 어떤 주장을 하면 반드시 거기에 알맞은 사례를 제시하면서 이야기를 풀어가기 때문이다. 그래서 독자들은 이야기책을 읽듯이 그의 책을 읽을 수가 있다. 게다가 재미도 있다. 역사를 전공한 한목사는 타고난 이야기꾼이다. 역사의 이쪽 저편을 넘나들며 자기 주장을 뒷받침할만한 사건을 잘도 뽑아낸다. 그래서 독자들은 그 이야기를 따라가다 보면 그의 주장에 고개를 끄덕이게 되는 것이다. 역사적 사실뿐만 아니라 실제로 벌어지는 기업들의 흥미진진한 여러 순간 순간들을 독자들에게 보여주어 흥미를 자아내기도 한다. 그렇게 독자들은 역사의 현장을 한목사의 인도를 따라 다니기도 하며, 또 성공과 실패를 거듭하는 기업들의 실제 사례들을 듣다 보면 자기도 모르게 한목사에 흠뻑 빠져든다. 거기에 한목사의 빠르게 진행되는 글 솜씨도 한 몫을 한다.

게다가 한목사는 한 문장으로 전체를 꿰뚫어 내는 솜씨도 가지고 있다. 예컨대, 다음과 같은 글이다.

〈이토록 대단했던 중국이 어떻게 18세기 이후, 산업혁명과 식민지 확장을 통해서 전 세계를 무릎 꿇게 한 유럽에 뒤처지게 되었을까? 여기에 대해서는 많은 의견들이 있지만, 그 중 지배적인 것이 바로 끊임없는 투쟁과 고통 속에 달궈진 유럽인들의 도전 정신 때문이다.〉(칼, 144)

유럽인의 도전정신, 그 한 마디로 중국이 뒤쳐진 이유를 한목사는 명쾌하게 설명하고 있다.

그러나 복잡다단한 역사를 한 문장으로 표현하다 보면 아무래도 무리가 있기 마련이다. 그렇게 짧은 말로 역사의 깊은 속과 넓은 폭을 아우르며 표현하기가 어디 그리 쉬운 일이겠는가? 예를 들면 다음과 같은 경우이다. 한목사는 '상처를 가지고 있는 리더'와 연산군을 연관지어 다음과 같이 말하고 있다.

〈치유하지 못한 영혼의 상처를 그대로 안은 채로 성공한 위치에 서게 되면, 그때부터 리더의 상처는 수많은 사람들에게 고통을 주기 때문이다. 부모에 대한 상처가 깊었던 연산군이 집권 뒤 폭정을 일삼았던 것이 바로 좋은 예다.〉(시간, 194)

조선시대에 폭군으로 낙인 찍혀 왕좌에서 쫓겨난 임금으로 연산군과 광해군이 있다. 그래도 현재 광해군에 대하여는 꾸준하게 새롭게 조명이 되고 있으며 그의 탁월한 능력과 개혁의지, 실리적인 외교정책이 높이 평가받고 있다. 그에 비하여 연산군의 처지는 다르다. 폭정과 두 번에 걸친 사화 등으로 해서 그는 아직도 우리 나라의 역사에서 폭군의 이미지를 벗어나지 못하고 있다. 그러나 차츰 그의 진면목을 새롭게 보자는 운동이 일어나고 있는데 그것은 연산군이 폐위된 후에 기록된 실록, 즉 「연산군 일기」의 진실성이 의심받고 있기 때문이다. 연산군도 그렇게 나쁜 임금은 아니었으며, 연산군이 폭군으로 알려지게 된 것은 그를 몰아낸 세력에 의해 왜곡, 과장된 것이라는 분석이 나오고 있는 것이다. 또한 연산군에 대한 동정론이 있다. 어머니의 불행이 그를 폭군으로 만들었다는 인간적인 동정론이다. 여기서 그런 사항을 자세히 다룰 생각은 없다. 필자는 한목사의 발언만을 다루고 있는 것이다.

> 〈부모에 대한 상처가 깊었던 연산군이 집권 뒤 폭정을 일삼았던 것이 바로 좋은 예다〉

연산군에 대한 설명을 이렇게 단 한 줄로 할 수 있다는 것도 한목사의 재주이다. 그러나 연산군의 폭정을 그렇게 간단히 부모에 대한 상처 때문이라고 하는 것은 너무 심한 단순화이자 왜곡이다.

그럼 '부모에 대한 상처' 라는 말은 어떤 의미일까? 부모에 대한 어떤 자격지심이라는 말일까? 아니면 부모로부터 받은 상처라는 말일까? 참으로 애매한 말이 아닐 수 없다. 그러나 그 글 다음에 "내가 아는 어떤 리더는 완벽주의자 아버지 밑에서 스트레스를 받으면서 컸는데…"라고 말하고 있는 것으로 미루어 보아, '부모로부터 받은 상처' 정도로 해석하면 될 것 같다.

그렇다면, 연산군은 부모로부터 어떤 상처를 입었으며 상처받은 시점은 언제일까? 한목사의 말대로 하면 즉위 전에 즉 세자 혹은 왕자로 있으면서 상처를 입었다는 말이다. 그러길래 즉위 후 폭정을 일삼았다는 것이다. 과연 그랬을까?

먼저 아버지인 성종으로부터 연산이 상처를 받았는지를 살펴 보기 위해 연산군이 태어날 때의 상황을 살펴보자. 연산군은 성 종의 맏아들이다. 연산군은 맏아들로 태어나 세자가 되었고 성종 이 승하하자 바로 그 뒤를 이어 임금이 된 인물이다. 세자 책봉시 죽은 폐비 윤씨 때문에 약간의 잡음이 있었지만 그래도 조선 왕 조에서 흔히 일어나는 세자 책봉을 둘러싼 궁중의 암투가 없었으 며, 맏아들이 아닌 왕자가 세자가 되어 임금이 되는 과정에서 겪 게 되는 어려움도 없었다. 태조 이성계로부터 성종까지 왕위를 이어오는 과정에서 순조롭지 못했던 왕위 계승의 역사를 살펴본 다면 연산군에 이르러 비로소 제대로 된 계통, 정상적인 자리에 서 왕위가 계승된 것이다. 그러기 때문에, 왕자로서, 그리고 세 자로서의 연산군의 생활은 안정된 생활이었다. 성종 재위시에 나 라는 부강해지고 사회는 안정되고 국가와 왕실의 재정은 풍요로 웠다. 누가 왕위를 계승할 것인가 하는 불안감도 없었다. 다만 한 가지 어머니인 왕비 윤씨가 쫓겨나고 사사 당하는 일이 벌어졌지 만 연산군은 그것조차도 모르고 자랐다.

아버지인 성종은 연산을 위한 배려로 일체 그 사실을 알리지 못하게 하였으며 세자 교육문제에 있어서도 빡빡하게 굴지 않고 느슨하게 왕자로서의 삶을 살도록 배려해 주었다. 이것은 정치상 황이 안정된 가운데, 후계문제에 전혀 문제가 없었기 때문에 보여준 여유인지도 모른다. 그렇게 연산군은 여유 있는 시대상황에서 아무런 문제없이 자랐다. 그러니 아버지로부터 상처를 받았다는 말은 틀린 말이다.

그럼, 어머니로부터 상처를 받았는가? 어머니는 폐비 윤씨이다. 그러나 연산은 어머니로부터 아무런 상처를 받지 않고 자라났다. 왜냐하면 연산군은 자신의 친어머니가 폐출 당해 사사된 사실을 모르고 자랐기 때문이다. 연산군은 윤씨가 폐출될 당시 어린아이였으며, 또한 아버지인 성종이 폐비 윤씨에 대한 사건을 일체 거론하지 못하도록 엄명을 내렸기 때문에 전혀 그 사실을 몰랐다. 그래서 연산군은 어머니 윤씨가 폐출된 후 왕비로 책봉된 정현왕후 윤씨를 친어머니인줄로 알고 자랐다. (박영규, 『한 권으로 읽는 조선왕조실록』, 157) 따라서 어머니로부터 상처를 받고 말고의 여지가 전혀 없는 것이다.

만약에 "부모에 대한 상처"라는 말을 부모에 대하여 가지고 있는 상처라고 해석한다 하더라도, 그리하여 어머니 폐비 윤씨가 그렇게 사사된 것이 연산군에게 상처가 되어 남았다고 하더라도, 그 사실을 즉위 후에 알게 되었으니 이것 또한 한목사의 말과는 다른 것이다.

연산군이 '집권 뒤 폭정을 일 삼았'다고 한목사는 말하는데 '집권 뒤'라는 말을 어떻게 이해하고 그런 말을 사용했을까? 정확하게 언제부터를 말하는 것일까? 집권한 바로 다음 날부터인가 아니면 집권 후 몇 년의 세월이 흐른 후인가?

연산군은 임금으로서 1494년부터 1506년까지 13년간 통치하였다. 연산군 시절에는 크게 두 번의 사화가 있었으니 연산군 4년에 있었던 무오(戊午)사화와 동 10년에 있었던 갑자(甲子)사화이다. 무오사화는 그 유명한 조의제문(弔義帝文)을 실록에 실은 것이 문제가 되어 당시 사림이 대거 죽임을 당한 사건이었고, 갑자사화는 임사홍과 유자광이 주동이 되어 연산군의 생모 폐비 윤씨의 죽음에 관련된 사람들을 훈구 사림 할 것 없이 대거 죽인 사화이다. 성종이 폐비 윤씨 건을 자신의 사후 100년 동안 함구하라고 유언하였는데 임사홍이 폐비 윤씨 죽음의 비밀을 연산군에게 알리고, 외할머니를 궁에 들어오게 하여 그 유명한 '피 묻은 금삼'을 보였고, 생모의 비극적인 죽음을 안 연산군이 분노가 극에 달해 관련자들을 모두 죽인 것이다.

그러나 1494년 12월 왕위를 이어받은 연산군은 적어도 무오사화를 겪기까지는 폭군의 모습이 아니었다. 연산군이 보인 이 4년 동안의 치세는 오히려 성종 말기에 나타난 퇴폐 풍조와 부패상을 일소하는 기간이었다. (박영규, 위의 책, 160) 연산군을 아무리 나쁘게 평가하는 학자라도 이 기간 동안 연산군의 공적을 인정하고 연산군이 즉위 초부터 폭군은 아니었다고 평가한다.

자신을 낳은 어머니가 억울하게 죽으면서 흘린 피를 보고 나서 폭군이 되었다는 해석도 완벽한 것은 아니다. 지금은 고인이 된 소설가 박종화가 갑자사화를 소재로 하여 쓴 소설이 「금삼의 피」인데, 이 소설에는 성종의 용안에 손톱자국을 내는 투기죄로 폐비 된 후 사약까지 받게 된 윤비가 자신의 피 묻은 비단 소매 조각을 친정 어머니 신씨에게 주면서 그것을 연산에게 전해 줄 것을 유언하는 대목이 나온다. 세자가 임금의 자리에 오른 후 이 사실은 임사홍 등의 밀고에 의하여 연산군에게 알려지게 되었고 연산군은 폐비 윤씨 사건이 관련된 대신들을 몰살시켰으며, 한명회 등 이미 죽은 사람들은 부관참시시켰다. 그러나 다른 역사의 기록에 의하면 연산군은 즉위 후 바로 그 사실을 알게 되었다고 말하기도 한다.

연산군은 중종반정에 의해 쫓겨나게 되는데, 역사는 연산군이 단순하게 왕자, 세자로 있으면서 부모로부터 입은 상처 때문에 즉위 후 폭정을 했다는 것은 사실이 아니라는 것을 말해주고 있다. 그러니 상처입은 리더와 연산군은 관련이 없는 것이다.

또 한목사가 한 줄로 역사를 새로 쓰고 있는 경우로 다음과 같은 것을 읽어보자.

〈세계화라는 용어는 이미 지난 십여 년 동안 귀에 못이 박히도록 들어왔다. …… LA, 뉴욕, 서울, 도쿄, 홍콩, 파리, 아카풀코 같은 대도시 다운타운들은 다 거기가 거기 같은 느낌을 줄 정도이다. 또 이러한 세계화 현상, 혹은 공통된 지구촌 문화는 서구문명의 체취가 몹시 강하다. 그것은 산업혁명의 주역인 서구열강이 지난 몇 백년 동안 세계 곳곳에 식민지를 건설하여 서구화된 근대화를 추진해 왔기 때문에 생긴 당연한 결과라고 볼 수 있다.〉 (거인, 94)

여기서 다른 이야기 하기 전에 국어 공부 하나 하고 넘어가자.

〈세계화라는 용어는 이미 지난 십여 년 동안 귀에 못이 박히도록 들어왔다.〉

'귀에 못이 박히도록'이라는 말이 맞는 말일까? 보통 같은 소리를 되풀이해서 이야기할 때 '귀에 못이 박히도록 한다'라고 한다. 그런데 이것이 잘못된 표현이다. 보통 '벽 같은 곳에 물건을 고정하기 위해 망치 같은 도구로 쳐서 꽂아 넣는 뾰족한 꼬챙이'를 가리키는 '못'인 경우에는 '박히다'라는 표현이 맞다. 하지만 위 경우의 '못'은 '힘든 일을 했거나 오랫동안의 마찰로 인해 생기는 굳은 살'을 뜻한다. 그래서 '박이다'라는 표현이 맞다. 그러니까, "귀에 못이 박이도록"이 맞고 "귀에 못이 박히도록"은 틀린 말이다.

다시 본론으로 돌아가자.

〈그것은 산업혁명의 주역인 서구열강이 지난 몇 백년 동안 세계곳곳에 식민지를 건설하여 서구화된 근대화를 추진해 왔기 때문에 생긴 당연한 결과라고 볼 수 있다.〉

서구 열강이 아프리카, 아시아 등지에 식민지를 건설한 이유가 무엇일까? 서구화된 근대화를 추진하기 위하여 식민지를 건설하였던가? 그래서 일본 홍콩 서울 등이 하나의 근대화된 문화권으로 되어갔는가? 서구열강이 '세계곳곳에 식민지를 건설'했던 이유는 무엇보다도 자국의 경제적인 이익을 위함이었다. 자본주의가 발달함에 따라 선진 자본주의 국가들은 상품의 원료를 얻고, 상품을 팔거나 자본을 투자할 새로운 시장이 필요하였다. 자본주의가 발달한 국가들이 자기 나라의 이익을 위해 약소국을 무력으로 침략하여 이를 식민지로 지배하려는 경향을 제국주의라 한다. 아시아 아프리카 라틴아메리카의 대부분 국가들은 18~19세기 이래 제국주의 열강의 식민지, 혹은 반식민지 상태에 놓이게 되었다. 특히 19세기말 자본주의가 제국주의 단계에 돌입하자, 영국 미국 독일 프랑스 일본 등 제국주의 열강들은 이들 나라를 침략하여 식민지 지배를 강화하고 식민지의 피압박민족에 대한 억압을 강화했다.

따라서 서구열강이 식민지를 건설한 것은 식민지에 서구화된 근대화를 추진하기 위한 것이 결코 아니다. 식민지에 근대화가 이루어졌다면 그것은 시대의 흐름에 따라 결과적으로 그렇게 된 것에 불과하며, 서구열강들이 자기들의 목적을 위하여 필요하기에 이루어 놓은 것이다. 예컨대 우리나라를 일본이 점령하여 지배할 때에 우리나라에 '서구화된 근대화를 추구' 하기 위하여 항만을 건설하고, 철로를 놓은 것이 아니다. 일본으로 쌀을 실어 나르기 위하여 항만을 건설하고, 수탈한 물자와 군수물자를 실어 나르기 위해 철로를 건설하였으며, 통치를 원활하게 하기 위하여 전화 통신망을 가설하였던 것이다. 이것은 다른 서구열강들의 경우도 마찬가지이다. 그러니 한목사가 "그것은 산업혁명의 주역인 서구열강이 지난 몇 백년 동안 세계곳곳에 식민지를 건설하여 서구화된 근대화를 추진해 왔기 때문"이라고 한 것은 당연히 잘못된 진술이다.

또 하나 예를 들어보자. 한목사의 책, 『칼과 칼집』을 다 읽고 덮으려는데 책 표지에 시선이 머물렀다. 그 안쪽 날개에 말이다. 거기에는 이런 말이 써 있었다.

〈표지에 사용된 칼은 그 유명한 '사자왕' 리처드의 칼이다. 십자군 전쟁과 반대파의 정권 찬탈 음모라는 국내외적 위기 속에서 추상 같은 의지와 용맹으로 나라를 지켜낸 그에게서 리더십의 아름다움을 본다.〉

과연 사자왕 리처드가 아름다운 리더십을 행사했을까? 칼을 사용하는 리더십이 어떻게 하면 아름답게 보일까? 생각해 볼 여지가 많음에도 불구하고 한목사는 한 마디로 잘라 말한다. 리처드왕에게서 리더십의 아름다움을 본다, 고.

이렇게 한목사는 단 한줄로 역사를 새로 쓰는 작업을 하고 있다. 문제는 그렇게 한 줄로 새로 쓰고 있는 그의 작업이 역사에 상처를 남기고 있다는 점이다. 그런데 그 상처는 역사 자체에는 남을 리가 없다. 역사의 기록은 역사가들의 손에 의해 지금도 하나씩 진실을 찾아가고 있기 때문이다. 그래서 그 상처는 대신 독자들의 가슴에 남아있다가, 때가 되면 다시 곪아 터져 밖으로 나타나 독자들을 괴롭힐 것이다. 그게 안타깝다.

18

18. 미국은 민주주의 국가가 아니다(?)

먼저 다음 문제를 풀어보도록 하자.

문) 우리 나라 헌법 제 1조 제 1항의 "대한민국은 …. 공화국이다"
라는 의미는?
(1) 단일제 국가의 수립
(2) 자유 민주주의 국가
(3) 국제 평화주의 추구
(4) 군주제의 불채택
(5) 기본권의 보장

위 문제는 몇 년 전 사법시험에 출제되었던 문제이다. 우리나
라에서 치러지는 시험으로 어렵기가 둘째 가라면 서운해 할 사법
시험 문제이긴 하지만, 고등학교 사회 교과서를 읽어 보면 풀 수
있는 것이기도 하다. 답은? 당연히 4번이다. 이유는 매우 간단하
다. 우리나라에는 임금, 즉 왕이 없기 때문이다. 군주제를 채택
하지 않는 나라를 공화국이라 한다.

우리나라 헌법에서 말하고 있는, 대한민국은 공화국이다라는

말은 군주제를 채택하지 않는다는 의미이다. 공화국이란 말의 정의중 가장 간단하고도 명료한 것은 군주제도를 채택하지 않는다는 것이다. 따라서 우리나라는 당연히 공화국이다. 우리나라가 공화국이라는 것을 부인할 사람은 그래서 아무도 없다.

자, 그런 기초지식을 가지고 한홍 목사의 책『칼과 칼집』을 읽어보기로 하자.『칼과 칼집』의 223 쪽에서 226 쪽에 걸쳐 있는 '너희가 다수를 믿느냐?' 라는 항목은 문제가 많은 부분이다. 한 목사가 서술하고 있는 역사적 사실도, 또한 한목사가 하고 있는 법률적 해석도 검토해 볼 필요가 있다. 필자는 한목사의 그 책 특히 그 부분을 독자들에게 읽지 말라고 권하고 싶다. 전혀 옳지 않은 내용들로 가득 차 있기 때문이다. 그래도 여기서는 읽어 보자. 그래야 필자의 말이 옳고 그른지 알 수 있지 않겠는가?

첫째 단락은 별 문제가 없다. 그래도 읽어보자. 문제가 시작되는 부분이니까 말이다.

〈말도 많고 탈도 많았던 2000년 미국 대선 결과 논쟁. 그 일로 인해 전세계가 미국의 이상한(?) 선거법의 문제점을 바꾸어야 할 때가 됐다고 난리였다. 대중 투표에서 앞섰던 엘 고어가 단순히 선거인단 표를 적게 얻었기 때문에 부시에게 패배하는 모순이 이해가 안 된다는 것이다. 그러나 200년 전 미국 건국의 아버지들이 그런 법을 만든 데는 깊은 뜻이 있다.〉

'대중 투표' 라는 말이 이상하지만 그냥 넘어가자. 두번째 단락에서 우리는 문제를 만난다.

> 〈많은 사람들이 미국을 순수한 민주주의 국가로 생각하고 있는데,
> 엄밀히 말해서 미국은 민주주의 국가가 아니라 공화국이라고 해야
> 옳다. 〉(칼, 223)

"엄밀히 말해서 미국은 민주주의 국가가 아니"라는 말에 가서
는 어리둥절할 뿐이다. 먼저 여기에서 '엄밀히'라는 말이 무슨
의미로 쓰였는지 모르겠다. 국어사전적 의미는 "엄중하고 세밀
한" 것을 '엄밀'이라고 하는데, 여기서 한목사는 민주주의의 요
건을 엄격히 제한하는 의미, 즉 민주주의의 의미를 협의로 생각
한다는 뜻으로 썼을까? 이러한 혼돈을 피하기 위해서 앞으로 한
목사가 단어를 선택할 때에 '좀 더' '엄밀히' 해 주었으면 하는
바람이다.

엄밀히 말하면 미국이 민주주의 국가가 아니라니? 난생 처음
듣는 희한한 말이다. 지금까지 사람들은 엄밀히 말하지 않고 그
저 '안' 엄밀히 말하고 다녔기에 미국을 민주주의 국가로 알고
있었던 모양이다. 그것도 '순수한' 민주주의 국가로 말이다.

그럼, 그 다음 문장을 읽으면서 한목사가 미국을 민주주의 국가
가 아니라 공화국이라고 해야 옳다고 주장하는 근거를 들어보자.

> 〈미국 국기에 대한 맹세의 첫 구절을 보면 "나는 미국의 국기와 그
> 것이 상징하는 공화국(Republic)에 충성을 맹세합니다"라고 되어

있는 것이다.〉(칼, 223)

한목사는 미국이 공화국이라고 하는 근거로 '국기에 대한 맹세'를 내세운다. 그렇다면 그가 말하는 '국기에 대한 맹세'는 어떤 것일까? 어떤 것이길래 미국이 민주주의가 아니라 공화국이라는 근거가 되는 것일까? 결론부터 말하자면, 전혀 근거가 되지 않는 것이다. '국기에 대한 맹세'는 단지 국기의 게양 및 이용에 관한 규칙과 관행을 법제화하고 이를 강조하기 위해 만들어진 것이지, 공화국을 규정하는 것하고는 아무런 관계가 없다. '국기에 대한 맹세'가 미국 역사상 법률로 인정된 것은 1942년이다. 제2차 세계대전의 와중에서 1942년 6월 22일 '국기에 대한 맹세'는 민족주의의 자극을 받아 미국 역사상 공식적으로 인정받게 된다. 미국 국기의 게양 및 이용에 관한 실정 규칙과 관행을 법제화하고 이를 강조하기 위한 노력의 결과 제77회 연방의회에서 8개조로 된 법률로 제정된 것이다.

그 법률이 미국이 공화국이라는 것을 규정하는 것이라면, 미국이 독립한 1776년부터 그 법률이 제정된 1942년까지 미국은 과연 무엇이었을까? 그 법률이 없었으므로 미국은 공화국이 아니었던가? 아니면 그 기간 동안에는 공화국이라는 다른 근거가 있었을까?

동법 제7조는 맹세문과 암송의 방법을 규정하고 있었는데, 맹세문은 다음과 같다.

〈I pledge allegiance to the flag of the United States of America and to the republic for which it stands; one nation under God, indivisible, with liberty and justice for all.>

〈나는 미국 국기와 그 국기가 상징하는, 하나님의 보호아래 나누어질 수 없으며 모든 사람들에게 자유와 정의를 베푸는 공화국에 충성을 맹세합니다.〉

한목사는 국기에 대한 맹세의 첫 구절을 말하면서 제대로 인용하지 않았다. 첫 구절의 전부를 말하지 않고 "나는 미국의 국기와 그것이 상징하는 공화국(Republic)에 충성을 맹세합니다"라고 한 것이다. 그리고 미국국기에 대한 맹세는 단 한 문장으로 되어 있다. 그러니 두번째 구절은 아예 없는 것이다. 그런데도 한목사가 '첫 구절'이라고 말하는 것은 무슨 이유일까? 혹시 '구절'이란 의미를 그저 문장의 일부분으로 생각했는지 모르겠다. 그렇다면 왜 중요한 부분인 두번째(?) 구절을 빼놓고 말한 것일까?

문장의 후반부에 있는 '자유와 정의를 베푸는'이란 말이 바로 민주주의가 지향하는 이념이다. 한목사가 말하는 그 공화국은 민주주의를 지향하는 공화국이다. 따라서 미국은 공화국이면서 또한 민주주의이기도 하다. 꼭 민주주의라는 말이 있어야만 민주주의로 알아 듣는가?

미국의 헌법학자 그 누구도 '국기에 대한 맹세'를 근거로 미국이 공화국이라고 주장하는 사람은 없다. 그래서 그것 때문에 미국이 민주주의 국가가 아니라고 주장한다면, 어떤 헌법학자든지 온 얼굴에 웃음을 띄우고 말할 것이다. "Are you kidding?" 정말, 한목사는 지금 독자들을 대상으로 한바탕 농담을 하고 있는 것일까?

이제 한목사가 말한 민주주의와 공화국이 어떻게 다른 것인가를 알아보도록 하자. 먼저 민주주의란 말을 생각해 보자. 아주 '엄밀하게' 말이다. 정치형태의 의미로 살펴본다면, 국가 의사결정을 국민의 합의에 두는 정치형태를 말한다. 그리고 이념실현의 의미에서 민주주주를 정의한다면, 자유, 평등과 같은 기본이념을 민주적 방식으로 실현한다는 의미이다. 마지막으로 생활양식으로서 민주주의라 함은 국민의 정신적 자세, 생활태도, 행동양식 등을 민주적으로 수행하는 생활양식이라는 말이다. 그렇게 정의해 본다면 민주주의에 대해 상당한 정도로 엄밀히 말한 것이라 생각된다.

위의 세 가지 항목에 비추어 보면 미국은 민주주의에 해당하는 국가일까, 아닐까? 미국은 위의 항목에 고스란히 해당하는 나라이다. 따라서 미국은 민주주의 국가이다.

이 정도로 부족하다면 필자는 미국이 민주주의 국가라는 것을 증언하는 수 많은 사람들을 증언대에 세울 수 있다.

첫째, 한목사가 존경하는 빌 하이벨스 목사의 증언이다.

〈미국과 같이 복잡하고 다원론적인 민주정치가 필요한 곳에서는 어떤 리더십이 최고의 능력을 발휘할 수 있을까?〉(『리더십의 용기』, 152)

일년에 한 번씩 열린다는 리더십 서미트에서 한목사가 빌 하이벨스 목사를 만날 수 있으리라 생각한다. 그 자리에서 미국이 민주주의 국가인가 아닌가 하는 토론을 그와 해 보기를 권한다. 특히 민주주의와 공화국에서의 리더십이 다르다고 주장하는 부분(한목사의 책 224쪽)을 집중적으로 말이다.

그 다음 세울 증인은 역시 한목사가 그의 책에서 즐겨 인용하는 루스벨트의 말이다. 1938년 라디오 연설에서 루스벨트는 미국 국민들에게 다음과 같이 말했다.

〈… 우리 미국인은 우리의 민주적 질서와 헌법체계가 앞으로 계속 이어질 수 있으리라고 믿고 있습니다. … 미국 국민은 어떤 희생을 치르고서라도 민주주의를 지켜낼 것이라는 점에서는 모두 동의하고 있습니다.〉 (미국 국무성 발행, 『미국의 역사』, 342)

루스벨트와 미국 국민이 어떤 희생을 치르더라도 지켜낼 것이라고 다짐하던 것이 바로 '민주주의'였는데 한목사는 간단하게 미국은 민주주의가 아니다, 라고 말한다. 그럼 2차 대전의 와중에서 미국인들이 목숨을 바쳐 지키고자 했던 것은 민주주의가 아니라 무엇이었다는 말인가?

셋째로 필자는 아주 절대적이고 중요한 증인 한 명을 소개하련다. 그 증인은 다름아닌 한목사 자신이다.

〈… 결국 그렇게 해서 민주주의 체제의 정부를 세우되, 삼권분립 체제를 만들어 각부서가 전문성을 가지고 소신 있게 일할 수 있도록 힘을 실어 주되 권력을 남용하지 않도록 서로 견제할 수 있는 시스템을 만들었다.〉 (거인, 298)

한목사가 미국의 역사를 설명하면서 우리에게 해준 말이다. 그는 미국이 분명 "민주주의 체제의 정부"를 세웠다고 말했다. 그 뿐만이 아니다. 한목사의 증언은 또 이어진다.

〈민주주의의 요람이었다는 영국이나 미국에서도 당시 대기업들이나 정부의 리더십 스타일을 살펴보면 강력한 중앙 통제형이 주도적이었다.〉 (거인, 89)

분명히 미국은 민주주의의 요람이라고 한목사는 말한다. 본인의 증언보다도 더 가치 있는 증거가 어디 있겠는가? 따라서 미국은 민주주의 국가가 아니라 공화국이라고 해야 옳다고 주장한 한목사는 대단한 실수를 했다.

이제 그 다음을 읽어보자. 이 부분이 더 중요하다. 한목사가 지금까지 미국이 민주주의가 아니라 공화국이라고 주장한 것은 다음 말을 하기 위해서이다. 민주와 공화의 차이를 근거로 하여 한목사는 리더십의 스타일을 다르게 해석하고 있다.

〈얼핏 보면 비슷한 것 같지만 민주주의 체제와 공화국 체제는 분명한 차이가 있다〉

그렇게 말한 다음 한목사는 그 양 체제의 차이를 자기의 전공인 리더십으로 풀이한다. 어디 한번 들어보자.

〈민주주의 체제에서 공직자는 자신의 신념이나 능력과는 상관없이 그저 다수 국민들의 의견대로 움직이는 '보통 사람'을 요구한다. 그러나 공화국 체제에서 공직자는 탁월한 전문성과 신뢰감을 주는 인격을 겸비한 사람으로서, 국민의 상황에 민감하되 군중의 감정적 동요에 흔들리지 않고 분명한 국가관과 신념대로 국정을 운영해 나가는 사람이다.〉(칼, 223-224)

민주주의하의 공직자인 '보통 사람'은 누구인가? 노태우 전대통령이 선거 캐치 프레이즈로 써먹었던 그 '보통 사람'인가? 아니면 '자신의 신념'도 없이 국민들의 눈치를 보는 사람을 '보통 사람'이라고 말하는가? 어쨌든, 한목사의 결론은 이렇다. 미국은 민주주의가 아니라 공화국이다. 공화국에서의 리더들은 민주주의하의 리더들보다 더 훌륭하다. 따라서 미국의 리더들은 민주주의를 시행하는 다른 나라의 리더들보다 더 낫다.

이제 그 다음을 읽어보자.

〈토머스 제퍼슨과 제임스 메디슨을 비롯한 미국 건국의 아버지들은 늘 상황에 따라 급변하기 쉬운 대중의 의견에 나라의 운명을 맡겨선 안 된다고 판단했던 게다. 여기에는 미국이 독립한지 10여년도 안 되어서 유럽대륙을 피로 물들인 프랑스 시민 혁명의 여파가

컸다. 당시 프랑스 혁명의 주역들이 신봉했던 사상은 장 자크 루소의 철학으로서, 정부의 기초는 무조건 대중의 의견이어야 한다는 소위 "순수 민주주의" 이상(理想)이었다. 그러나 부패한 왕정을 몰아낸 혁명 세력들은 서로를 무참하게 숙청하기 시작, 프랑스는 무시무시한 혼란과 폭력의 시대로 접어들고 말았다. 이 상황을 지켜본 미국 건국의 아버지들은 분명히 자신들의 입장을 정리했다. 미국인들도 영국 왕정의 압제에 항거하여 일어나기는 했지만, 동시에 이것이 '민중의 압제'로 대치되는 것은 원치 않았던 것이다. 국민들의 필요에 예민하되, 민중의 감정적 충동은 합리적이고 분명한 가치관과 비전, 전문성에 의해서 걸러져야 한다고 믿었다. 그래서 미국인들이 직접 중요한 정치사안을 검토하고 투표하는 것이 아니라 각 지역 주민들이 실력과 인격을 갖추었다고 믿어 뽑은 공직자들이 국정을 수행하게 한 것이다.〉(칼, 224-225)

미국 건국의 아버지들이 '입장을 정리했다'는 말은 무엇에 대한 입장인가? 바로 정부형태에 대한 입장이다. 그래서 민주제가 아니라 공화정으로 정했다는 것이 한목사의 주장이다. 이 주장은 논리적으로 맞고 안 맞고는 둘째로 치고, 먼저 역사적 사실에 맞지 않는다.

미국의 독립과 프랑스혁명 사이에는 시간적으로 10여년의 차이가 있다. 정확히 말해서 미국은 1776년에 독립을 했고 프랑스혁명이 일어난 것은 1789년이다. 그러니 "프랑스 혁명과 미국의 독립전쟁은 30년 차이를 두고 일어났는데"(거인, 23)라고 말하는 한목사가 가지고 있는 세계사 연표가 자못 궁금해진다. 누가 만들었길래 그런 차이가 나는지.

이제 미국의 헌법은 어떻게 제정되었는지 살펴보기로 하자. 1776년에 미국이 독립선언을 한 후에 1777년 11월 대륙회의가 소집되어 미국 최초의 헌법이라 할 수 있는 연맹규약이 채택되었다. 이는 13개 주에 의해 인준되는 데 4년의 기간이 걸렸고 1781년 3월이 되어서야 효력을 발휘하게 되었다. 그러나 이 연맹규약 하의 중앙정부는 효과적인 외교정책을 펼 수도 없었고 주들 간의 분쟁도 해결하지 못하였다. 또한 연맹의회는 조세부과권이나 화폐 발행권도 없었으며 주들 간의 해운이나 통상을 조정할 수도 없어 많은 문제가 발생하게 되었다. 연맹규약을 통한 미국이 심각한 지도력 결핍으로 국가 붕괴위기에 이르게 되자 각 주의 대표들은 연맹규약을 개정하기 위해 1787년 필라델피아에서 '미국 건국의 아버지'(Founding Fathers)라 불리는 55명이 헌법제정 회의 (Constitutional Convention)를 개최하게 된다. 그 후 1787년 9월 17일 미국헌법은 참석한 12개 주 대표들에 의해 승인되었다. 그러나 헌법이 효력을 발휘하기 위해서는 13개 주의 인준을 받아야만 했다. 새 헌법은 델라웨어주를 시작으로 1788년 6월 21일 뉴햄프셔주가 아홉 번째로 비준함으로써 공식적으로 효력을 발생하게 되고 같은 해 8월 버지니아와 뉴욕이 비준을 함으로써 완벽한 헌법의 모습을 지니게 되었다.

역사적 사실로 보아 프랑스혁명이 일어난 해인 1789년은 미국에서는 이미 헌법이 제정된 후인 것이다. 그러니 미국에서 건국의 아버지들이 프랑스에서 일어나는 유혈상황들을 지켜볼 수는 있었겠지만 이미 헌법은 제정되어 버린 후이니, 새삼스럽게 입장을 정리하고 말고가 없는 것이다.

이제 말을 정리하자. 한목사는 미국의 헌법이 제정된 역사적 사실에 대해 잘 못 알고 있거니와, 민주주의와 공화주의의 차이도 제대로 알지 못하고 있다. 다시 말하거니와 민주와 공화는 서로 대치되는 개념이 아니다. 민주주의의 반대되는 것이 공화정이 아닌 것이다. 민주주의와 반대되는 개념은 독재주의 혹은 전제주의이고, 공화정은 왕정과 대칭되는 개념이다. 공화국이란 세습적 국가권력의 담당자인 군주가 통치하는 군주제에 반대되는 국가형태를 말한다. 즉 공화국은 세습군주이건 선거군주이건 종신직 국가원수인 군주가 존재하지 않는 국가를 말한다. 이러한 공화국은 다시 소수권력자에게 권력이 독점되어 있는 과두공화국 또는 귀족공화국과 권력이 모든 국민에게 있는 민주공화국으로 구별되며 그 이외에도 계급공화국, 인민공화국, 전제공화국 등으로 구분할 수 있다. 그래서 우리나라도, 미국도 군주가 없다는 의미에서 공화국이다. 조금 더 엄밀히 설명하면, "주권이 국민에게 있고, 통치권의 주체가 국민인 국가로서, 국가 원수인 군주가 없는 제도를 일괄하여 공화제"라고 한다. (구병삭, 「신헌법원론」, 91)

그런데도 불구하고 한목사는 공화국의 개념을 잘 모르고 그릇된 기초 위에 리더십 이론을 전개하고 있는 것이다. 그래서 아래와 같은 한목사의 말은 그럴 듯 하게 보이지만 실상은 잘 못된 것이다. 이 시대가 필요로 하는 리더십을 그런 방식으로 도출해 낸 것은 잘 못이다.

〈그래서 선동형 정치인이나 인기 지향적 쇼맨십을 가진 리더보다는 예리한 전문성과 도덕적인 인격을 갖춘 지역의 대표자들을 뽑아 대중을 위한 정치를 구현함으로써, 대중의 들쭉날쭉한 감정에 왔다 갔다 하지 않는 신념의 리더십을 지향한 것이다. …… 이 시대가 필요로 하는 리더십은 대중을 사랑하고 분명히 이끌어 갈 사람이지, 대중의 눈치를 살피며 순간의 인기에 연연하여 거룩한 신념을 타협하는 사람이 아니다.〉 (칼과 칼집, 225-226)

사족을 하나 달아 볼까 한다. 영국은 민주주의 국가인가? 공화국인가? 또 일본은 어떤가? 일본과 영국은 현재 군주제를 채택하고 있기 때문에 불행(?)하게도 공화국이 아니다. 그러니 한목사의 견해에 의하면, 그 나라에서는 공직자가 아무리 탁월한 전문성과 신뢰감을 주는 인격을 겸비한 사람으로서, 국민의 상황에도 민감하고 군중의 감정적 동요에 흔들리지 않으며 분명한 국가관과 신념대로 국정을 운영해 나간다 하더라도 공화국에서 볼 수 있는 리더는 못 되는 것이다. 또 게다가 "민주주의의 요람이라는 영국"(거인, 89)이니, 아무리 발버둥을 쳐도 영국에서 참된 리더 찾아보기는 틀렸다. 그러니 영국 신사들로서는 이 얼마나 억울한 일인가? 그들의 억울함을 풀어주기 위해서라도 한목사는 그의 리더십 이론을 수정해야 한다.

그럼 한국은? 우리나라는 민주주의 국가인가? 아니면 공화국인가? 서두에서 본 것처럼 우리 헌법에 의하면 분명 우리나라는 공화국이다. 따라서 공화국인 미국과 같은 계열의 리더들이 존재하는 나라이어야 한다.

그러나 우리 헌법을 좀 더 자세히 보자.

제 1조 1항 대한민국은 민주공화국이다.
　　　　　2항 대한민국의 주권은 국민에게 있고, 모든 권력은 국민으로부터 나온다.

민주공화국이라니, 이런 제도가 있다는 말인가? 민주주의면 민주주의고 공화국이면 공화국이지, 민주 공화국이라니? 이걸 어쩌나!! 민주 공화국이라는 말은 공화국이기도 하면서 또한 민주주의 국가란 말이 아닌가? 그러면, 민주 공화국에 있는 리더의 모습들은 어떻게 되어야 한다는 말인가? 이도 저도 아닌 얼치기 리더들이 있어야 한다는 말인가? 그래서 그런가? 요즈음 사회에서나 교회에서나 그런 경향이 아주 없지도 않은 듯 하다.

왜, 한목사는 민주주의와 공화국의 개념을 그렇게 오해하고 있을까? 왜 그렇게 그릇된 정보를 제시하며, 그것을 근거로 리더십 이론을 전개하고 있을까? 그래서 필자가 사소한 것처럼 보이나 '사실관계'를 먼저 확인하려는 이유가 바로 여기에 있다. 한목사가 리더십 이론을 전개하면서 전제하고 있는 '사건과 해석'이 '사실'이 아니라 허위라면, 그의 리더십 이론이 아무리 그럴 듯하게 보일지라도 결국 모래 위에 지은 집이 아니겠는가?

19

19. 흠집 난 칼은 칼집 속에

〈표지에 사용된 칼은 그 유명한 '사자왕' 리처드의 칼이다. 십자
군 전쟁과 반대파의 정권 찬탈 음모라는 국내외적 위기 속에서 추
상 같은 의지와 용맹으로 나라를 지켜낸 그에게서 리더십의 아름
다움을 본다. "칼과 칼집"에 걸맞는 이미지를 찾아 헤맨 끝에 ···〉

한홍 목사의 책 『칼과 칼집』표지의 앞장 날개에 써 있는 말이
다. 필자는 그것을 읽으면서 이 책이 진정 리더십 책인가 다시 한
번 확인하였다. 리더십에 관한 책에 걸맞는 이미지가 리처드 왕
의 칼이라니···게다가 리처드 왕에게서 리더십의 아름다움을 본
다니 ··· 아무래도 잘못 읽은 것이 아닌가, 까지 생각하였다.

아름다움을 느끼는 감정은 극히 주관적인 것이다. 그래서 쓰
레기를 보고 아름다움을 느끼는 사람이 있다 한들 제3자가 이래
라 저래라 평을 할 수는 없다. 그러나 지금까지 꽃을 가리키면서
아름답다고 입에 침이 마르도록 칭찬하던 사람이, 쓰레기는 아무
리 예쁘게 봐줘도 아름다움이라 할 수 없다고 역설하던 사람이,
미의 기준은 쓰레기 더미에서 찾는 게 아니라고 주장하던 사람

이, 그 말이 끝나기도 전에 쓰레기를 가리키며 아름다움을 본다고 말한다면 듣는 사람이 의아해 하지 않겠는가?

리처드 왕과 그의 칼을 리더십과 연결시켜 아름다움까지 보았다는 한목사의 말이 제3자에게 얼마만큼 타당하게 여겨지는지 두 가지로 살펴보자. 과연 칼이 리더십의 상징인가, 그리고 사자왕 리처드는 아름다운 리더십을 가졌는가?

첫째로, 칼을 리더십의 상징으로 볼 수 있겠는가? 볼 수 있다. 칼은 리더십의 상징이다. 칼이 리더십의 상징인 것을 전두환 전 대통령이 보여주었다. 청와대 출입 기자였던 박보균씨는 『청와대 비서실』이란 책에서 다음과 같은 전두환 전대통령의 일화를 소개하고 있다.

〈칼은 고래로 권력의 압축이고 권위의 상징이다. 명검에는 영웅의 신화가 서려있고 새로 천하를 평정한 인물들은 자신이 내세운 창업의 대의를 보검속에 녹여 넣으려고 한다. 각군 지휘관이 청와대에 보직 신고할 때 대통령으로부터 받는 삼정도는 나름의 역사와 사연을 간직하고 있다. 이 칼이 장군에 대한 국가 통수권자의 신임과 명예의 상징으로 주어진 것은 전두환 대통령 때부터이다.〉(『청와대 비서실』, 제3권, 165)

그렇게 해서 전두환 전대통령이 장군들로부터 보직 신고를 받을 때에 현대전에서는 아무런 쓸모가 없는 장검을 하사하기 시작했다는 것이다. 그렇게 칼은 리더십의 상징으로 사용된다. 그러나 이 상징은 철저히 세상적이다. 그래서 영적 리더십의 상징으로 칼은 결코 사용되지 못하는 물건이다.

그 다음, 우리 예수님은 칼에 대하여 뭐라고 말씀하셨는가? 잡히시던 날 밤에 칼을 휘두르던 베드로를 향하여 예수님은 뭐라 말씀하셨던가? 네가 휘두른 검에서 나를 향한 충성의 아름다운 모습을 본다, 라고 말씀하셨을까? 아니다. 그 반대의 말씀을 분명히, 아주 분명하게 말씀하셨다.

> "네 검을 도로 집에 꽂으라, 검을 가지는 자는 다 검으로 망하느니라." (마 26:52)
> "주여 우리가 검으로 치리이까?.... 이것까지 참으라." (눅 22: 49- 51)
> "검을 집에 꽂으라. 아버지께서 주신 잔을 내가 마시지 아니하겠느냐" (요 18:11)

리처드왕이 지녔던 칼이 보여주는 것은 힘이다. 십자군 전쟁에서도 그리고 영국으로 돌아와서의 행적도 그의 칼은 단지 힘으로만 쓰였다. 따라서 그의 칼은 영적 리더십의 상징이 결코 되지 못하는 물건이다.

다음으로, 한목사는 그의 책에서 칼을 리더십의 상징으로 사용한 적이 있었던가? 한목사는 그가 쓴 많은 리더십 책에서 단 한번도 칼을 리더십의 상징으로 사용한 적이 없다. 오히려 총칼이 내포하고 있는 힘(power)은 리더십이 아니다,라고(칼, 30) 말했다. 이처럼 칼은 리더십하고는 거리가 먼 물건이다. 칼을 리더십의 상징으로 보는 사람이 있다면 그 사람은 리더십 이론과는 거리가 먼 사람이다. 게다가 영적 리더십은 말도 안 된다.

그러면 이제 둘째, 리처드왕의 행적에서 아름다운 리더십을 찾아 볼 수 있을까? 과연 "십자군 전쟁과 반대파의 정권 찬탈 음모라는 국내외적 위기 속에서 추상 같은 의지와 용맹으로 나라를 지켜"냈다는 그에게서 "리더십의 아름다움"을 볼 수 있을까?

우리는 리처드왕에 대한 아련한 추억들을 가지고 있다. 그 추억이란 어릴 적 동화책으로 로빈 후드의 이야기를 읽으며, '우리 편'인 로빈 후드가 충성을 다해 섬기던 사자왕 리처드에 관한 기억이다. 로빈후드가 '우리 편'이었으므로 리처드왕도 당연히 '우리 편'이 아니었던가? 로빈 후드가 모진 고초를 겪으면서 애타게 기다리던 리처드왕을 그래서 우리도 애타게 기다리지 않았던가? 어디 그뿐인가? 「아이반호」에서 역시 우리는 리처드왕의 아름다움에 흠뻑 빠져들었다. 역사적 진실은 도외시 한 채.

검을 가진 자는 검으로 망한다고 예수님께서 말씀하신 그 칼로 십자군 전쟁에서 무고한 사람을 죽이고 또한 국내에서는 권력 다툼으로 인하여 수많은 사람들을 죽음에 이르게 한 사람이 바로 리처드왕이다. 그는 심지어 아버지인 헨리 2세에게 반란을 일으켜 아버지를 상대로 하여 싸운 사람이다. 그런 리처드왕의 리더십이 아름답다니, 우리가 아직 「아이반호」, 「로빈 후드」를 읽는 세대인가? 아니면 인디언을 섬멸하려 오는 기병대의 깃발이 언덕 너머로 나타나며 나팔소리가 울리면 환호성을 지르던 철부지 아이들인가? 우리 모두 이것 하나는 확실히 해두자. 리처드왕이 '우리 편'이라 생각하던 그 때는 우리가 어린아이였다는 것을. 아직도 그것을 진실로 받아들여서 리처드왕이 어쩌고 하면 아직도 철부지에 불과하다는 것을⋯ 그러한 리처드왕의 모습은 그저 동화 속의 한 장면에 불과하다. 실제 역사에서의 리처드는 전혀 아니올시다, 이다.

먼저 그가 왕이 된 사연을 알아보자. 사자왕 리처드는 잉글랜드의 왕 헨리 2세의 셋째 아들이다. 헨리 2세는 19세 때에 프랑스 루이 7세의 왕비였던 엘리노아와 사랑하게 되어 둘은 결혼하였다. 엘리노아는 결혼하면서 프랑스 남쪽의 큰 영토를 지참금으로 가지고 왔다. 그래서 헨리 2세는 영국, 노르만디 등 프랑스왕 루이 7세 보다 더 큰 영토를 다스렸고, 영국 내에도 정치를 안정시키고 법과 재판제도를 마련하여 현군으로 존경받았다. 그는 엘리노아와의 사이에 8명의 자녀를 낳았는데 헨리는 이 자녀들 가운데 어려서 죽지 않은 네 아들- 헨리 · 제프리 · 리처드 · 존 - 을 진심으로 사랑했지만, 아들들은 이 애정을 아버지에 대한 원한과 형제들 사이의 불화로 갚았다. 어머니인 엘리노아의 총애를 받던 리처드는 어머니와 함께 프랑스에서 지냈다. 거기에서 아름다운 여인들에 둘러싸여 감각적이고 충동적인 젊은이로 성장했다. 리처드는 영토와 왕권 계승을 둘러싸고 아버지와 전쟁을 벌이게 된다. 아버지가 동생 존을 사랑하여 가장 좋은 프랑스 남부를 주려고 하자 리처드는 반란을 일으켜 아버지를 몰아내고 결국 영국의 왕이 되었다. 그러니 여기에서도 그의 칼은 무력으로,

아버지를 몰아내기까지 한 수단이었으니, 칼을 사용한 그의 리더십에서 결코 아름다움을 찾아 볼 수 없는 것이다.

이제 십자군 원정을 나간 그의 행적을 살펴보자. 리처드왕이 앞장 선 3차 십자군 전쟁은 유대인 학살, 탐욕의 분출, 끔찍한 만행으로 점철된 전쟁이다. 사자왕 리처드는 실망스럽게도 십자군 원정에서 탐욕스럽고 이기적이고 잔혹함으로 악명이 높았다. 「로빈후드」나 「아이반호」 같은 소설 속에서 용감하고 낭만적이고 정의로운 기사의 전형으로 묘사된 사자왕 리처드는 전리품을 독점하고, 이집트 상인을 약탈하기 위해 십자군의 기수를 돌리고, 이교도라면 여자나 아이들까지 무참하게 살해하였다. 그래서 그의 적이었던 살라딘과는 크게 대조가 된다. 예수님이 끊임없이 강조한 '사랑'을 정작 기독교인이 아닌 그 반대편의 살라딘이 실천했던 것이다. 살라딘이 그와 적대적 관계에 있었던 서양 기독교 세계에서조차 존경을 받고 있는 것도 이런 이유에서다. 1999년 『타임』지는 '지난 1천년 세기의 인물'을 선정하면서 살라딘을 12세기의 위대한 인물로 뽑았다.

한목사는 리더십을 정의하면서, 무력은 힘을 가졌다고 해서 리더십이 있다고 할 수 없다라고(거인, 28), 리더십은 힘(power)이 아니다라고(칼, 30) 했다. 따라서 리처드왕에게서 리더십의 아름다움을 본다고 한다면 그 자신 자기의 이론을 부정하는 꼴이 된다.

결론적으로, 한목사의 리더십 이론에 의하면 칼은 혐오와 증오의 대상이지 결코 아름다움의 대상이 아니다. 그랬던 그가 리처드 왕의 칼에서 리더십의 아름다움을 보았다고 한다면, 그는 무언가 크게 잘못 본 것임에 틀림없다. 그런데도 독자들이 한목사가 책 표지에서 한 말을 그대로 수긍한다면 독자 역시 한목사의 책을 잘못 읽은 것이다.

한목사의 책 『칼과 칼집』은 다음과 같이 요약할 수 있다.

〈칼은 콘텐츠, 즉 내용이다. 그것은 내가 축적한 지식이며, 연마한 실력이며, 경험을 통해 쌓아 올린 노하우다. 아무리 좋은 생각과 목표를 갖고 있어도 그것을 현실화 시킬 수 있는 방법(tool)은 바로 이 칼이다.〉 (칼, 67)

〈칼을 콘텐츠나 지식과 노하우에 비유한다면, 칼집이란 그 칼을 제대로 쓰기 위해 필요한 것이라고 할 수 있어요. 좋은 칼일수록 칼집도 좋습니다. 칼집이 없는 칼은 아무 곳이나 찌르고 마구 베는 골칫거리일 수밖에 없기 때문이죠.〉 (칼, 38)

그렇게 멋진 비유를 한 한목사는 리처드 왕에게서 리더십의 아름다움을 보는지 몰라도 필자는 리처드왕의 칼에서 '아무 곳이나 찌르고 마구 베는 골칫거리'의 냄새가 느껴지는 것은 웬일일까?

사족이지만, 한목사의 『칼과 칼집』을 읽고 나서 떠오르는 글이 하나 있다. 옥한흠 목사의 『평신도를 깨운다』라는 책의 한 구절이다.

〈날카로운 칼일수록 단단한 칼집에 깊이 꽂아 두어야 한다. 함부로 빼서 흔들면 백해 무익일 뿐이다. 복음과 은혜의 칼집에 싸서 제자 훈련의 축복을 이야기하는 것은 …….〉(209)

맞는 말이다. 칼은 함부로 빼서 흔들면 백해 무익일 뿐이다. 게다가 흠집이 난 칼은 누가 볼까 봐 숨겨야 하지 않겠는가? 날카로운 칼은 단단한 칼집에 넣어 놓아야 한다지만, 흠집 난 칼을 숨기는 데도 칼집이 제격이다.

또 하나의 사족, 두 분에게 내린 영감이 글로 표현되니 유사하다는 것을 깨닫는 것도 독서의 즐거움이 아닐까?

20

20. 그들의 영향력은 이렇게 나타난다 (2)
감동을 이런 식으로 나누면 곤란해

그렇게 책을 읽으며 무언가 깨닫는 재미를 느끼는 것도 잠시이다. 한홍 목사의 책 속에서 발견되는 오류는 잘못된 영향을 끼칠 것이라는 필자의 우려가 한낱 기우로 끝날 것 같지 않기 때문이다. 우려했던 일이 벌써 실제로 나타나고 있다. 다음은 필자가 인터넷 서핑중에 발견한 글이다.

〈얼마 전에 호주 캔버라에서 원자 분리 연구로 핵무기를 개발하는 데 지대한 공헌을 했던 마크 올리펀트(Mark Oliphant)경이 99세를 일기로 별세했다. 2차 세계 대전이 한창이던 1943년, 그는 영국 과학팀을 이끌고 페르미가 이끄는 맨하탄 프로젝트팀에 합류하여, 원자 폭탄을 개발하는 데 결정적인 역할을 한다. 그러나 그는 일본 히로시마와 나가사키에 떨어지는 핵무기를 보며 너무나 비통한 심정에 사로잡힌 나머지, "위대하고 아름다운 학문으로서의 물리학은 이제 영원히 사라졌다"고 울부짖었다. 자신이 개발한 핵무기가 민간인의 대량 학살에 사용된 데 충격을 받은 그는 그 이후 알버트 아인슈타인과 버트란트 러셀이 주도한 평화 추구 단체인 퍼그워시(Pugwash)에 동참하여, 원자력의 평화적 이용을 위한 각종 활동에 발벗고 나서게 된다. 노벨 물리학상을 비교적 젊은 나이에 수상할 정도로 과학자로서 최고의 명성을 누렸던 그였지만, 평생 양심의 가책 때문에 괴로워하면서 "인류에게 진 빚을 갚아야 한다"고 되뇌이곤 했다고 한다. 1950년, 그는 조국 호주로 돌아와 호주 과학원 창설을 주도했는데, 1959년에 영국 왕실로부터 기사 작위를 받아 '경(卿 : Sir)'으로 불리게 되었지만, 그는 그저 참회하는 지식인으로 남길 바랐다고 한다. 사람들은 자극을 원하고, 스릴을 원하고, 화려하고 찬란한 업적과 글래머적인 성공을 이룩하는 영웅을 원한다. 그런 식으로만 따진다면 올리펀트 경 같은 사람은 인생에 후회가 없을 정도로 모든 것을 이뤄냈다고 자부할 수 있을 것이다. 그러나 그는 고뇌했고, 반성했고, 겸허하게 살았다. 그는 세상의 잣대와는 다른 기준으로 자신의 인생을 평가했다. 눈에 보이는 가치들보다 더 깊고 영원한 하나님의 기준으로 늘 자신을 비춰 보았던 것이다. 나는 이것이 진정한 거인(巨人)의 모습이 아닐까 생각한다. 성공보다 중요한 것은 그 성공의 의미이기 때문이다.〉

어느 누리꾼이 한목사의 책을 읽다가 감동을 받고 그 감동을 주체할 수 없어 인터넷 공간에 그 감동을 같이 나누기 위하여 올려 놓은 것이다. 『거인들의 발자국』 242쪽에 나오는 글이다. 그 누리꾼은 아무런 의심 없이 그 글을 옳다고 받아들였고, 감동했으며, 그 다음에는 그 감동을 다른 사람에게 전파하기를 원했다. 그래서 그것을 행동으로 옮겼고 그 결과 그의 글은 다른 사람들

― 설령 한목사의 그 책을 읽은 사람이라 할지라도 ― 에게 새로운 감동으로 새겨졌을 것이다. 그런데, 그 글속에 잘못된 것이 있다면?

위의 글은 어떤 문제가 있을까? 중간쯤에 다음과 같은 문장이 있다.

〈노벨 물리학상을 비교적 젊은 나이에 수상할 정도로 과학자로서 최고의 명성을 누렸던 그였지만〉

여기서 '그'는 누구일까? 앞 문장과 연관시켜 보면 여기서 '그'란 분명 마크 올리펀트이다. 그러니 마크 올리펀트가 노벨 물리학상을 받았다는 말이다. 그것도 젊은 나이에. 이 글을 인터넷에 옮겨 놓은 사람은 한목사의 글을 읽으면서 아무런 의심없이 마크 올리펀트라는 호주사람이 노벨상을 받았구나, 라고 믿고 있을 것이다. 책을 읽은 사람도, 인터넷에 올린 사람도, 또 인터넷에 올려진 글을 읽은 사람도 모두 그렇게 알게 되었을 것이다. 한목사 덕분에.

그럼 과연 마크 올리펀트가 노벨 물리학상을 받았을까? 받았다면 언제 받았을까? 젊은 나이에 받았다니 30대에? 40대에 받았는가? 확인하는 방법은 간단하다. 노벨상 수상자 명단이 있다. 노벨상을 받은 사람들의 이름이 나온다. 그런 자료쯤은 이제 인터넷 시대가 되어서 누구나 접근할 수 있다. 자, 그럼 물리학상 수상자 명단을 살펴보자. 마크 …마크 올리펀트 …어? 없다. '마크'라는 이름도 없고 '올리펀트'라는 성도 나오지 않는다. 이게 웬일인가? 마크 올리펀트의 이름이 노벨상 물리학상 수상자 명단에 없다니? 혹시 물리학상과 화학상은 혼동될 수도 있으니 이번에는 노벨상 화학상 수상자 명단을 살펴보자. 마크… 올리펀트… 여기에도 없다. 혹시 그러면 의학상을? 마크 올리펀트는 의학상에도 이름이 없고 문학상 수상자 명단에도, 평화상 수상자 명단에도 없다. 그렇다면 노벨상을 받지 않았다는 말인데…

혹시 노벨상 수상자 명단이 틀릴 수도 있으니 다른 자료를 찾아보자. 이번에는 마크 올리펀트에 관한 자료이다. 그분이 꽤 유명한 분이라 자료가 많이 있다. 그런데 그의 경력을 아무리 살펴보아도 노벨상 이야기는 없다. 웬일일까? 원자폭탄 제조에 관련했다는 사실 때문에 괴로워한 나머지 노벨상 수상 사실조차 경력에 넣지 않은 것일까? 아니면 '나의 노벨상 수상 소식을 아무에게도 알리지 말라'는 유언을 남기고 죽은 것은 아닐까?

이러한 검증의 결론은 그, 마크 올리펀트는 노벨상을 받지 않았다는 것이다. 물리학상도 받지 않았고 문학상도, 의학상은 물론이고 평화상도 받은 적이 없다. 그는 노벨상을 젊어서 받은 적도 없거니와 늙어서 받은 적도 없다. 그러니 한목사는 완전히 거짓된 정보를 그의 글에 집어 넣은 것이다. 왜 그런 거짓 정보를 자기 글에 집어넣었을까? 필자는 모른다. 정말 알다가도 모를 일이다. 오직 한목사만 그 이유를 알고 있을 것이다. 여하튼, 한목사는 아무런 근거도 없이 호주의 마크 올리펀트경에게 노벨 물리학상을 수여한 셈이 되었다. 많은 사람들이 그 책을 읽고 호주의 국가 호감도를 한 단계 높였을 것이다. 한목사가 "진정한 거인(巨人)의 모습이 아닐까 생각한다"는 마크 올리펀트가 노벨상을 받은 호주사람이기 때문이다. 이 정도이면 노벨 물리학상과 화학상에 목말라하는 호주정부는 한목사에게 감사장이라도 하나 주어야 하는 게 아닌가?

이렇게 필자의 우려가 기우로 끝나지 않고 현실화된 사건은 이 한 건만은 아닐 것이다. 몇십 쇄를 거듭하며 팔린 한목사의 책들을 손에 든 독자들이 한 가지씩만 잘못된 지식을 갖게 되었다고 해도, 이것은 엄청난 일이다. 게다가 수많은 독자들의 '지식'에 알게 모르게 숨어있는 오류들을 어떻게 확인한단 말인가? 그것들은 그 사람들의 평생을 두고 두고 어딘가에서, 불쑥 불쑥 나타나 괴롭힐 것이다. 그러니, 돌은 골라내야 한다.

한목사는 "역사의 수많은 인물들과 단체들, 교회들, 국가들이 이 땅에서 살아가면서 남기고 간 발자국들을 통해"(거인, 364) "그(예수)를 의지하고 그의 발자국을 따라가는 순종의 사람들이 가는 길 뒤엔 영원 속에 남는 거인들의 발자국이 찍혀지는 것이다"(거인, 372)라고 말하고 있다. 그래서 우리가 그 거인들의 발자국을 찾아 따라가면 언젠가는 거인의 발자국을 걸어가게 된다는 것이다. 그러나 필자는 우리네 사람들이 거인의 발자국을 걸어가기를 바라지 않는다. 다만 한 가지 '발자국'에 대하여 소원이 있다면 우리가 걷는 발자국이 결코 뒤를 따라오는 사람들의 방향을 흩트려 놓지 않기를 바랄 뿐이다. 김구선생은 사명대사의 다음과 같은 시를 우리에게 알려주고 있다.

踏雪野中去
　　不須胡亂行
　　今日我行跡
　　遂作後人程
　　〈눈 덮인 들길 걸어갈 제
　　행여 그 걸음 아무렇게나 하지 말아라.
　　오늘 남긴 내 발자국이
　　마침내 뒷사람의 길이 되리니.〉

　　필자는 한목사가 굳이 거인들의 발자국을 보여주어서 다른 사람들이 거인들의 발자국을 따라가기를 바라기보다, 한발자국이라도 좋으니 제대로 된 발자국을 보여주기를 간절히 소망한다.

21

21. 그들의 영향력은 이렇게 나타난다 (3)
리더여, 먼저 부끄러움을 아는 '사람'이 되어라!

리더십 관련 책들을 읽어가면서 책들 간에 '유사'한 것뿐만이 아니라 '동일'한 내용이 나오는 경우도 많다는 것을 발견하고 놀라지 않을 수 없었다. 문제의 심각성은 바로 리더십을 주창하는 분들이 그런 내용을 쓴다는데 있다. 리더십은 통전성을 기초로 한다고 주장하는 분들이, 통전성을 강조하는 책을 통전성을 완전히 부인하는 방법으로 쓰다니, 지독한 아이러니 아닌가? 리더의 품성을 외치고 정직을 외치는 바로 그 분들이 표절의 징후가 농후한 글들을 발표한다는 것은, 그들이 스스로 세워야 할 리더십을 허물어 버리는 것이나 진배없다.

표절은 우리 교계의 고질적인 문제이다. 대표적인 경우가 바로 설교이다. 『한국교회 16인의 설교를 말한다』라는 책에는 그 내용의 진실성을 의심하지 않을 수 없는, 그러나 사실로 확인된 내용임에 분명한 글이 등장한다. 잠시 인용해 볼까 한다.

〈J목사의 요한복음 설교집에는 곽선희 목사의 '은혜와 진리의 대화'를 표절한 내용이 곳곳에 나온다. …… 곽선희 목사가 어린 시절에 할아버지로부터 들은 이야기를 J 목사 자신도 할아버지께 들은 이야기라며 그대로 인용하는 대목은 압권이다.〉(317-318)

어쩌면 그럴 수 있을까? 이것은 심각한 문제 정도에 그치는 게 아니다. 설교자는 하나님 앞에 서서 하나님 말씀을 전하는 사람이 아닌가? 그런데 남의 것을 자기 것인양 도용하는, 기본적인 양심조차 버리고 어떻게 강단에 선단 말인가?

그런 경우가 리더십 주창자들에게는 없을까? 안타까운 일이지만, 있다. 존 맥스웰의 책에서 보던 내용들이 한국 사람들이 쓴 책에서 너무 많이 발견이 된다. 사소한 인용에서부터 영감있는 글들을 시치미를 떼고 자기 것처럼 말하는 것까지. 예화는 물론이거니와 적용까지도 그대로 베껴놓은 부분도 발견된다. 예화를 가져오면서 그 예화를 설명하는 내용도 같이 가져온 경우도 있다. 그런데 그것을 어떻게 다른 사람들 모르게 하느냐? 원래의 책에서 큰 제목으로 언급된 내용을 빌려오면서 제목을 바꾸어 다른 분야의 이야기로 탈바꿈을 시도하기도 하고, 예화를 인용하되 예화의 적용을 살짝 다른 것으로 바꿔 놓기 등 다양한 방법으로 풀어간다. 그런 시도들이 눈에 뜨인다는 것은, 그렇게 하는 것이 떳떳하지는 않다는 것을 그들도 인정하는 셈이다. 리더십 책 몇 권만 읽다 보면 그런 것들이 다 들여다 보이는데, 이 부분에 대해서는 누구누구 실명을 들어가며 말하고 싶지 않다. 정말, 정말 우리 교계의 부끄러운 치부이기 때문이다. 필자가 리더십 주창자들에게 퍽이나 실망하게 된 이유중의 하나가 바로 그런 것 때문이다. 진정 리더십을 부르짖는 사람이라면 그래서는 안 되는 것이다.

최근 인터넷을 서핑하다가 다음과 같은 설교문을 읽게 되었다. "당신은 리더입니다"라는 제목으로 여호수아 1:1-9을 본문으로 하는 설교이다.

〈1945년 4월 12일 제2차 세계대전이 막바지로 치닫던 무렵 미국인들은 믿기 어려운 뉴스를 듣고 심한 충격에 휩싸였습니다. 그것은 32대 대통령 프랭클린 디 루스벨트의 갑작스런 서거 소식이었습니다. 루스벨트는 당시 미국의 신화 같은 존재였고 12년간 연속 3회 대통령에 올랐던 인물입니다. 1929년부터 시작된 경제 대공황 속에서 고통과 절망에 빠진 이들에게 "우리가 두려워해야 할 것은 두려움 그 자체일뿐이다"라고 자신 있게 외쳤던 사람입니다 그리고 그는 뉴딜 정책으로 국가 경제를 일으켜 세웠으며, 평생 소아마비와 싸우면서도 늘 웃음을 잃지 않았고 나치독일과 군국주의 일본과 담대히 싸웠던 인물이었습니다. 미국인들에게 그의 존재감은 이루 말할 수 없었습니다. 그런 그가 갑자기 죽자…. 그 뒤를 이어 아직 끝나지 않은 세계 전쟁의 와중에 대통령에 오른 부통령 해리 트루먼의 부담과 마음은 어떠했을까요? 트루먼은 당시 기자들에게 이렇게 말했다고 합니다.
"하늘과 달과 모든 행성들이 나에게 떨어진 것 같습니다. 여러분 만약 일생에 한번이라도 기도하신다면 저를 위해 기도해주십시오"
너무나 위대했던 전임자를 잇는다는 것은 참으로 두려운 일이 아닐 수 없습니다. 이런 일은 리더의 삶 속에 언제나 일어날 수 있는 일입니다. 오늘 본문 속에서 우리는 트루먼과 같은 마음으로 서있는 한 사람을 만나게 됩니다. 바로 여호수아입니다.〉

맨 처음 이 설교를 읽으면서 한홍 목사가 한 설교거니 생각했다. 한목사의 책『리더여, 사자의 심장을 가져라』의 15- 16 쪽에 나오는 내용이 고스란히 옮겨져 있기 때문이다. 심지어 루스벨트가 3회 대통령에 올랐던 인물이라는 것- 필자가 틀렸다고 지적한 바 있는 - 까지 그대로 옮겨놓은 것이기에 더욱 그러했다. 그런데 설교자의 이름을 보니 한목사가 아니라 다른 사람이었다. 다른 사람이 한목사의 책에 있는 내용을 그대로 가져다가 설교로 옮겨 놓은 것이었다. 그것도 청년을 대상으로 리더가 되라고 하면서. 다른 사람의 책에서 그대로 옮겨다 설교를 하는 것도 용납되지 못할 일인데 틀린 부분까지 그대로 옮겨 놓고 있으니 설교 제목 '당신은 리더입니다' 라는 말이 무색할 지경이다. 다른 사람들더러는 리더가 되라고 하면서 정작 자기는 리더로서의 기본 품성인 '정직' 을 나 몰라라 하고 있으며, 리더의 또 다른 품성인 '솔선수범' 도 하지 못하고 있는 것 아닌가?

존 골딩게이(John Goldingay)는 그의 예레미야 연구에서(렘 23:9-40) 다음과 같은 말을 하고 있다.

"나는 수년 전 한 교회를 방문하여 그곳의 목사로부터 '믿는 자는 급절하게 되지 아니하리로다' (사28:16)는 약속에 관한 뛰어난 설교를 들은 기억이 있다. 몇 주후에 나는 그 설교가 글자 하나 틀리지 않고 존 로빈슨의 책에 있는 것을 보았다. 왜 어떤 사람은 다른 사람의 설교를 선포해야 하는가? 그것은 아마도 그가 중압감을 느끼고 있는 데다가 설교를 준비할 시간이 없었기 때문인지도 모른다. 이것은 이해해줄 만한 일이기는 하지만 어쨌든 누구의 설교인지는 밝혔어야 옳았으리라 생각된다! 아니면 그가 아무런 할 말이 없었기 때문은 아닐까?"

이어서 그는 "아마도 거짓 선지자의 경우에는 그러했으리라 짐작된다. 그들은 하나님과 연락되어 있지 않았다. …… 하지만 그들은 무엇인가를 말해야만 했다. 그래서 그들은 서로의 설교를 빌린 것이다"라고 까지 말하고 있다.

이 얼마나 무서운 일인가? 그런데도 불구하고 그들은 양심의 가책없이 남의 설교를 표절하고 있다, 더구나 리더십을 주장하는 설교에서까지. 리더가 가져야 할 품성 중에 하나로 '정직'을 부르짖는 사람이면서, 그렇게 남이 애써 만들어 놓은 저작물을 마치 자기가 고뇌해서 쓴 것처럼 버젓이 이름까지 함께 올려놓다니…

그래서 리더십 주창자들에게 진심으로 부탁을 하고 싶다. 그렇게 표절하는 '리더'들에게, 다른 사람 리더 되라고 하기 전에 먼저 자기 자신부터 '부끄러움'을 알도록 가르쳐 주시라. '부끄러움'을 안다는 것이야말로 동물과 사람을 구분하는 첫째 조건이 아니던가? 그래서 리더가 되기 전에 모름지기 '사람'이 먼저 되도록 해주시기 바란다. 리더십 주창자들이여, 그래서 부탁하노니 다음 번 리더십 책을 쓸 때에는 부디 다음 말을 강조해주기 바란다.

"리더여, 먼저 부끄러움을 아는 '사람'이 되어라!"

3

리더십 책 살펴보기 :
진리인가 아닌가?

존 맥스웰의 책을 비롯한 리더십 책을 읽으면 주먹을 불끈 쥐게 만드는 그 무엇이 있다. 영화를 보고 나오면 주인공의 그 멋진 모습이 잔상으로 남아 있어, 마치 자신이 그 주인공이라도 되는 것 같은 착각을 하며 말하고 행동하는 것처럼 말이다. 비유가 적절한지 모르겠으나, 맥스웰류의 책들은 그러한 '잠시 동안의 주먹 불끈 쥠'을 하게 하는 효과가 있다.

그러다가 현실에서 막상 진짜 상황을 만나면, 그 책에서 제시된 해결책이 아무런 효험이 없는 것을 보면서 무언가 이상하다는 것을 느끼게 된다. 하지만 그 느낌도 잠시뿐 또 다른 책을 읽으며, 전에 실패했던 것을 다시 반복하지 않으리라 다짐해 보며 무언가 건져보려고 한다. 하지만 다시 현실을 만나면, 역시 허무함을 다시 한번 느끼면서 맥스웰류의 책에서 주는 해결책이 진리가 아니라는 것을 깨닫게 된다.

그리하여 어느 청년의 다음과 같은 고백이 나오게 되는 것이다.

〈몇 년전 청년부 임원을 맡게 되었을 때, 존 맥스웰의 『리더십의 법칙』을 접할 기회가 있었습니다. 훌륭한 표지에 제목 또한 너무 멋(?)져서 군침을 삼키며 열심히 읽었었죠. 분명히 책을 읽을 때는 저도 그 책의 주인공들처럼, 할(될) 수 있을 거라 생각했었는데… 쉽지가 않았는데… 왜 그런지 지금은 좀 알 것 같습니다. 애초부터 될 만한 것들이 아니었던 거죠.〉

그렇게 되는 이유는, 존 맥스웰을 비롯한 리더십 주창자들이 진리와는 전혀 상관없는 꿈 같은 이야기, 뜬구름 잡는 이야기만

하고 있기 때문이다.

어디 그뿐인가, 존 맥스웰이 쓴 책을 읽어보면 과연 자기가 무슨 말을 하고 있는지 생각하면서 글을 쓰는지 모를 정도로 종잡을 수 없는 말을 많이 하고 있음을 알 수 있다. 앞에서는 이말, 뒤에서는 저말, 또 다른 책에서는 이도 저도 아닌 말을 계속 해대고 있는 것이다. 그런 책의 판권을 돈 주고 사다가 번역한 책을 읽으며 리더십을 개발하겠다고 열심히 노력하고 있는 독자들이 불쌍하게만 여겨진다.

또한 같은 사안에 대하여 존 맥스웰 본인은 물론이거니와 다른 리더십 주창자들이 상치되는 말들을 서슴없이 하는 것을 보면 그들조차도 서로의 주장이 '진리'에서 멀다는 것을 알고 있는 것이 아닐까?

이번에는 존 맥스웰 및 기타 리더십 주창자들의 글을 분석해 보면서 그들이 말하는 것이 과연 진리인지 아닌지 알아보기로 하자. 그들이 말하는 것이 진리에서 멀다면, 그런 책들을 읽으면서 진정한 영적 리더십을 개발한다는 것은 요원한 것이 아니겠는가?

22
서투른 진단, 허투루 한 처방

　목사가 되어서 설교를 하다 보니 하나님의 말씀을 전할 때에 너무 쉽게 말해 버리는 것은 아닌가, 하고 놀랄 때가 있다. 하나님도 아닌 사람인 설교자가 사람들에게 이렇게 하십시오, 이렇게 해야 합니다, 라는 식으로 말을 하다 보니 말씀을 그대로 따라 살아야 하는 성도들의 입장을 생각하지 못하는 것이다. 말씀을 행하는 사람으로서의 입장이 아니라 말하는 입장이 되다 보니 그렇다. 성도들은 전혀 방법을 모르는데 목사들은 그저 말하기 쉽다고 무조건 성도들에게 이렇게 저렇게 하라고 하는 것은 아닌가, 하는 마음에 설교를 다시 한번 점검해 보게 된다.

　그런 면에서 리더십 책을 읽다 보면 필자가 설교를 할 때 느꼈던 그런 안타까운 장면들이 많이 등장하는 것을 보게 된다. 현실에서 만나는 문제들은 어렵고 상황은 복잡하기 그지 없는데, 그래서 그런 문제들을 풀 수 있는 무슨 힌트나 얻을 수 있지 않을까 하는 기대를 하며 그런 책들을 사보게 되는데, 그런 기대와는 달리 아이들 장난 같은 이야기로 끝나버리는 경우가 허다하니 씁쓸한 마음으로 책을 덮게 되는 경우가 비일비재하다. 존 맥스웰의 책이 그 대표적인 경우이다.

존 맥스웰의 『열매맺는 지도자』라는 책에 다음과 같은 이야기가 실려 있다. 어떤 문제를 아주 창조적으로 해결했다는 존 맥스웰 본인의 사례이다.

〈우리가 들렀던 패스트 푸드 음식점엔 얼음만 있고 다이어트 콜라는 준비해 놓지 않았었다. 나는 이 음식점에서 얼음 한 컵을 얻고 이웃 상점에서 다이어트 콜라를 사야겠다고 생각했다. 여자종업원에게 얼음을 주문할 때까지만 해도 이런 생각은 별로 무리가 없는 듯이 여겨졌으나, 그녀는 단호하게 거절했다. "미안하지만 그럴 수 없어요(I can't do that)." 그녀의 마음속에는 "나는 할 수 없어 (I can't)"라는 의식이 박혀있음에 틀림없었다. 그런 의식은 개조되어야만 한다. 나는 미소를 띤 얼굴로 그녀를 보며 말했다. "아니, 당신은 할 수 있어요!" 그러자 그녀는 얼굴빛이 환해지면서 "그래요? 좋아요!"라고 대답했다. 이내 긍정적이며 열의 있는 태도로 그녀는 얼음 한 컵을 내어주었다. 그녀가 이렇게 할 수 있었던 것은, 창조적인 방법으로 그녀가 응답할 수 있도록 내가 길을 터주었기 때문이다.〉(9)

어떤가? 대단한 장면 아닌가? 무협영화에서 볼 수 있는 무협고수의 모습과 방불하다. 장풍 한방으로 적을 물리치는 환상적인 장면이다. 그저 '당신은 할 수 있어요'라는 말 한 마디로 한 사람의 태도를 바꾸어 놓았으니, 과연 존 맥스웰은 무언가 다르다. 필자도 비슷한 경험을 한 적은 있다. 미국 서부를 자동차로 여행 중 주유소에 들렀는데, 비슷한 상황이 벌어졌다. 그때 존 맥스웰의 그 책을 읽지 못했던 때라 필자는 미처 그 방법을 몰랐다. 그래서 '당신은 할 수 있어요'라는 말 대신에 '매니저를 만나게 해주세요(Can I meet your manager?)'라고 했더니 그녀의 태도가 조금 – 아주 내키지 않은 표정을 감추지 않은 채로– 달라졌다. 그때 존 맥스웰의 창조적인 그 방법을 알았더라면, 간단하게 '당신은 할 수 있어요(You can)'라는 말, 두 단어로 끝냈을 건데…

또 하나 소개할 것은 특히 이공계의 교수님들이 읽어보시면 학문의 발전에 많은 도움이 될만한 것이다.

〈모든 문제는 해결 가능하다. 어느 날 한 교수가 고급 박사과정 수학 수업 시간에 풀리지 않은 문제 하나를 칠판에 적었다. 수학자들은 수년간 이 문제 풀이를 시도해 온 터였다. 그 교수는 학생들에게 답을 얻기가 쉽지는 않을 것임을 강조했다. 그 교수는 학생들에게 말했다. "이 문제는 풀리지 않지만, 그러나 한 시간 동안 이것을 풀어보시기 바랍니다." 그런데 그 교수가 문제를 제시한 지 5분이 지나서 입실한 학생 한 명이 있었다. 그 지각생은 자리에 앉았고, 칠판에 있는 문제를 보고 풀기 시작하더니만 결국 풀고 말았다. 왜냐하면 이 학생은 이 문제가 풀리지 않는 수학문제라는 말을 듣지 못했기 때문이었다. 우리도, 단지 해답이 없다고 들었기 때문에 풀지 못한 문제가 얼마나 많을까 의아스럽다. 문제 해결의 첫 열쇠는 올바른 마음 가짐을 갖는 것이다. 모든 문제는 해결 가능하다.〉(133-134)

얼마나 통쾌한 해결인가? 수학자들이 몇 년간이나 풀지 못하던 문제가 그렇게 쉽게 해결되다니? 그런데, 단지 그 문제가 풀리지 않는 문제라는 것을 듣지 못했기에 풀 수 있었다는 게 가능한 이야기일까? 가능한 이야기라면 우리도 그처럼 할 수 있어야 한다. 어느 이론이 타당성을 가지려면 그것이 반복될 수 있어야 하니까 말이다.

그렇다면 위와 같은 존 맥스웰의 이야기를 우리들은 어떻게 적용할 수 있을까? 문제가 어렵다는 말에는 귀를 틀어 막고 듣지 말아야 할까? 시험시간에 항상 늦게 들어가야 할까?

그런데 존 맥스웰은 그의 책에서 문제 해결 방법중 이런 것을 제시하고 있다. "당신의 문제를 종이 위에 글로 명확히 규정지어라"(134). 어렵다고 생각지 말라면서, 어렵지 않은 것은 이미 문제의 축에 들지 못하는데 굳이 그것을 종이 위에 글로 명확하게 규정지을 필요가 어디 있을까? 문제를 풀기 위하여 종이에 적어야만 할 정도라면 그 문제는 이미 어렵다는 것을 전제로 하고 있는데, 그렇다면 앞에 한 말과 모순이 되는 것이 아닌가? 또한 그의 책 제5장은 제목이 "문제, 만만히 보아서는 안 된다"이다. 문제를 만만히 보지 말라면서, 문제가 풀리지 않는다는 말, 어렵다는 말을 듣지 않아야 풀 수 있다니…

그처럼 존 맥스웰은 꿈 같은 이야기만 하고 있는 것이다. 그런 꿈 같은 해결책을 제시하는 그의 글쓰기가 그래도 미국사람들에게는 먹혀 드는 것 같다. 그러길래 그의 아류(亞流)들이 많이 나타나고 있는 것이 아니겠는가? 래리 마이클이라는 사람도 그 중의 하나이다. 그는 『스펄전의 리더십』이란 책을 쓴 사람인데, 그의 책에 다음과 같은 처방전을 써놓고 있다.

〈그러므로 구체적이고 실현 가능한 목표를 세우는 것이 무엇보다도 중요하다. 불굴의 의지로 시작한 일을 끝마치도록 노력하라. 시작은 좋은데 마무리가 좋지 못한 경우가 많다. 목표를 실행에 옮기고 끝까지 밀고 나가야 한다.〉 (30)

실현 가능한 목표를 어떻게 세우는가에 대해서 그는 "목표를 실행에 옮기고 끝까지 밀고 나가야 한다"고 말한다. 누가 그걸 몰라서 지금 묻고 있는 것일까? 그는 계속해서 말을 이어간다. "그러면 목표를 세운 뒤 힘써 매진하려면 어떻게 해야 할까?"

드디어 우리가 원하던 답을 하려나 보다. 기대하면서 한번 읽어보자.

〈먼저, 개인적 목표를 세울 필요가 있다. 스스로에 엄격해야 한다. 그런 다음 교회(또는 조직)의 목표를 세운 뒤 일을 해 나가면서 때로 일의 진척 여부를 점검하라. 아울러 책임있는 태도로 일을 해나가는 모습을 보여주라. 그렇게 하면 흔들리지 않고 목표한 바를 위해 힘써 매진할 수 있다.〉 (30)

책임있는 태도로 일하란다. 때로 일의 진척 여부를 점검하란다. 그러면 흔들리지 않고 목표한 바를 위해 힘써 매진할 수 있다고 한다. 이게 바로 존 맥스웰로부터 그대로 배우고 익힌 솜씨다. 래리 마이클은 위에 인용한 글을 쓰기에 바로 앞에 존 맥스웰의 글을 인용했다.

〈맥스웰은 "목표를 설정하고 힘써 매진하면 99퍼센트의 성공확률을 보장받을 수 있다"고 했다.〉

그리고 존 맥스웰의 말을 이어 받아 자기 나름대로의 적용을 한다며 해석을 덧붙인 것이 바로 위에 인용한 부분이다. 어떤가? 그 선생에 그 제자가 아닌가?

또 있다. "어떻게 긍정적인 태도를 가질 수 있는가?"라는 문제를 그가 풀어보려 한다. 긍정적인 태도!! 그것을 어떻게 하면 가질 수 있을까? 그의 답은 간단하다. 해답이 단 한 줄로, 아주 명쾌하다.

〈무엇보다도 긍정적 생각을 갖도록 노력해야 한다.〉(43)

그의 진단에 따르면 사람이 긍정적 태도를 갖지 못하는 이유는, 긍정적 생각을 갖기 위한 노력을 소홀히 했기 때문이다. 따라서 그러한 사람들의 잘못을 고치기 위한 그의 처방은 놀랍도록 간단하다. '긍정적 생각을 갖도록 노력해라.'

아, 이렇게 간단한 것을 가지고 애를 먹다니… 정말 얼마나 알아듣기 쉽고 행동으로 옮기기 쉬운 처방인지? 긍정적인 태도를 갖기 위해서는 긍정적인 생각을 가지기 위해 노력해야 한다니…… 아직도 그의 말을 긍정적으로 받아 들이지 못하는 필자는 그런 노력이 한참 부족한 모양이다.

그의 처방이 얼마나 쉬운지 하나만 더 살펴보자. 우리 말에도 삼세판이란 말이 있으니 말이다.

〈그렇다면 어떻게 해야 적극적 태도로 사역에 임할 수 있을까?〉

정말 이것이야말로 우리가 찾아 헤매던 것 아닌가? 사역에 있어 적극적 태도가 그토록 필요한 것인데 바로 오늘 그 해답을 찾게 되었으니, 얼마나 기쁜 일인가? 그가 말하는 처방전을 살펴보자.

〈끈질긴 집념과 모든 것을 불사를 수 있는 열정으로 사역에 임해야 합니다.〉

가만있자, 이거 또 같은 이야기다. 그래도 참고 다음 말을 들어 보자. 무언가 반전이 있을지도 모르니…

〈만사가 우리의 노력에 달려 있다는 생각으로 최선을 다한 뒤에는 모든 결과가 하나님의 뜻에 달려 있다고 믿고 기도해야 합니다.〉

정말 허망하다. 적극적 태도로 사역에 임하기 위한 방법은 끈질긴 집념을 가지란다. 최선을 다하란다. 그렇게 무언가 뾰족한 수를 제시해주기를 기대했건만 원론적인, 아니 질문과 같은 말을 대답이라고 해놓고 있으니 미국사람은 저런 질문에 그런 답을 해줘도 만족하고 있다는 말인가? 그러길래 그런 책을 쓸 생각을 했겠지.

그럼 우리나라는 어떨까? 어느 목사님이 시간 관리에 관한 책을 쓰셨는데 거기에 보면 존 맥스웰이 사용하던 방법들이 많이 실려있다.

〈인생을 가장 값있게 보내는 비결은 무엇일까?〉

질문은 어머어마한데 비하여 대답은 너무 쉽다. 그는 단 두 가지로 그 문제를 해결한다.

〈첫째, 사명을 자각하는 일이다. 둘째, 사명에 충실한 것이다.〉

그렇게만 된다면 인생을 가장 값있게 보낼 수 있을까? 정말로 간단한 해결방법이다.

"우리는 삶에서 여유를 창조해야 한다"는 항목에서는 다음과 같은 처방을 내리고 있다.
첫째, 시간의 여유를 창조해야 한다.
둘째, 돈의 여유가 있어야 한다.
셋째, 관용을 베풀 여유가 있어야 한다.
넷째, 행동의 여유가 있어야 한다.
다섯째, 나 자신에 여유가 있어야 한다.

어떤가? 공자 말씀 아닌가? 어떻게 여유를 창조해야 할 수 있는가 하는 방법론을 말씀해 주셔야 하는데, 삶에서 여유를 창조하기 위해서는 시간에 여유를 창조하라고 하니, 또 돈에 여유가 있어야 한다고 하니 돈에 여유가 없는 사람은 삶의 여유 갖기는 틀린 것인가? 행동의 여유는 또 무엇인가?

그분은 또 다음과 같은 말도 한다.

〈하나님의 청지기인 우리는 프로그램을 짤 때도 치밀한 노력을 기
우려야 한다. 프로그램을 효과적으로 짜기 위해서는 어떤 과정들
이 필요할까〉

그렇게 말하고는 다음 다섯 가지를 제시하고 있다. 첫째, 정보를 수집한다. 둘째, 목표를 설정한다. 셋째, 실천계획을 작성한다. 넷째, 예산을 준비한다. 다섯째, 실천한다.

다섯 번째 방법으로 제시한 방안은 정말 압권이다. 프로그램을 효과적으로 짜기 위해서 실천해야 한다니 정말 획기적인 방법이다. 필자는 그 분이 이런 내용을 가지고 열심히 강의도 하시고, 또 강의한 것을 책으로 내셨다는 데에 대하여 정말 경의를 표할 수 밖에 없다.

이게 모두 존 맥스웰의 영향력이 작용한 결과다. 존 맥스웰이 그런 식으로 글을 써서 유명해지고 영향력을 끼치고 있으니, 그렇게 따라 해보자는 것이다. 그래서 그런 식의 글쓰기가 심지어 한국에서도 계속 이어지고 있는 것이다.

이 정도 배웠으니 필자도 한번 존 맥스웰의 흉내를 내 볼까 한다. 다음 올림픽이 어디에서 열리는가?

북경인가? 북경에서 열리는 올림픽의 마라톤에서 우승할 수 있는 비결을 알려 드리겠다. 우선 아침 저녁으로 열심히 달리기 연습을 하시라. 하면 된다는 긍정적인 마음을 가지고 연습하라. 안 된다는 마음을 먹으면 절대로 안 된다. 마라톤이 어렵다는 이야기는 귀를 막고 가급적 듣지 마시라. 그리고 전략 회의 같은 데는 아예 들어가지 마라. 혹시라도 마라톤이 어려워, 라는 소리를 듣게 되면 안되니 말이다. 그래서 가급적 귀마개를 하고 다니는 게 좋겠다. 그러면 이제 당신은 한국대표로 뽑혀 북경 올림픽의 마라톤에서 출발점에 설 수 있다. 자, 이제부터 진짜 비결이다. 출발 신호가 울리면 남들보다도 더 빨리 달려라. 죽어라 달려라. 긍정적인 마음을 가져라. '긍정의 힘'을 믿어라. 당신은 해낼 수 있다. 그리고 열심히 뛰어서 남들보다 더 빨리 달려라. 늦게 달리면 안 된다. 앞에서 두 번째로 뛰어가는 선수가 보이는가? 그러면 그 선수를 제치고 달려라. 또 일등으로 뛰어가는 선수가 눈에 보이는가? 그러면 일등도 제쳐버려라. 그러면 이제 당신이 일등이다. 이제 우승의 월계관을 쓸 차례만 남았다. 어떤가? 간단하지만 매우 창조적인 방법이다. 모두 다 맥스웰 덕분이다.

그런데 국가 대표 선발전에서 어떻게 뽑히냐구? 그게 무엇이 그리 어려운 일인가? 선발전에서 심판관이 '나는 당신을 뽑아 줄 수 없어(I can't)'라고 말하면 바로 존 맥스웰처럼 미소를 띤 얼굴로 그를 보며 말하라. "당신은 할 수 있습니다(You can)" 그러면 갑자기 그 심판은 웃으며 말할 것이다. "그래요? 좋아요!!!"

말도 되지 않는다고? 아니 왜? 이게 존 맥스웰과 똑 같은 논리로 만들어 낸 문제 해결방법인데… 무엇이 다른가? 다른 게 전혀 없다. 필자는 오히려 그의 여러 가지 방법을 다 녹여내어 하나로 통합하는 대단한 방법을 고안해 낸 것이다. 아 참, 한 가지 다른 게 있기는 있다. 필자가 존 맥스웰이 아니라는 것, 그것이 다르다. 그래서 필자가 존 맥스웰 흉내를 내면 말이 먹히지 않는 것이다. 그런데도 불구하고 존 맥스웰의 흉내를 내는 사람이 많이 있다. 그게 문제라면 문제다.

그렇게 존 맥스웰의 아류들이 많아지고 있다는 문제를 풀 수 있는 처방은 현재로서는 없어 보인다. 존 맥스웰과 그의 추종자들은 쉬운 진단에 쉬운 처방으로 사람들 마음을 휘어잡지만, 필자는 진단을 서투르게 할 수 없고 더군다나 처방을 허투루 할 수 없으니 정말 문제다…문제…

23
리더는 관리자와는 격이 다르다(?)

그렇다면, 왜 그렇게 존 맥스웰을 비롯한 리더십 주창자들은 꿈 같은 이야기만 하고 있는 것일까? 현실문제에 대한 해답을 제시한다면서 전혀 현실적이지 않은, 꿈 같은 이야기만 늘어 놓고 시치미를 뚝 떼고 있는 이유가 무엇일까? 그런 해결책이 말도 되지 않는다는 것을 정말 모르고 있는 것일까? 아니면 알면서도 그렇게 하는 것이 당연하다고 생각하는 것일까?

그 이유는 바로 리더는 관리자가 아니기 때문에 '리더'인 그들은 그렇게 하는 것이 당연하다는 것이다. 그게 무슨 말인가? 리더라서 꿈 같은 이야기만, 뜬 구름 잡는 이야기만 한다니?

그들은 리더와 관리자를 구분한다. 리더가 단순한 관리자가 아니라는 것을 강조하기 위해 그 둘을 구분해서 각각 역할을 다르게 설정한다. 그들이 말하는 것을 한번 들어보자.

〈당신 앞을 내다 보라. 전체 그림이 어떠한가? 이 질문은 관리자와 지도자를 구분해 준다. 지도자는 조직체의 기본적인 목적을 중요시한다. 왜 그 단체가 존재하며, 왜 그 목적을 성취해야 하는지에 관심이 있다. 지도자는 일을 하는 방법과 그 진행 과정에서 생기는 자질구레한 일에 집착해서는 안 된다.〉 (존 맥스웰, 『리더십의 법칙』, 256)

'리더'는 일을 진행하는데 있어 자질구레한 일에 집착을 해서는 안 되는 존재이다. 그런 존 맥스웰의 이론을 본받아 다음과 같은 주장을 하는 분도 있다.

〈관리자들은 '어떻게' 라는 질문에 관심을 둔다. 그러나 리더는 '어디로', '왜' 라는 질문에 관심을 둔다.〉 (정인수, 『교회를 혁신하는 리더십』, 53)

그러니 그들에 의하면 리더는 관리자가 아니므로, 관리자가 하는 일인 '어떻게', 즉 방법론에 대하여 신경을 써서는 안되는 것이다. 그래서 심지어 존 맥스웰은 다음과 같은 주장을 하기도 한다.

〈1. 일하는 방법을 아는 것은 노동자의 일이다.
2. 다른 사람에게 일하는 방법을 보여주는 것은 교사의 일이다.
3. 사람들이 일을 하도록 점검하는 일은 경영자의 일이다.
4. 사람들이 자신의 역량보다 일을 잘 할 수 있도록 고무시키는 일은 지도자의 일이다.〉 (『리더십의 법칙』, 18)

그래서 '리더'는 방향을 지시하는 임무를 가진 사람이기 때문에, '어떻게' 갈 것인가는 리더의 소관사항이 아닌 것이다. 일을 어떻게 처리하는가 하는 방법론과 그 일을 진행하면서 생기는 문제 등등 자질구레한 일은 리더가 아닌 관리자가 해야 하는 사항이다. 그래서 앞장에서 소개한 바와 같이, 일을 해결하는 방안에 대하여 그들은 구체적인 방법을 말하지 않는다. 그저 뜬 구름 잡는 이야기만 하고 있다. 그렇게 말하고 있는 이유가 바로 그들은 일을 처리하는 방법을 몰라도 되는 '리더'이기 때문이다. 리더는 자질구레한 일에 집착해서는 안 된다. 그러니 당연히 '리더' 되시는 분들은 그런 일이 어떻게 돌아가는지에 대하여 관심을 가지면 안 된다. 그저 조직이 나갈 방향만 정해주면 된다. 그저 원론적인 방향을 제시해 주고 자질구레한 일은 다른 사람이 맡아 하도록 하는 리더로서의 본분을 그들은 저술하는 리더십 책에서조차, 꿈 같은 이야기만 함으로서 성실히 수행하고 있는 셈이다.

그런데 여기에 문제가 하나 있다. 일을 하기 위해서는 방향을 지시하는 사람도 있어야 하지만, 누군가는 어떻게 하는가 하는 방법을 치밀하게 따져가면서 일을 진척시켜야 한다. 일을 제대로 처리하기 위해서는 그렇게 역할분담이 필요한 법이다. 그렇다면, 방향을 지시하시는 '리더' 되시는 분들은 누구에게 그러한 '자질구레한 일'을 맡겨야 할까? 안타까운 일이지만, 그분들의 주장을 충실히 따르자면 자질구레한 일을 맡아서 할 사람이 아무도 없다. 아니 아무도 그런 일을 해서는 안 된다. 영적 리더십을 주장하는 분들은 조직원 모두에게 '리더'가 되라고 하기 때문이다.

존 맥스웰은 이에 대하여 다음과 같이 말한다.

〈이러한 원리와 더불어 지도자가 되고자 하는 열망만 뒷받침된다면 그 어느 것도 당신이 지도자 되는 것을 막을 수는 없다. 이 책은 리더십의 원리를 가르쳐 준다. 그러므로 당신은 지도자가 되고자 하는 열망만 있으면 된다.〉(『리더십의 법칙』, 15)

그래서 존 맥스웰의 이런 권면을 받아 리더가 된 강준민 목사는 다음과 같은 말을 한다.

〈단 한 사람에게라도 영향을 끼치고 있다면, 그는 리더다. 왕 같은 제사장으로 하나님의 부르심을 받은 모든 크리스천 역시 세계를 품는 리더가 되어야 한다〉(강준민, 『영적 거장의 리더십』)

'리더' 되시는 분들이 다른 사람들에게 모두 리더가 되라고 권면하는 판인데, 어떻게 다른 사람에게 그런 '리더가 해서는 안되는' '자질구레한 일'을 맡긴단 말인가? 리더는 말만 리더가 아니라 실제적으로 리더가 해야 할 일을 해야 한다. 그러므로 조직의 그 누구도 그런 방법에 대해 생각해서는 안되며, 자질구레한 일에 신경을 써도 안 된다. 그렇게 한다면 그것은 스스로 자기가 리더가 아니라는 것을 인정하는 셈이 된다. 그러니 리더는 그러한 일을 하면 안 된다.

그런데, 그러한 주장- 관리자와 리더를 구분하는 -이 일반 리더십이론에서도 똑 같이 주장되는 것인데, 일반 조직에서도 적용이 되는 것이라면 왜 영적 리더십에서는 적용하면 안되느냐고 의아해 하시는 분들이 있을 것이다. 맞다. 원래 관리자와 리더를 구분하는 발상은 일반 리더십 이론에서 나온 생각이다.

사실, 리더십이란 것이 본격적으로 다루어지기 시작한 것은 그리 오래되지 않았다. 그것은 20세기 중반 이른바 행동과학이 발전하여 조직에 적용되면서부터 생겨난 것이고, 특히 리더십 교육이 보편화되어 조직에서 전반적으로 실시되기 시작한 것은 20세기 후반의 일이다. 이전에는 리더십이란 타고 나는 것이며, 따라서 리더십을 가진 사람을 발견하는데 중점을 두었지, 리더십을 개발해야 한다고 생각하지는 않았던 것이다. 이에 반해 리더가 아닌 관리자를 위한 교육은 20세기 초부터 실시되기 시작했다. 기업이 대규모화하면서 중간관리자들의 역할과 직무가 중요시되고, 관리 업무를 잘 하기 위하여 업무에 관련된 지식 및 기술들을 체계적으로 교육하고 훈련하기 시작하였다. 그런데 20세기 후반으로 들어서자 경영환경에 여러 변화들이 일어나기 시작하였다. 그래서 기업들이 이러한 변화에 능동적으로 대처할 필요가 대두되었고, 그 변화를 주도하고 추진해야 할 임무를 중간관리자들이 맡아야 하는데 종래의 관리자 개념을 가지고는 안 된다는 문제의식이 강하게 일어나게 되었고, 결국은 리더십은 좋은 것이고 관리는 좋지 않은 것이라는 주장이 일어나기 시작했다. 그래서 관리자와 리더를 구분하여, 관리자가 되지 말고 리더가 되라고 하기에 이르게 된 것이다.

이러한 주장을 영적 리더십 이론가들은 그대로 도입해서, 리더와 관리자를 구분하고, 지도자는 조직체의 기본적인 목적을 중요시하기 때문에 왜 그 목적을 성취해야 하는지에 관심이 있어야 하며, 그 반면 일을 하는 방법과 그 진행 과정에서 생기는 자질구레한 일에 집착해서는 안 된다고 주장하게 된 것이다. 그래서 그들이 쓴 책을 보면 문제 해결에 대해 방법을 구체적으로 적시하지 아니하고, 뜬 구름잡는 이야기만 늘어놓고 있는 것이다.

그러면 그러한 주장이 맞는 것인가? 현재의 경영학에서는 위와 같이 관리자와 리더를 구분하는 주장에 대한 반성이 일어나고 있다. 관리자 내지 관리능력이 리더십에 비하여 부족한 것이며 리더는 그러한 관리기능을 가지면 안 되는 것일까 하는 의문이 일어나면서, 이제 관리의 중요성이 다시 부각되고 있는 중이다. 즉 리더는 관리자 역할도 할 수 있어야만 진정한 리더가 될 수 있다는 것이다. 그래서 헤드십(headship)과 매니저십(managership)과 협의의 리더십을 포함한 리더십을 진정한 리더십으로 보기도 한다.

또 하나 살펴보아야 할 점은 일반 리더십이 기초하고 있는 조직은 영적 리더십 이론이 행사되는 조직과 다르다는 점이다. 그게 무엇인가 하면, 일반 조직에서는 계층 조직이 존재한다는 점이다. 관리자는 리더와 다르며, 관리자는 리더보다 열등한 존재라고 하더라도 분명 관리자 역할을 하는 사람들이 일반 조직에서는 존재한다. 제조업체에서는 생산공장의 라인에서 물건을 조립하는 직공도 있으며, 그 직공을 지휘감독하며 목표량을 달성하기 위해 땀 흘리는 조장도 있다. 또 그 조장을 관리하는 관리자도 있으며 또 위에서 '방향을 지시하며 자질구레한 일에는 신경을 쓰지 않는' 리더도 있다. 따라서 일반 리더십 이론에서는 조직원 각자가 제 할 일을 맡아서 하는 조직을 대상으로 하고 있다. 그런 조직에서는 '누구나 리더가 되라'는 요구는 아무도 하지 않거니와, 그런 말을 하는 사람이 있다면 그는 조직의 생리를 몰라도 한참 모르는 사람이다.

이렇게 다른 점이 있음에도 불구하고 영적 리더십 주창자들은 그런 것을 모르고 리더와 관리자를 구분하는 주장이 그럴듯하게 보였음인지 그것을 여과없이 도입해서 영적 리더십에서 주장하고 있는 것이다.

다음 기회에 더 자세하게 이야기 하겠지만, 영적 리더십 주창자들이 일반 리더십 이론에서 리더십 이론을 빌려 오면서 한 가지 잊어버린 것이 있는데, 그것은 일반 리더십 이론은 그 이론 자체만으로 유지되고 있는 게 아니라는 것이다. 일반 리더십 이론은 조직론 중의 한 부분에 불과하다. 그래서 리더십 이론이 홀로 서는 게 아니라 조직론의 다른 이론에 의해 뒷받침을 받고 있다. 리더십 이론이 조직을 운영하는 하나의 도구로 기능을 하는 것이기에, 리더십은 다른 조직 이론 예컨대 조직의 인적 요소인 조직원의 충원, 승진, 제재들에 의해 보완되고 있다는 것이다. 일반 리더십 이론에서 관리자와 리더를 구분할 수 있는 것도, 실상은 조직내에 여러 계층이 있어 리더 이외의 계층에서 리더가 못하고 있는 다른 일들을 처리해 주고 있기에, 리더는 방향을 지시해주는 제 역할을 다 할 수가 있는 것이다.

그러므로, 리더와 관리자를 구분하는 것은 영적 리더십이 기초하고 있는 교회 조직내에서는 이치에 맞지 않는 것일뿐더러, 거기에 더하여 그들은 누구든지 리더가 되라고 하고 있으니 자연이 문제가 발생하지 않을 수가 없는 것이다. 교회 내에서 과연 어느 누가 '나는 리더가 되지 않고 관리자가 되어서 교회의 자질구레한 일을 맡겠습니다' 하면서 나설 사람이 있겠는가? 그렇게 나서는 사람에게, '왜 당신은 리더가 되지 않으려 합니까?' 라고 힐책할 것이 아닌가? 누구든지 리더가 되어서, 리더의 역할인 '어디로'를 외치게 되면, 조직을 어느 방향으로 이끌고 가기 위한 세부적이고 구체적인 방법('어떻게')은 누가 생각할 것이며, 그 진행 과정에서 생기는 자질구레한 일들은 누가 처리할 것인가? 이러한 사항이 진지하게 고려되지 않는 조직의 앞날은 사공이 많아 산으로 가는 배처럼 되는 것은 시간문제일 것이다. 영적 리더십 이론가들은 리더와 관리자를 구분하여, 주님의 몸 된 교회를 그렇게 만들고 싶은 것일까?

궁금한 것이 있다. 관리자와 리더는 다르며, 리더는 '어떻게'를 말하지 않고 '어디로'를 말해야 하는 존재라는 주장을 진리라고 믿는다면, 수없이 많은 책을 통해서 '어디로'를 말해 온 리더들은 이제 더 이상 말할 것이 없지 않을까? 가야 할 방향은 고작해야 사방, 팔방, 십육방 밖에 더 있겠는가? 그런 방향을 가리켜 주는데 더 이상의 책들이 필요할까? 존 맥스웰을 비롯한 리더십 주창자들은 그 정도면 '어디로'에 관하여 말할 것은 다 말했으니, 이제 그만 말하고 조직이 움직이기 위해 실제로 필요한 '어떻게'에 관하여 '관리자'로 하여금 말하게 하는 것이 어떨까? 권한 위임하는 방법도 리더십을 발휘하기에는 좋은 방법이니 말이다. 아, 참!! 깜빡 잊었다. 그들이 말하는 조직에서는 '어떻게'를 말해줄 만한 관리자가 없다는 것을, 모두가 리더이므로.

사족 하나, 존 맥스웰의 수제자인 강준민 목사도 가끔씩 존 맥스웰에 반항하기도 한다. 정인수 목사는 "관리자들은 '어떻게'라는 질문에 관심을 둔다. 그러나 리더는 '어디로', '왜' 라는 질문에 관심을 둔다"(『교회를 혁신하는 리더십』, 53) 라고 하며 존 맥스웰을 충실히 따라가는데 강목사는 다음과 같은 문제(?) 발언을 하기도 한다.

〈문제를 만나면 '왜' 라는 질문보다 '어떻게' 라는 질문을 많이 하라. 해결책 중심으로 문제를 보면, 문제 속에 담긴 해결책이 보인다.〉(『존재와 비전혁명』, 115)

왜 강목사는 리더가 결코 해서 안되고, 관리자가 해야 할 질문인 '어떻게' 를 많이 하라고 권하고 있을까? 이렇게 불경(?)스럽게 스승에 배치되는 말을 서슴없이 하는 것을 보면, 강목사는 혹시 맥스웰의 말을 신뢰하지 못하고 있는 것이 아닐까? 혹시 그런 말들이 '진리'에서 멀다고 생각하기에, 믿지 못하고 있는 것은 아닐까?

24
될 수 있는 모든 것이 되라 하지만

   책을 쓸 때에 가장 중요한 것은 무엇일까? 당연히 내용이다. 두 말 할 필요도 없다. 내용이 좋아야 좋은 책이다. 그런데 그렇다고 좋은 책이 반드시 잘 팔린다는 공식은 성립하지 않는다. 내용이 좋아야 하지만 그 내용이 독자들을 당기는 힘이 있어야 한다. 그런데 실상은 독자들을 끌어 당기는 힘이 있느냐 없느냐는 책을 손에 들게 한 후에 고려될 문제다. 독자로 하여금 수많은 책 중에서 그 책을 뽑아 손에 들도록 하기 위해서는 책의 제목이 좋아야 한다. 그래야 스쳐 지나가는 독자의 눈을 확 끌 수 있다.

   가장 좋은 실례가 바로 『칭찬은 고래도 춤추게 한다』라는 책이다. 그 책의 원 제목은 『Wale done : The Power of Positive Relationships』인데 그 책이 한국어판으로 처음 나올 때에는 다른 제목을 달고 나왔다. 『YOU Excellent! : 칭찬의 힘』 그런데 그 제목은 독자들의 관심을 전혀 끌지 못했다. 나중에 그 책을 고래 어쩌구 하는 제목으로 재출간하자 사람들의 시선이 쏠리게 되었고, 결국은 베스트 셀러가 되었다. 그러나 실상 그 책의 내용을 살펴본다면 『YOU Excellent! : 칭찬의 힘』이라는 밋밋한 제목보다는 『칭찬은 고래도 춤추게 한다』가 그 책에 적합한 제목임에는 틀림없다. 그러니 애초에 제목을 잘못 잡은 것이다.

그럼, 존 맥스웰의 책 한국어판 『열매맺는 지도자』라는 제목은 어떨까? 그 책은 엄밀히 말하자면 리더십에 관한 책이 아니다. 굳이 분류하자면 '성공학'의 어딘가를 거닐고 있는 책이다. 그 책은 리더십에 대해 본격적인 진술을 해 놓지 않았다. 그냥 무슨 말을 하다가도 문득 생각난 듯이 지도자라는 말을 가끔씩 덧붙여 놓았을 따름이다. 그래서 한국에서는 책을 번역 출판할 때에 존 맥스웰이 리더십의 대가니까, 또 제 1장에 나오는 이야기가 요한복음 15장의 열매 맺는 삶에 대해서이니 '성공'과 '리더십'의 두 마리 토끼를 잡기 위해 애쓰는 사람을 겨냥하여 책 제목을 『열매맺는 지도자』라 했을 것으로 짐작이 된다. 그러나 한국어판을 읽는 독자들은 제목에서 강한 암시를 받아 그 책이 지도자로 하여금 열매를 맺게 하는 생활을 하도록 만드는 책인줄 알고 읽어간다.

하지만 열매 이야기는 극히 일부분이다. 정작 맥스웰이 그의 책을 통해서 독자들에게 하고 싶은 이야기는 그게 아니다. 그가 영어판에서 사용한 제목은 그래서 시사하는 바가 크다. 그가 하고 싶은 말이 바로 영어판 제목에 담겨있다.
『네가 될 수 있는 모든 것이 되라』(Be all you can be)가 바로 그가 하고 싶었던 말이다. 열매맺는 지도자 어쩌구 하는 것이 그가 하고 싶었던 말이 아니라, '네가 될 수 있는 모든 것이 되라'는 것이 그의 본심인 것이다.

그러면 원래 제목 '네가 될 수 있는 모든 것이 되라'가 의미하는 바는 무엇일까? 그 의미가 워낙 심오한지라, 우리들 범인의 눈에는 이상한 점이 포착될 리가 없다. 그러나 어딘가 단서는 있는 법. 필자는 오스 기스니의 『소명』을 읽는 중에 그 단서를 발견하였다. 좀 길더라도 그 전후를 알아야 맥스웰의 진의를 파악할 수 있으니 인내심을 가지고 읽어보자.

〈또 하나의 …… 입장이 있는데, 그것도 마찬가지로 분명한 약점을 안고 있다. 그것은 다양한 형태의 '존재로의 용기(courage to be)'다, 이 견해에 따르면 우리 모두는 자유 – 어떤 이들은 끔찍한 자유라고 여기는-를 가지고 있다. 우리는 용기와 의지력만 있으면 원하는 무엇이든 될 수 있다. 우리는 사실상 "우리 자신을 발명할 수 있다"고 한다. 이 입장을 대변하는 고전적인 예는 윌리엄 셰익스피어의 작품에 나오는 코리올라누스인데, 그는 "인간이 스스로의 창조자(Author)이며, 누구와도 혈연관계가 없는 것처럼" 우뚝 서 있었다. 존 키이츠(John Keats) 역시 훗날 "창조적인 것은 스스로를 창조해야 한다"고 말했다.〉 (47)

여러 가지 고상하고 복잡한 말을 했지만 키워드는 '우리는 용기와 의지력만 있으면 원하는 무엇이든 될 수 있다' 이다. 이 말을 마음에 새기고 그 다음을 읽어보자. 우리가 찾던 말이 나온다.

〈이러한 입장은 오늘날 수많은 방법으로 우리를 유혹하고 있다. 상류사회의 경우를 보면, 최근 프랑스의 한 향수 회사가 다음과 같은 광고 문구로 영어권 시장을 공략하고 있다. "당신이 손수 쓴 대본대로 연기할 때 최고의 인생이 된다." 얼마 전만 해도 프랑스 지식 사회는 거창한 실존주의 용어들을 사용하여, 존재의 용기를 '나쁜 신앙'과 궁극적인 부조리에 반하는 영웅적인 '진정성' (authenticity)으로 표현했다. 좀 더 피부에 와 닿은 표현으로는 "네가 될 수 있는 모든 것이 되라"(미 육군의 인사), "하면 된다", "있는 그대로", "네 꿈을 좇으라", "자신을 믿으면 무엇이든 해낼 수 있다."등이 있다.〉(47)

바로 이 대목에서 존 맥스웰의 정체가 드러난다. 지식인들이 거창하고 유식한 용어들을 사용하여 사람들을 현혹하는데 반하여, 존 맥스웰은 좀 더 피부에 와 닿는 표현인 "네가 될 수 있는 모든 것이 되라"를 사용한다. 이게 존 맥스웰의 책 『열매맺는 지도자』에 숨어있는 비밀이다. 우리에게 용기와 의지력만 있으면 원하는 무엇이든 될 수 있다고 유혹하는 음성이다.

그럼 오스 기니스는 그러한 생각에 대하여 어떠한 평가를 내리고 있는가? 그의 평가는 가혹하기 짝이 없다.

〈또 현실은 세상에 있는 모든 의지를 동원하더라도 우리가 되고 싶어하는 것이 될 수 없다는 사실을 상기시켜 준다. 의지력의 문제에 대해 논하자면, 의지는 흔하지만 능력은 드물다. 진정한 정체성은 스스로 건설하는 것이기보다는 항상 사회적으로 부여받은 것이기 때문에 우리 스스로 방법을 고안함으로써 얻을 수 있는 것이 아니다. 요컨대 '존재로의 용기' 이상의 것이 필요하다는 뜻이다 …… 우리의 개별성은 모두 '존재로의 용기'에 달려 있다는 주장 역시 비현실적인 것이다.〉 (49)

존 맥스웰이 그의 책에서 주장하는 '네가 될 수 있는 모든 것이 되라'는 말들이 비현실적, 즉 공허한 주장에 불과하다는 말이다. 실체가 없는, 들을 때에는 그럴듯하게 들리지만 막상 현실에 가서는 아무 쓸모 없다는 말이다. 오스 기니스의 평가는 그것으로 끝난 게 아니다. 더 들어보자.

> 〈그러므로 현대인들은 정체성 문제에 대하여 완전히 거꾸로 생각하고 있는 셈이다. 즉, 하나님에 대해서는 확신하지 않으면서 자신에 대해서는 확신하는 체 하기 때문이다. 그리스도를 따르는 자들은 이와 정반대이다. 우리 자신에 대해서는 확신할 수 없지만 하나님에 대해서는 확신을 갖고 있다.〉 (53)

정체성 문제와 관련하여 사람들은 하나님에 대해서는 확신하지 않으면서 자신에 대해서는 확신하는 체 하기에, 그것을 간파한 존 맥스웰은 사람들에게 네가 될 수 있는 모든 것이 되라,고 속삭이고 있는 것이다, 아주 달콤한 목소리로. 바로 그러한 목소리에 그리스도인들은 따라가면 안 된다고 오스 기니스는 말하고 있는 것이다.

책 제목은 그냥 아무렇게나 붙이는 것이 아니다. 정말 그 책의 운명을 걸고 짓는다. 그 책 속의 내용을 한자라도 더 포함시키기 위하여 작자와 출판사는 애를 쓴다. 그렇게 해서 책은 출판된다. 존 맥스웰의 책도 마찬가지이다.

우리가 알고 있는 『열매맺는 지도자』라는 책은 그래서 『네가 될 수 있는 모든 것이 되라」는 원제목 그대로, 그리스도인들이 가져야 할 자세를 완전히 거꾸로 만드는 책인 것이다.

오스 기니스의 말은 그래서 우리가 항상 명심할 필요가 있다.

'이러한 입장 – 용기와 의지력만 있으면 원하는 무엇이든 될 수 있다– 은 오늘날 수많은 방법으로 우리를 유혹하고 있다.'

25
잠재력을 개발하라

'용기와 의지력만 있으면 원하는 무엇이든 될 수 있다'는 것을 암시하기 위하여 『네가 될 수 있는 모든 것이 되라 (Be all you can be)』고 제목을 잡은 존 맥스웰이 그의 책에서 맨 먼저 꺼내 든 것은 무엇일까? 그것은 바로 '잠재력'이다. 그가 이 책을 펴낸 것은 1987년인데, 그 후 1997년에 『리더십의 법칙』을 쓰면서 존 맥스웰은 '잠재력'이란 말을 '잠재된 리더십'이란 격조있는 말로 바꾸기 시작한다. 그래서 그의 리더십 이론을 이해하려면 먼저 그가 사용한 '잠재력'이란 말을 살펴보는 것이 도움이 될 것이다.

잠재력에 대해 그가 가지고 있는 기본적인 생각은 이렇다.

〈대개의 사람들은 소유한 잠재력의 10%정도만을 사용한다.〉(『열매맺는 지도자』, 30)

존 맥스웰은 우리 인간이 잠재력을 제대로 사용하지 못한다고 생각하고 있다. 10% 정도만을 사용한다는 근거가 어디에서 온 것인지는 몰라도 그는 걱정이 이만 저만이 아니다. 계속하여 그의 말을 들어보자.

〈대개의 사람들은 소유한 잠재력의 10%정도만을 사용한다. 만일 25%정도만이라도 사용한다면 천재가 될 것이다. 우리가 잠재력의 사용범위를 10%에서 20%로 증대시키면 우리의 효율성은 배가되지만 그래도 여전히 80%의 잠재력은 미개발의 상태에 놓여있게 된다.〉(30)

그가 말하는 잠재력은 무엇일까? 그는 잠재력에 대해 구체적으로 정의를 내리지 않는다. 잠재력의 25%를 사용한다면 천재가 되고, 10%에서 20%로 증대시키면 효율성을 증대시킬 수 있다는 극히 원론적인 그러나 근거가 없는 평범한 말을 하고 있을 뿐이다. 그러니 사전적인 정의를 한번 알아보도록 하자. 잠재력이란 말의 사전적 의미는 '겉으로 드러나지 않고 숨어있는 힘'을 말한다. 그러니 존재하지만 사용되지 않고 있는 힘을 말한다.

그런 잠재력은 과연 개발하거나 발휘할 수 있는 것인가? 그래서 잠재력을 50% 발휘했다는 등의 말을 하는데 그것은 어떻게 가능하며 또 측정 가능한 것일까? 예를 들어 10톤을 실어 옮길 수 있는 트럭이 있다고 가정해 보자. 그 트럭에 3톤의 짐을 실었다고 한다면 7톤을 더 실을 수 있는 힘이 남아있는데, 그게 바로 잠재력이다. 그러나 그것은 기계이니 그렇게 측정이 가능하지, 그러한 잠재력의 개념을 인간에게 적용하여 잠재력을 10% 사용했다고 말할 수 있는지는 의문이다. 여기에 대하여 존 맥스웰은 침묵한다. 그러나 그의 다른 말을 통해서 보면 그는 이런 것들이 모두 가능하다고 전제하고 있음을 알 수 있다. 개발도 가능하며 측정도 가능하다는 것이다.

자, 그러면 그가 주장하는 잠재력을 하나 하나 짚어가 보도록 하자.

먼저 잠재력은 인간의 내부에 있는 것일까? 아니면 외부의 어디에서부터 오는 것인가? 그는 이렇게 말한다.

〈열매맺는 삶을 위한 우리의 잠재력은 무한한데, 그것은 우리의 근원 때문이다. "내가 참 포도나무요"(1절)라는 말씀으로 예수님은 시작하신다. 예수님은 우리의 근원이시다.〉(15)

이 말은 우리 인간에게 잠재력이 있다 하더라도, 그것의 근원은 예수님이라고 하는 것이다.

〈그분(하나님)은 우리가 필요한 모든 자원이 되신다. 그리고 그분은 나누어 줄 준비를 완료시켰다. 우리가 할 일은 그저 그분의 콘센트에 우리의 플러그를 끼우는 일이다.〉(21)

〈우리가 열매맺는 삶을 살 수 있는 잠재력은 예수님이 우리의 자원이기 때문에 대단히 크다. 또한 그분이 우리를 돌보시고 소유한다는 사실은 잠재력을 증대시킨다.〉(17)

이렇게 말하는 것으로 미루어 보아, 존 맥스웰은 잠재력은 우리 인간에게 있지 않고 하나님에게 있다고 생각하고 있다.

그러나 다음 말에서는 약간 다르다.

〈포도나무 농부로서 하나님이 행하시는 한 가지는 가지치기이다. 하나님이 우리를 깨끗이 가지치기 하실 때 열매맺는 삶을 위한 우리의 잠재력은 엄청나게 증대된다.〉(17)

이 문장은 우리 안에 잠재력이 있다는 것을 전제로 한 말이다. 잠재력이 우리에게 있고, 하나님이 우리를 가지치기 하시면 잠재력이 증대된다고 말한다.

위에서 살펴본 것처럼 맥스웰은 잠재력의 소재에 대하여 어떤 때에는 사람에게, 어떤 때에는 하나님에게 있다며 오락가락하고 있다. 그런 것을 보면, 그는 잠재력의 소재가 어디인지에 대한 확신이 없어 보인다. 그러나 여기 한 가지 단서가 있다. 그에게 하나님은 어떤 분인가? 존 맥스웰이 하나님에 대하여 가지고 있는 생각을 엿볼 수 있는 중요한 단서가 있는데, 그것을 살펴보면 잠재력의 소재에 대한 존 맥스웰이 생각이 확연히 드러나게 된다.

〈우리들이 우리 마음대로 할 수 있는 무한한 자원 — 하나님 그분의 능력- 을 어렴풋이 보게 될 때, 바로 그 때만이 하나님께서 우리에게 주신 소명이 무엇이든 우리가 그것을 감당하기에 부족함이 없다는 확신을 갖게 된다.〉(15)

그는 믿음이 좋은 것인지, 하나님을 자기 마음대로 할 수 있는 것처럼 말한다. 이로 미루어 보아 그는 잠재력은 하나님에게 있으나 우리 인간이 마음대로 사용할 수 있는 힘 정도로 생각하고 있는 듯 하다.

이렇게 존 맥스웰은 우리 인간이 가지는 잠재력이 하나님에게 있으며, 하나님으로부터 오는 것처럼 말하고 있다. 그렇다면, 그가 그렇게 생각하고 있는 것이 진정일까? 그의 진정성을 파악하는 방법은 간단하다. 잠재력을 어떻게 개발할 수 있는가에 대한 방법을 알아 보면 된다. 잠재력이 하나님에게 있고 그것이 우리 인간에게 전해져 오는 것이라면, 하나님과 우리와의 관계를 잘 정립해야 한다. 그가 말한 대로 "우리는 올바른 근원에 연결될 때 열매를 맺게 된다." 그래서 그 잠재력이 전해지는 통로가 막히지 않도록 하나님과의 관계를 정립하는 방법을 취하게 되는 것이다. 그러나 그 잠재력이 우리 인간에게 있는 것이라 생각한다면 사정은 달라진다. 그러니 그가 잠재력을 개발하는 방법을 어떤 것으로 제시하고 있는가를 살펴보면, 우리 인간의 잠재력이 하나님으로부터 오는 것처럼 말하고 있는 그의 말이 진정인지 아닌지를 알 수 있게 되는 것이다.

자, 그럼 존 맥스웰은 잠재력을 개발하는 방법으로 어떤 방법을 제시하고 있는가?
이에 대해 그는 여러 가지 방안을 제시한다. "어떻게 하면 자신의 잠재력을 풀어 놓을 수 있을까? 여기에 몇 가지 방법이 있다"(30)고 하면서 다음의 네 가지 방안을 제시한다.

첫째, 찾으라는 것이다.

〈둘러보아서 당신에게 모범이 되는 사람을 찾아 내는 것이다. 누
군가 당신을 알게 되었기 때문에 과거의 그보다 더욱 더 자신의 잠
재력을 한껏 발휘하는 사람이 있는가? 부모로서, 고용주로서, 목
사로서, 다른 사람의 본보기가 되어 결과적으로 그들의 잠재력 발
휘에 기여하는 일보다 더 멋진 일이 있다고 생각하는가? 다른 사람
이 존경하는 사람이 되는 것보다 더 도전적인 일은 있을 수 없다.
우리가 필요로 하는 것은 우리보다 조금만 더 크고, 조금만 더 잘하
는 사람이며, 그들과 함께 나눌 시간이다.〉 (30)

우리 안에 숨겨진 잠재력을 개발하고자 한다면, 우리를 내어
뻗을 수 있도록 해 줄 수 있는 사람과 시간을 보내라는 것이다.
바로 그 사람으로 인해서 잠재력이 개발된다는 것이다. 다른 '사
람'과 함께 하여 잠재력을 개발하는 방법이니, 이것은 분명 하나
님과 관련이 없는 방법이다. 그러므로 그가 제시한 잠재력 개발
의 첫 번째 방법은 하나님과의 관계에 주안점을 두는 것이 아니
라 사람과의 관계임을 염두에 두고 다음 글을 읽어보자.

둘째 방법은, 포기하라는 것이다.

〈포기하라. 마침내 되고자 하는 모습을 이룰 수 있으려면 자신의
잠재력을 십분 발휘하여 순간순간 현재의 자기 자신 전부를 포기
해야만 한다.〉 (31)

존 맥스웰은 앞장에서 필자가 짚어 말한 바 있는 '리더' 다운 비현실적인, 뜬 구름잡는 식의 말을 하고 있다. 어떻게 하면 잠재력을 발휘할 수 있는가 하는 질문에, 그러기 위해서는 '잠재력을 십분 발휘' 하라고 말하고 있는 것이다. 그런 말은 누가 못할까? 어떻게 하면 집안의 경제적 형편이 나아질 수 있는가 하는 물음에, 돈을 많이 벌면 경제적 형편이 나아진다고 대답하는 것이나 마찬가지이다. 또한 이것 역시 사람 편에서 취할 수 있는 방법이다.

셋째는 불붙이라는 것이고, 넷째는 나타내라는 것이다.

〈당신 생애에서 직면하는 도전만큼 당신의 잠재력을 한껏 개발시켜줄 수 있는 조력자는 없을 것이다.〉(32)

인생을 살아가는 동안에 만나게 되는 여러 가지 도전들을 잠재력을 개발시켜 주는 것으로 생각하라는 것이니, 이 역시 하나님과는 관계가 없는 방법이다.

그래서 위의 네 가지 방법을 통하여, 그렇게 찾고, 포기하고, 불붙이고 나타낸다면 우리 사람은 (잠재력의) 위로 오르게 될 것이라고 한다.

〈우리는 우리들 잠재력의 꼭대기까지 오르게 될 것이다."〉(32)

결론적으로, 존 맥스웰이 제시하고 있는 잠재력 개발 방법은 모두 인간을 매개체로 하는 것이며, 인간 편에서 할 수 있는 방법에 불과하다. 그렇다면 그는 잠재력이 사람에게 있다는 생각을 가지고 있는 것이다. 그러니 그가 앞에 말한 바 우리 인간의 잠재력은 무한한데 그것은 예수님 때문이다, 라고 말하는 것은 그의 본심이 아닌 것임을 알 수 있다.

그는 잠재력을 하나님과 관련시켜 말은 하지만, 정작 개발방법에서는 하나님을 도외시하고 있다. 인간이 가지고 있는 잠재력을 인간의 방법대로 한번 개발해보자는 것이다. 그러니 그가 말하는 잠재력은 하나님으로 포장되어 있으나, 막상 그 포장을 열어보면 그 안에는 전혀 하나님이 들어 있지 않은 것이다. 여기 저기 성경을 인용하며 마치 성경적인 것처럼 하고 있으나 그 성경 구절은 위장용이다. 그러니 존 맥스웰의 책을 읽을 때에 조심을 해야 한다.

자, 그렇게 잠재력을 개발하는 방법을 여러 가지로 말한 존 맥스웰은 아무래도 미심쩍었던지, 다시 한번 잠재력에 대하여 언급한다. 그런데 이번에는 자못 다른 내용으로 언급한다.

그는 "우리는 어떻게 성공을 향해 내뻗을 수 있는가?"(48)란 질문을 하고는 그에 대한 대답을 네 가지로 하고 있다. 당신의 잠재력을 발견하라. 당신의 잠재력을 헌신하라. 당신의 잠재력을 개발하라. 당신의 잠재력을 결코 제한하지 마라. 이렇게 네 가지이다. 결국 맥스웰의 주장은 우리 인간의 어딘가에 잠재되어 있다는 잠재력은 우리가 의지를 가지고 노력하면 개발될 수 있다는 것이다.

그가 그렇게 두 번씩이나 제시한 잠재력 개발 방법이 실행 가능한 것인가는 논외로 하고, 그렇게 해서 잠재력을 개발하는 일이 끝났는가 싶었는데 또 다시 그는 잠재력을 언급한다. 이번에는 잠재력을 '비전'과 연관시켜 말한다.

〈그러나 위대한 잠재력의 소유자들은 무엇보다도 먼저 자신을 있는 그대로 보아야 하며, 사실 그것은 대개는 실망스럽다.〉(55)

〈우리가 하나님으로부터 비전을 받고 그 비전이 우리를 멈춰 서게 할 때, 우리는 우리의 위치만을 볼 뿐만 아니라, 감사하게도 우리의 잠재력까지도 보게 된다. 우리는 우리의 가능성을 보게 된다. 하나님은 우리를 믿으신다는 사실과, 우리에게 우리 자신과 우리의 문제를 내보여 주실 때는 언제나 우리의 잠재력도 함께 보여주신다는 사실은 희소식이 아닐 수 없다.〉 (55)

여기까지 읽으면 그저 평범한 비전 이야기요, 잠재력 이야기이다. 그런데 다음 말은 심각한 이야기이다.

〈우리가 따라야 할 꿈이 없다면, 우리가 성취해야 할 비전이 없다면 우리는 잠재력을 결코 발휘하지 못한다.〉 (60)

이게 무슨 말인가? 아까 읽은, 같은 책의 앞부분에서 잠재력을 개발하는 방법을 맥스웰은 여러가지로 언급했는데, 지금에 와서 비전이 없으면 결코 잠재력을 발휘하지 못한다고 하니, 앞의 말을 철석같이 믿은 사람들은 이런 억울할 데가 어디 있을까? 비전이 없으면 결코 잠재력을 발휘하지 못한다는 것을 먼저 이야기해야지, 앞에서는 비전이란 말은 한마디도 내비치지 않은 채 잠재력을 개발하라느니 어쩌라느니 했으니, 앞에 말한 것들은 모두 소용없는 말이 아닌가?

이상 살펴본 바와 같이, 맥스웰은 잠재력을 하나님과 관련시켜 말하는가 싶은데 막상 자세히 살펴보면 그것도 아니다. 언제는 잠재력을 개발하라더니 또 이제는 비전과 연관시켜 말한다. 이도 저도 아닌 것이다. 존 맥스웰은 '잠재력'에 대하여 자기가 무슨 말을 하고 있는지조차 모르고 있는 것이다. 과연 그가 잠재력에 대하여 깊은 생각을 해 보았는지, 잠재력에 관련하여 앞뒤를 살펴가면서 말하고 있는지 조차 궁금한 노릇이다. 그저 앞에서는 이말, 뒤에서는 저말, 또 다른 책에서는 이도 저도 아닌 말을 계속 해대고 있는 것이다. 맥스웰이 가진 잠재력에는 그런 능력은 포함되지 않나 보다, 앞뒤를 살펴가면서 말을 맞춰 하는 능력이…

26

'잠재력 미개발이란 죄'를 개발한 존 맥스웰

　존 맥스웰이 가진 잠재력에는 앞뒤를 살펴가면서 말을 맞춰 하는 능력이 포함되지 않은 것 같아 필자는 매우 안타깝다. 그래서 존 맥스웰의 잠재력에 관해 이야기를 계속하고 싶다. 그에게 그런 '잠재력'이 하루빨리 생겼으면 하는 바람으로…

　그는 성공에 대한 정의를 내리는 중에 잠재력에 대하여 다음과 같이 언급하고 있다.

　　〈성공이란 말은 너무 왜곡되어 있기 때문에, 우리는 성경적인 의 미의 성공을 파악해야 한다.〉(『열매맺는 지도자』, 37)

　옳거니!! 바로 우리가 찾던 것이 여기에 있다. 오늘날 성공이란 말이 얼마나 오용되고 있는지, 정말 문제가 심각하지 않은가? 그러니 리더십의 대가인 존 맥스웰이 속 시원하게 말해줄 것을 기대하고 그 다음 말을 읽어보자.

〈성공이란 마음과 뜻과 영혼과 힘을 다하여 하나님을 사랑하는 것, 우리의 묻혀있는 잠재력을 개발하도록 하는 것, 경건한 목표를 세우고 차선의 만족에 안주하지 않으며 하나님이 우리에게 주신 모든 것으로 최선의 삶을 사는 것, 그리고 하나님에 대한 최대의 죄악은 하나님이 우리에게 주신 잠재력을 십분 발휘하고 있지 않는 것임을 깨닫는 것이다.〉(37)

잠재력을 개발하는 것을 그는 성공이라고 정의한다. 게다가 잠재력을 발휘하고 있지 않은 것이 하나님 앞에 죄라고까지 말한다. 이게 사실이란 말인가? 그렇다면, 지금 성공이니 뭐니 따질 계제가 아니다. 죄 문제가 관련되어 있다면 다른 무엇보다도 그것을 먼저 해결해야 할 것이 아닌가? 어떻게 하여야 그 죄악에서 벗어날 수 있을까? 아니 '어떻게'를 생각하기 이전에 잠재력을 몇 퍼센트나 발휘해야 죄악에서 벗어나는 것일까? 20%? 30%? 또 그것은 누가 정하는 것일까?

잠재력을 개발하지 않는 것이 하나님 앞에 죄악인데도 불구하고, 지금까지 읽었던 수많은 문학 작품중에서 어느 주인공이 신부를 찾아가 '저는 잠재력을 15%밖에 개발하지 못했습니다'라고 죄를 고백하는 장면을 어찌 읽어본 적이 없을까? 작가들의 '잠재력'에 대한 인식 부족일까? 아니면 필자의 독서량 부족 때문일까?

정말 존 맥스웰은 잠재력을 발휘하지 못하는 것이 하나님 앞에 죄라고 생각하고 있는 것일까? 필자가 보기에는 이제는 그렇지 않다. 아니, 그는 언제 자기가 그런 말을 했는지조차 잊었을지 모른다. 정말 잠재력을 발휘하지 않는 것이 하나님 앞에 죄악이라고 생각한다면, 그의 책에서 주장한대로 그것이 죄라고 생각한다면, 그는 그것을 지금도 계속해서 부르짖어야 한다. 애타고 정말 안타까운 마음으로 성도들을 향해 부르짖어야 한다. 어서 빨리 그 죄악에서 벗어나라고 …. 그런데 그의 행보를 보면 그렇지 않다. 『열매 맺는 지도자』에서 한번 그 말을 언급해 놓은 후에는 어떤 후속조치도 없다. 심지어 같은 책에서도 후반부에 가서는 한 마디도 하질 않는다. 그러면, 이제 '잠재력을 개발하지 않는 죄' 는 죄의 항목에서 삭제된 것일까? 그 뒤로 이에 대한 공식적인 언급이 없으니 독자로서는 답답한 노릇이다.

그러나 사람의 생각은 어떻게 변할 지 모르니 다른 책도 읽어 보아야 한다. 그처럼 열심히 연구하는 리더, 존 맥스웰의 생각이 어디로 튈지 모르니 말이다. 그래서 그 뒤 출판된 다른 책에서 잠재력이란 말을 발견할 수 있었다는 것은 매우 다행한 일이 아닐 수 없다. 잠재력을 십분 발휘하지 못하는 것을 아직도 하나님 앞에서 죄라고 맥스웰이 생각하고 있는지도 궁금했고, 또 잠재력과 관련하여 또 다른 주장이 있으면 어쩌나 하는 의구심도 풀어주고 있으니 겸사 겸사 기쁜 일이다.

〈사람들이 자신의 잠재능력을 충분히 발휘하지 못하는 것은 모두 지도자 때문이다.〉 (『리더십의 법칙』, 144)

그런데, 이 무슨 마른 하늘에 벼락 떨어지는 소리? 『열매맺는 지도자』에서는 잠재력을 개발하지 못하는 것이 각자 개인의 책임이라고 하면서, 그렇지 못한 것은 하나님 앞에 죄악이라고 하지 않았던가? 거기에 비전이 없으면 잠재력을 개발하지 못한다

하지 않았는가? 그랬는데 이번에는 잠재력을 개발하지 못하는 것이 모두 지도자 때문이라니, 도대체 어느 장단에 춤을 추어야 한단 말인가? 가만 있자, 그렇다면 사람들이 잠재력을 제대로 발휘하지 못하는 경우, 누구의 죄인가? 지도자가 책임질 일인가 아니면 각자 자신이 책임질 일인가?

이런 존 맥스웰의 글쓰기 행태를 분석한 결과, 필자의 결론은 이렇다. 그의 글은 진리가 아니다. 그의 글이 성경적인가 아닌가, 영적인가 아닌가를 떠나서 그의 글은 진리에서 멀다. 말하는 내용을 '진리' 라고 주장하려면 그 주장이 맞든 틀리든 적어도 일관성은 있어야 하지 않겠는가? 이 책을 읽어보면 이런 말을 하다가 저 책 읽어보면 딴소리이니 누가 그의 말을 신빙성있게 귀담아 들을 것인가? 게다가 이미 검토해 본 바와 같이 같은 책에서 앞뒤 말이 서로 다른 경우도 있지 않은가? 어느 사안에 대하여 진리는 언제나 단 하나이다. 이것도 진리고 저것도 진리일 수는 없는 것이다.

그러니 혹시 지금 서점에 가서 존 맥스웰의 책을 사려고 결심한 분이 있다면, 잠시 기다리기 바란다. 책을 쉬지 않고 쓰는 것을 보니 존 맥스웰은 지금 연구 중이다. 조급하게 굴지 말고 기다리다가 연구가 다 끝나 그의 책 완결판이 나온 후에 사보는 게 좋을 듯 하다. 혹시 존 맥스웰이 연구를 열심히 한 결과 '리더십을 발휘하지 않는 것이 하나님 앞에 죄악' 이라고 주장할지도 모르니 말이다. 그는 충분히 그런 주장을 하고도 남을 정도로 '잠재력' 이 있는 리더라는 것을 우리가 알고 있지 않은가? 그러나 설령 그런 주장을 듣지 못한다 할지라도, 서운해 하지는 말자. 그래도 그는 '잠재력 미개발이란 죄' 를 개발해 낸 위대한(?) 리더임에는 분명하니까…

27
존 맥스웰, 그의 비전 성경적인가?

리더십 주창자들이 차려내는 메뉴에서 빠지면 안 되는 것이 하나 있다. 그들은 다른 것은 다 양보해도 아마 이것만은 끝까지 놓으려 하지 않을 것이다. 그것은 바로 '비전'이란 이름의 그 무엇이다. 그들이 이해하는 비전은 과연 무엇일까? 한 마디로 '대단한' 그 어떤 것인데, 이러한 생각은 존 맥스웰도 마찬가지이다. 앞장에서도 잠깐 언급했지만 "우리가 따라야 할 꿈이 없다면, 우리가 성취해야 할 비전이 없다면 우리는 잠재력을 결코 발휘하지 못한다"(『열매맺는 지도자』, 60)고 할 정도로 존 맥스웰은 비전의 가치를 높이 보고 있으니 말이다. 그러니 그들에게 비전은 없어서는 안될 필수불가결한 그 어떤 것임에 틀림이 없다.

그럼 존 맥스웰에게 비전은 구체적으로 어떤 것일까? 그가 비전을 어떻게 정의하고 있는지 살펴보자.

〈그 비전은 숨어있는 원동력이며 모든 문제를 해결해 나갈 수 있는 힘이다.〉(『리더십의 법칙』, 244)

여기서 '숨어있는'에 유의할 일이다. 이제 '잠재력'이란 말은 말 그대로 여러 곳에 숨어서 암암리에 역사를 하고 있다. 그래서 리더십도 '잠재된' 리더십이요, 비전도 '숨어있는' 원동력이라고 표현된다. 그만큼 그에게 '잠재력'은 끈질긴 생명력을 가진 그의 자랑스러운 '도구'이다.

그 다음 생각해 볼 것은 왜 비전이 필요한 것인가, 이다. 대체 무엇 때문에 리더십 주창자들은 비전을 들고 나오는가?

비전, 그것이 없으면 그들의 주장을 지탱하는 한 축으로서의 중요한 '수단'이 없어진다. 그들이 말하는 비전은 그 무엇을 위한 '수단'으로서의 비전이다. 비전, 그 자체는 큰 의미가 없다. 비전은 리더의 성공을 위해 존재하는 수단과 도구로서 큰 축을 이루는 것이다. 그래서 그들은 비전이 중요하다. 존 맥스웰의 책에 보면 비전은 이렇게 표현이 되고 있다.

〈만일 당신이 생애를 변화시킬 수 있는 비전을 갖게 되거나…〉 (『열매맺는 지도자』, 52)

〈만일 우리가 위대한 꿈을 갖는다면, 만일 우리가 도전적인 비전을 갖는다면, 그것은 우리의 인생 궤도를 정면으로 가로막을 것이다.〉(54)

〈그러나 바울처럼 만일 우리도 위대한 비전을 갖는다면 그것은 우리의 인생 궤도를 가로막을 것이며 우리가 앞으로 되어야 할 잠재적인 모습을 어렴풋이나마 보게 해줄 것이다.〉(55)

그는 비전을 인생을 변화시킬 수 있으며 인생궤도를 변화시키기도 하는 훌륭한 도구로 인식한다. 그러나 백보 양보한다 하더라도, 비전은 한 가닥 끈일망정 하나님과 연결이 되어야만 비로소 비전이다. 그래서 비전을 받은 사람은 그 '비전'을 위하여 애를 써야 한다. 그러나 존 맥스웰이 생각하는 비전은 그 반대이다. 하나님의 비전을 이루기 위해서 사람이 도구가 되어야 할 터인데, 오히려 그 반대로 하나님이 주신 비전을 사람의 성공을 위해 수단으로서 쓰고 있는 것이다.

더 나아가 그는 비전을 조직을 위하여 도구로 사용한다.

〈조직의 목적을 만드는 일이 왜 그렇게 중요한 것일까? ⋯ 첫째, 비전은 그 조직의 특색을 나타내는 선동구호가 된다. ⋯ 둘째, 비전은 ⋯ 새로운 통제도구가 된다. ⋯ 비전은 각 사람의 초점을 한데 모으는데 열쇠가 된다.〉 (『리더십의 법칙』, 245)

이런 비전의 쓰임새에 어디 하나님이 들어갈 여지가 있는가? 그에게 비전은 그저 개인의 성공과 조직의 목적을 달성하는데 효율적으로 쓰이는 한 개의 도구일 뿐이다.
또한 비전은 그에게 꿈과 동일한 말이다.

〈꿈이 나를 내뻗게 했다. 날씨가 좋든 나쁘든 나는 항상 농구연습을 했다. 나는 항상 자신을 내가 될 수 있는 모습으로 그려본다. 비전을 지닐 때 당신도 이렇게 하게 된다.〉 (『열매맺는 지도자』, 61)

〈바울에게 생겼던 다섯 번째 일은 무엇인가 살펴보자. 그의 비전 혹은 꿈에 바울은 만족했다.〉(61)

그는 비전을 나누는 것에 관련하여 이런 결론을 내리고 있다.

〈열쇠는 당신 혼자만 꿈을 갖는 획득의 단계에 머무르지 않고 그 꿈을 다른 사람에게도 전해주는 것이다.〉(『열매맺는 지도자』, 65)

결국 그가 말하는 비전은 하나님과 관련된 그 무엇이 아니라 사람이 바라는, 희망하는 꿈에 불과하다.
그러면 그에게 '꿈'은 무엇일까? 그는 이렇게 말하고 있다.

〈사람들을 상담할 때 가장 많은 문제는 그들이 꿈을 상실했다는 것이다. 그들은 자신의 목표를 상실했다. 당신이 결혼생활에서 꿈이나 목적을 상실하면 곧 그 결혼생활도 상실하게 된다.〉(『열매맺는 지도자』, 62-63)

그는 꿈이란 단어를 목표나 목적과 동일한 의미로 사용하고 있다. 꿈은 인생의 목표요, 목적이다. 그에게 비전은 꿈이며 꿈은 목표요 목적이니, 결국 비전은 한 개인의 목표이자 목적이 되는 것이다. 그래서 존 맥스웰의 비전이 무엇인가를 살필 때에 그 비전이 하늘로부터 온 것이냐 땅으로부터 온 것인가를 굳이 따질 필요조차 없다. 그런 의미에서 김덕수 교수는 존 맥스웰을 너무 과분하게 대접하고 있다. 김교수는 『영적 리더십의 출발점, 성경적 비전 개념의 확립』이라는 글에서 존 맥스웰의 비전이 인간 내부로부터 나온 것이라는 것을 그의 여러 글을 분석하여 결론짓고 있다. (자세한 것은 김광건 교수 편집, 『하나님 나라와 리더십』, 41 쪽 이하를 참조하시라) 그러나 필자 생각에는 그러한 분석조차 필요 없다. 그러한 분석 자체가 필요하지 않을 정도로 이미 그의 비전은 인간적이기 때문이다.

그럼 그는 '비전'을 이루기 위하여 어떻게 하라고 충고하고 있는 것일까? 혹시 여기서 멋진 반전을 우리에게 보여주는 것은 아닐까? 그는 『열매맺는 지도자』의 "비전이 있어 누리는 승리"라는 장에서 맨 마지막으로 이렇게 결론짓고 있다.

〈여기 당신의 꿈을 실현하기 위하여 도움이 될만한 열두 가지 훈련이 있다.〉 (65)

비전이 있음으로 승리를 누리게 된다고 하면서 그것을 위해서는 '꿈을 실현하'라고 하니 그에게 꿈은 비전과 동일한 것임은 다시 말할 필요도 없다.

그럼, 그가 말하는 비전, 곧 꿈을 어떻게 이룰 수 있는지 살펴보자. 여기서 구태여 그가 말한 열두 가지 모두를 언급할 필요가 있을까 싶다. 그것이 그것이니 말이다.

〈당신의 모든 노력을, 모든 에너지를 그 꿈을 위해 발휘하라.〉 (66)

존 맥스웰이 전가의 보도처럼 사용하는 방법이다. 어떻게 하면 경제적으로 풍부하게 살 수 있을까요,란 질문에 돈을 많이 벌면 된다는 식이다. 어디 그것뿐인가, 이런 항목도 있다.

〈꿈에 도달하기 위한 가능한 모든 방법을 탐색하라.〉 (67)

'비법을 알려주마' 하면서 사람을 불러모은 약장수가 약을 한참 팔고 난 후에 하는 말이 바로 이것이다.
'비법은 간단하다. 가능한 모든 방법을 강구하라.'

또 이런 것도 있다.

〈꿈의 실현을 위해 일상적인 기대 수준치를 뛰어 넘으라.〉(66)

이 방법이 조금 그럴 듯 하다고 생각하는가? 이 방법 역시 필자가 제시한 북경 올림픽 마라톤 제패방법에 고스란히 들어 있는 방법이다.

"당신은 해낼 수 있다. 그리고 열심히 뛰어서 남들보다 더 빨리 달려라. 늦게 달리면 안 된다. 앞에서 두 번째로 뛰어가는 선수가 보이는가? 그러면 그 선수를 제치고 달려라. 또 일등으로 뛰어가는 선수가 눈에 보이는가? 그러면 일등도 제쳐버려라. 그러면 이제 당신이 일등이다. 이제 우승의 월계관을 쓸 차례만 남았다."

존 맥스웰의 말인즉, 마라톤에서 우승을 하기 위해서는 그렇게 일상적인 기대 수준치를 뛰어 넘어야 한다는 말이다. 말은 쉽고 행동은 어렵다는 말을 존 맥스웰이 곱씹어 보아야 할 터인데 아무래도 그는 그렇게 할 시간이 없는 모양이다.

또 다른 항목을 살펴보자.

〈인생의 모든 적극적 원리들을 추출하라.〉(66)

〈부정적인 사고를 하는 친구들은 배제시켜라.〉(66)

이 두 가지 항목도 어디서 본 것 같이 낮이 익지 않은가? 그렇다, 필자가 이미 북경올림픽 마라톤 비결에서 한번 짚은 바 있기에 눈에 익다 싶었을 것이다.

"우선 아침 저녁으로 열심히 달리기 연습을 하시라. 하면 된다는 긍정적인 마음을 가지고 연습하라. 안 된다는 마음을 먹으면 절대로 안 된다. 마라톤이 어렵다는 이야기는 귀를 막고 가급적 듣지 마라. 그리고 전략 회의 같은 데는 아예 들어가지 마라. 혹시라도 마라톤이 어려워, 라는 소리를 듣게 되면 안되니 말이다. 그래서 가급적 귀마개를 하고 다니는 게 좋겠다."

바로 '적극적 사고방식'과 '긍정의 힘'이 어울려 만들어낸 한 판의 승리이다. 그들이 말하는 그러한 법칙으로 인생의 꿈이 이루어지기만 한다면, 그런 인생은 얼마나 쉽고 아름다울까?

결론하여, 존 맥스웰에게 비전이란 말은 하나님과 전혀 관련이 없다. 비전은 단지 사람의 성공을 위해서 쓰는 도구에 불과하다. 게다가 멋지게 보이기도 하지 않는가? 그 속에 무언가 있어 보인다 싶어 사람들이 모여들게 만들어, 약 팔기에는 더 없이 좋은 '그들만의' 도구이기도 하다.

그래도 한 가지 가상한 것은 다른 리더십 주창자들이 '비전'을 거론하면서 흔히 꺼내 놓는 잠언 29:18의 말씀 "묵시가 없으면 백성이 방자히 행하거니와"라는 성경말씀을 존 맥스웰은 꺼내 놓지 않는다는 점이다. 그것은 자기 비전과 하나님의 비전과는 거리가 있음을 자각한 존 맥스웰의 조그마한 배려가 아닐까? 그의 '비전'이 성경적이라고 오해할 사람을 위한 배려 말이다.

28
예수님은 '비전'을 가지고 계셨던가?

비전, 비전 하는데 예수님은 비전을 가지고 계셨던가? 정말 궁금한 일이 아닐 수 없다. 먼저 빌 하이벨스의 견해를 들어보기로 하자.

〈몇 년후 정식으로 사역을 시작하신 예수님은 명백한 비전을 갖고 계셨다. 예수님은 열두 사도를 택하셔서 그들을 제자로 훈련하는 전략적인 3개년 계획을 세우셨다. 또한 복음 전도의 중심을 밖으로 확대하는 탁월한 복음 전도전략을 갖고 계셨다. 처음엔 예루살렘에서 유대로, 그리고는 사마리아로, 지구의 가장 먼 곳으로. 예수님은 제자들에게 특정한 과업을 주셨다. 제자들이 과업을 잘 수행하면 그들을 칭찬하셨고 상을 주셨다. 그들이 그렇게 하지 못하면 예수님은 그 문제에 대면하셨고, 그것을 어떻게 해야 할지 보여주신 후 다시 그들을 보내셨다. 그러면 제자들은 더 잘 해냈다.〉 (『리더십의 용기』, 74)

빌 하이벨스는 자기의 경험과 목회 스타일을 그대로 가져다가 예수님의 삶을 해석하는 표준으로 삼고 있다. 빌 하이벨스가 묘사해 놓은 예수님의 행적은 그가 교회에서 목회하는 스타일 그대로이다. 5개년 계획을 세우고 밑의 리더들을 닦달하는 버릇을 그대로 예수님에게 투영하여, 예수님이 그렇게 하셨다고 말하고 있는 것이다.

그러면 같은 리더십 주창자인 헨리 블랙커비는 예수님의 비전에 대하여 어떤 생각을 가지고 있을까?

〈예수님의 삶은 너무 심오한데다, 인간의 통상적인 경험을 훨씬 뛰어넘기에 우리는 끊임없이 그것을 연구하고 또 연구해야 한다, 그래야 예수님이 오늘 우리가 중시하는 리더십 이론에 따라 움직이셨다는 착각에 빠지지 않을 수 있다.〉 (『영적 리더십』, 40)

예수님의 삶을 우리 인간의 경험으로, 우리 인간의 잣대로 재는 우를 범할 수 있다고 블랙커비는 경고하고 있다. 바로 빌 하이벨스가 범하고 있는 잘못을 옆에서 지켜본 듯이, 바로 그것을 지적하고 있는 것이다. 블랙커비의 그 다음 말을 들어보자.

〈예수님은 계획을 세우거나 비전을 내걸지 않으셨다. 그분은 아버지의 뜻을 구하셨다. … 간혹 리더십 전문가들은 마치 예수님이 산 꼭대기에 올라가 예루살렘을 내려다 보며 이렇게 혼잣말하는 것처럼 그분을 그리곤 한다. "어떻게 추종세력을 모아 온 세계에 복음을 전할 것인가? 기성 종교인들을 설득해야 할까? 군중들에게 설교해야 할까? 거창한 기적들을 연달아 행해야 할까? 아니다. 열두 명의 인생에 나 자신을 투자하자. 내가 떠난 뒤에 내 대신 사명을 수행할 수 있도록 그들을 철저히 훈련시키는 것이다. 그들이 다른 리더들에게도 또 투자하면 그 수가 배가 될 것이다. 그렇게 내 나라가 전 세계로 확장되게 하자." 이것은 예수님의 사역을 너무 오해한 것이다.〉(40)

과연 예수님은 어떤 분일까? 두 사람의 말을 비교해보면 엄청난 편차를 느낄 수 있다. 재미있지 않는가? 한 시대를 풍미하는 리더십 주창자 두 사람이, 같이 믿고 있는 예수님을 그토록 다르게 표현하고 있는 것이. 과연 그 무엇이 그들로 하여금 그렇게 다르게 예수님을 생각하도록 만들었을까 궁금해 진다.

블랙커비는 그렇게 말을 끝내고 있는 것은 아니다. 위의 말에 덧붙여 한번 더 강조를 하고 있다.

〈예수님이 열두 명의 제자를 훈련시키는데 주력하였음을 들어 이 리더십 모델이야말로 모든 리더가 따라야 할 유형이라고 결론짓는다면 오산이다.〉(40)

그렇게 두 사람이 다르게 한 것처럼 예수님의 행적을 다르게 해석하면 어떤 결과가 나올까? 그저 예수님에 대한 인식의 차이로서 끝나는게 아니라는데 문제가 있다. 그 차이는 예수님이 우리에게 바라는 것이 무엇인가를 각각 다르게 보여주게 되고, 결국은 우리의 반응을 다르게 만들게 된다.

먼저, 예수님이 비전의 사람이요, 제자들을 훈련시킬 전략적인 3개년 계획을 세우셨다고 이해하는 빌 하이벨스는 이렇게 말한다.

〈예수님은 오늘날 교회의 리더들이 훌륭한 교회를 세우는데 최고의 노력을 쏟을 것을 기대하고 계시리라 나는 확신한다.〉(『리더십의 용기』, 74)

그런 확신에 의지해서 그는 자기의 목적을 '최고의 지도력 훈련'을 하는데 두고 있다. 그러나 블랙커비는 이와 다른 입장을 취하면서 우리가 따라야 할 예수님의 모습을 이렇게 묘사한다.

〈예수님이 열 두명의 제자를 훈련시키는데 주력하셨음을 들어 이 리더십 모델이야 말로 모든 리더가 따라야 할 유형이라고 결론짓는다면 오산이다. … 예수님의 리더십 핵심은 아버지와 관계였다.〉(『영적 리더십』, 40)

한 사람은 리더가 되라고 하면서 교인들을 리더 훈련장으로 몰아가고 있는데 반하여, 다른 사람은 교인들을 하나님 앞으로 몰고 간다. 이게 그들의 차이점이다.

예수님을 어떻게 인식하느냐에 따라서 그 후에 우리들이 취해야 할 믿음의 자세가 달라진다. 빌 하이벨스와 블랙커비가 인식한 예수님은 전혀 다르다. 같은 성경에 기록된 동일한 예수님의 행적을 읽었으면서도 그들이 믿고 따라가는 예수님은 전혀 다른 인물처럼 보인다. 그 결과 그들의 리더십에 대한 인식이 달라지고, 결국은 그들의 사역 형태가 달라지게 되는 것이다. 그래서 그들을 따르는 사람들마저 '다른' 예수를 믿게 되고, 다른 믿음의 모습을 가지게 되는 것이다.

여기서 확인된 것은 그들 — 리더십 주창자들 — 사이에 도저히 건널 수 없는 강이 존재하고 있다는 사실이다. 그렇다면 우리는 여기서 심각한 고민을 해야 할 필요성이 있다. '영적 리더십' 하면 모두 다 같은 줄 아는데 실상은 서로간에 큰 편차를 보이고 있다. 그런 편차를 보이는 견해 중에서 한꺼번에 두 가지를 취할 수 없으니 불가피하게도 우리는 한 가지만을 취해야 한다.

책을 읽고 나서 '그저 그런 것이 있는가 보다', 라고 생각하고 넘어갈 바에야 왜 많은 돈을 들여가며 책을 사 읽을까? 어느 한 쪽을 택하여 실행으로 옮겨야만 책을 읽은 보람이 있는 것이다. 그러므로, 이 시점에서 '영적 리더십'이란 담론을 놓고 진지한 검토를 해야 할 필요성이 대두된다. 영적 리더십 책을 읽고 나서 '그저 그런 두 가지 다른 견해가 있는가 보다'라고 생각하고 넘어갈 바에야 그런 책을 읽지 않는 것만 못하다. 그래서 그렇게 각각 주장하는 바를 비교하고 검토해 볼 필요성이 있다.

독자 여러분은 빌 하이벨스와 블랙커비 둘 중 누구의 견해가 옳다고 생각하는가? '둘 다 옳다'는 말은 맞지 않다. 둘 중 하나만을 택하여야 한다. 그런 선택에 도움이 되도록 우리 주변에 넘쳐 흐르는 리더십 관련 책들을 비교하며 분석하는 작업을, 더 나아가서 영적 리더십에 대한 진지한 고민을 해야 한다고 생각한다.

참고로, 그런 결단을 이미 내린 분의 견해를 들어보도록 하자.

〈예수님의 제자 삼는 사역을 묵상하라. 예수님은 제자 삼는 사역에 대한 명확한 비전이 있었다. 예수님은 그 비전을 이루기 위해 구체적으로 목표를 정하셨다. 세계복음화를 위하여 제자들을 모집하셨다. 제자들과 동거하셨다. 그들을 가르치고, 훈련하셨다. 모범으로, 말씀으로 가르치셨다. 전수해야 할 진리와 그 진리 전수를 위해 터득해야 할 기술을 가르치셨다. 예수님의 목표는 뚜렷했고, 한번도 그 목표에서 눈을 떼지 않으셨다 예수님은 목표지향적인 삶을 사신 것이다. 〉(강준민, 『존재와 비전혁명』, 96-97)

빌 하이벨스의 견해를 충실히 따라가는 생각인데, 블랙커비의 견해에 의하면 그는 완벽한 '오산'을 하고 있는 것이다. 어떤가? 강목사가 취한 견해가 여러분이 보기에는 어떤가?

29

그들의 '영향력' 은 이렇게 나타난다. (4)
필요한 모든 조치를 취하라 !!!'

리더십 관련 책을 읽다 보면 그 안에 풍부한 목회 지침이 들어 있는 것을 발견하게 된다. 이런 때에는 이렇게 하시오, 이런 일을 만나게 되면 이렇게 하는 것이 좋습니다, 라고 아주 귀한 지침들을 준다. 그 책의 저자들인 리더십 주창자들은 그렇게 말할 자격이 충분하다. 목회경험도 풍부한 그들의 말들은 모두 유용하다. 그래서 그런 책에서 목회의 지혜를 찾아내는 일도 그리 나쁘지는 않다고 생각한다.

그러나, 이런 경우는 어떻게 해석해야 할지? 헨리 블랙커비는 리더들이 모범을 보여야 한다면서 다음과 같은 예를 든다.

〈어떤 리더는 날마다 새벽 5시에 일어나 집 서재에서 하나님과 만남의 시간을 가진 뒤 그날 업무를 준비할 수 있다.
출근할 때에는 이미 3시간이나 업무를 본 상태이다. 그러나 직원들에게 보이는 모습은 그게 아니다. 그들은 리더가 전 사원의 규정 시간보다 한 시간이나 늦게 어슬렁어슬렁 출근하는 모습을 보는 것이다. …… 직원들은 보이지 않는 것이 아니라 보이는 것을 따라 한다. 이 경우 사장은 아침 업무를 집에서 할 것이 아니라 회사에 나와서 하면 좋다. …… 리더가 날마다 열심히 일하는 것을 알기에 직원들도 근면하게 일할 의욕이 생긴다. 이것은 회사의 사기를 크게 높여 줄 것이다. 〉(『영적 리더십』, 188-189)

그래서 이런 생각을 토대로 목회자들에게 이렇게 권면하고 있다.

〈목사들은 모본을 보이는 일에 특히 힘써야 한다. 사회는 전반적으로 오늘날 교회 리더들과 그들의 업무윤리를 회의적으로 보고 있다. 목사들은 오래 전부터 일주일에 하루만 일한다는 비판을 받아왔다. 그러므로 목사들은 엄격한 업무 습관을 유지해서 교인들도 목사가 열심히 일하는 것을 알게 해야 한다. 목사들은 대개 매일 오전시간을 연구와 설교준비로 보낸다. 그때가 생각이 맑고 외부의 방해도 적기 때문이다. 연구시간을 방해받지 않게 하기 위해 일부러 집에서 일하는 목사들도 있다. 그들은 아침에 일어나자마자 옷도 입기 전제 서재로 직행한다. 연구시간을 효율적으로 활용하기 위해서겠지만 공연히 교인들 사이에 분분한 의견을 일으킬 수도 있다. 〉 (『영적 리더십』, 189)

그래서 이런 말을 들은 목사들은 '그래, 맞아. 그런 모습을 교인들이나 교회 직원들이 보면 뭐라고 하겠어?' 하고 생각하면서 그의 충고를 고맙게 여길 것이다. 그래서 아침 일찍 교회로 향하며 리더로서의 모범을 보이려 애를 쓸 것이다. 그러나 다음에 하는 말을 들어 보면 과연 리더로써 어떻게 처신해야 할지 망설여진다. 리 아이아코카가 "사실 고위직 사람들이야말로 아내와 자녀들과 충분한 시간을 보낼 재량과 유연성이 있다"고 한 말을 인용하면서 그는 이렇게 말한다.

> 〈활용할 마음만 있다면 리더야 말로 스케줄에 재량과 유연성이 더 많다. 다만 리더는 가족들과 보낼 시간을 찾는데 창의성을 발휘해야 한다. 예컨대 목사는 대부분 저녁 시간이 바쁘므로 아침에 집에 머물면서 가족들과 식사도 함께 하고 아이들 등교하는 모습도 지켜볼 수 있다. 아울러 아내와는 물론 자녀와 일대일로 특별한 점심 데이트를 계획할 수 있다.〉 (『영적 리더십』, 254)

공연히 교인들 사이에 분분한 의견을 일으킬 수도 있다며 아침 일찍 교회에 가 있으라는 조언이 끝나기가 무섭게, 이번에는 아침에 집에 머물면서 가족들과 식사도 함께 하고 아이들 등교하는 모습도 지켜보라고 권면하고 있다.

이렇게 상반된 조언을 한 다음에, 어리둥절해 하는 사람들을 바라보며 그는 다음과 같은 말을 이어간다.

> 〈리더의 압박감은 흔히 조직에서 오는 것이 아니라 자기 내면에서 온다. 언제나 직위가 리더에게 과도한 짐을 지우는 것은 아니다. 집에 있어야 할 시간에도 계속 사무실에 들어가 일해야 한다는 리더 자신의 강박관념이 오히려 짐이 되는 것이다. 자신이 게으르거나 일의 중압을 감당할 수 없는 자로 비칠까 두려워 집에

있기를 꺼리기도 한다.〉(254)

언제는 리더는 모범을 보이기 위해서 회사나 교회에 아침부터 나가야 한다고 말하더니, 이제는 그렇게 하는 사람더러 자기 자신의 압박감 때문에 그렇게 하는 것이라고 말한다. 자신이 게으르거나 일의 중압을 감당할 수 없는 자로 비칠까 하는 두려움 때문에 집에 있기를 꺼리는 게 아니냐고 오히려 나무라기까지 하는 것이다. 가족들과 시간을 보내라 하며 아침에 집에 있어라, 또 교인들에게 리더로서 일하는 모습을 보이라 하면서 아침에 교회에 나가 있으라니, 도대체 리더는 어디에 있어야 한다는 말인가? 아침에.

이렇게 두 가지 상반된 조언을 들으면 리더로서 어떤 것을 취해야 할까? 결정하기가 여간 어려운 일이 아니다. 이럴 때에는 역시 누군가의 조언이 필요하게 되는데, 마땅하게 물어 볼 사람이 없으니 또 그들의 조언을 필요로 하게 된다. 참, 재미있지 않은가? 기껏 받은 조언이 같은 상황에 다른 조언이라니. 그래서 그것을 듣는 사람의 입장에서는 다시 한번 그들의 조언을 필요하게 되어, 그들의 책을 읽게 만드니, 참 재주들도 비상하다.

독자들이 자기의 조언을 듣고, 어처구니 없어 할 것이라고 예상하지 못할 블랙커비가 아니다. 그는 이런 경우를 대비하여 완벽한 답변을 준비해 놓고 있다. 그의 해결책을 들어보자.

〈이런 리더는 우선순위를 정하고 그것을 지키기 위해 필요한 모든

조처를 취해야 한다.〉(254)

　서로 모순되는 상황에 와 있다고? 그게 뭐 그리 어려운 일인가? 그럴 때에는 우선순위의 법칙이 있지 않은가? 우선순위!!! 게다가 '모든 조처를 취하라' 는 법칙은 벌써 잊었는가?

　'우선 순위를 정해라. 필요한 모든 조처를 취해라. 이상 끝. 더 이상 질문 없지?'

　이게 그들이 자랑하는 최상의 답변이다. 확실히 '리더십이 모든 것이다' 라고 주장하는 존 맥스웰의 착한 친구다운 멋진 해결책 아닌가? 그래서 그들이 제시하는 해답은 '모든 경우'에 '모두' 알맞다. 게다가 항상 명쾌하고 딱 부러지기까지 하지 않는가?

30
그들의 '영향력'은 이렇게 나타난다. (5)
어깨 넘어다 보며 '비전' 만들기.

리더십에서 '비전'이 차지하고 있는 비중은 대단하다고 이미 말한 바 있다. 그래서 리더십 주창자들은 모두 다 비전을 말한다. 교회의 비전을 말하고 개인의 비전을 말한다. 교회 리더의 역할 중 중요한 것이 하나님의 비전을 받아 그것을 교회의 구성원들에게 전파하고, 설득해서 그것을 교회의 비전으로 만드는 것이라는 것이다. '비전 선언문'이란 생소한 이름의 구호들이 바로 그들에게는 교회의 비전이 구체화되는 모습이다. 존 맥스웰이 바로 그것을 강조하고 있다. 그에 의하면, 리더란 비전을 소유한 사람이며 비전을 보고 추구하며 다른 사람들도 볼 수 있도록 도와주는 사람이다. (『리더십의 법칙』, 247)

그래서 그의 주장을 받아들여 목회에 적용하는 사람들은 흔히들 '비전 선언문'을 만들어 교회의 깃발로 만들어 세운다. 이 단계가 바로 존 맥스웰이 말하는 '비전 공동소유의 단계'이다. 존 맥스웰의 비전이 소개된 후 이 땅에서도 너도 나도 그런 비전의 깃발을 높이 들고 나서기 시작하였다. 그런 비전 하나쯤은 교회 벽에 걸어 놓아야 시대에 뒤떨어진 목회자라는 소리 듣지 않게 되었다. 그러한 한바탕의 바람몰이는, 두고두고 후세에 귀감을 삼을 만한 기적 같은 일도 가능하게 하였다. 발생확률 수십억분의 일도 되지 않는 다음과 같은 일이 리더십과 비전을 주장하는 분들에게서 일어난 것이다. 지금껏 우리 나라 역사상, 이런 기적 같은 일은 없었다.

먼저 어느 교회의 비전에 포함되어 있는 내용을 한번 읽어보자.

〈*21세기를 이끌어 가는 건강한 교회를 위한 제안〉
① 내적 성장과 외적 성장에 균형을 이루도록 한다.
② 영성 개발(존재의 변화)과 리더십개발(과업성취)에 균형을 이루도록 한다.
③ 수평적 이동이 아닌 새 생명 구원을 통한 성장에 초점을 둔 교회가 되도록 한다.
④ 직분을 목표로 삼는 것을 넘어 성숙한 그리스도의 제자가 되는 것을 목표로 삼도록 한다.
⑤ 회의 중심의 모임에서 사역 중심의 모임으로 전환하도록 한다.
⑥ 변하지 않은 원리에 기초를 두되, 사역하는 방법은 효율성을 따라 변화를 추구하도록 한다.
⑦ 개척자의 정신을 이을 뿐만 아니라 새 역사를 창조하는 교회가 되도록 한다.

⑧ 이상적인 교회가 아닌 성경적인 교회를 세워나가는 것에 초점을 둔다.

⑨ 셀목장을 활성화함으로 서로 친밀하게 사랑하며 섬기는 공동체를 세우도록 한다.

⑩ 소신껏 일하는 것이 아니라 성경의 원리를 따라 일하도록 한다.

⑪ 모든 사역에 탁월성을 추구하도록 한다.

⑫ 성령님의 음성 앞에 민감하고, 그 음성에 순종하도록 한다.

⑬ 거듭 기본을 다진다.

어느 항목 하나 부족함이 없다. 정말 아름다운 비전이다. 비전은 그래서 하늘에서 오는가 보다. 정말 하늘에서 들려온 비전의 말씀에 분명하다. 그런데 필자는 인터넷 서핑 도중에 이와 똑 같은 비전을 가지고 있는 교회를 발견하고 놀라지 않을 수 없었다. 차마 교회의 이름을 밝히지 못하겠다. 그 교회의 담임 목사가 게시판에 올린 내용이다. 그대로 옮겨본다.

〈2007년을 이끌어 가는 건강한 교회를 위한 제안〉 (2007.1.29 자 게시판에서)

① 내적 성장과 외적 성장에 균형을 이루도록 한다.

② 영성 개발(존재의 변화)과 리더십개발(과업성취)에 균형을 이루도록 한다.

③ 수평적 이동이 아닌 새 생명 구원을 통한 성장에 초점을 둔 교회가 되도록 한다.

④ 직분을 목표로 삼는 것을 넘어 성숙한 그리스도의 제자가

되는 것을 목표로 삼도록 한다.

⑤ 회의 중심의 모임에서 사역 중심의 모임으로 전환하도록 한다.

⑥ 변하지 않은 원리에 기초를 두되, 사역하는 방법은 효율성을 따라 변화를 추구하도록 한다.

⑦ 개척자의 정신을 이을 뿐만 아니라 새 역사를 창조하는 교회가 되도록 한다.

⑧ 이상적인 교회가 아닌 성경적인 교회를 세워나가는 것에 초점을 둔다.

⑨ 가정 교회를 활성화함으로 서로 친밀하게 사랑하며 섬기는 공동체를 세우도록 한다.

⑩ 소신껏 일하는 것이 아니라 성경의 원리를 따라 일하도록 한다.

⑪ 모든 사역에 탁월성을 추구하도록 한다.

⑫ 성령님의 음성 앞에 민감하고, 그 음성에 순종하도록 한다.

⑬ 거듭 기본을 다진다.

정말 이렇게 똑 같을 수가 있을까? 열두 번째 항목에 있는 대로, 정말 두 분이 성령님의 음성 앞에 민감했기 때문에 똑 같은 비전을 가지게 된 것일까? 이런 일이 일어날 수 있는가? 일어날 수 있다면, 발생확률은 얼마 정도일까?

장담하건대, 두 분 중의 한 분이 다른 교회의 것을 베꼈으리라. 아니 좋게 생각해보자. 그 교회의 비전이 너무 좋게 생각되어서 그대로 따라 해보리라는 각오를 하며 그것을 그대로 복사해왔다고 생각하자. 그래도 무언가 아쉬움이 남는다. 두 교회의 비전을 살펴보면 아홉 번째에 언급된 '셀 목회'와 '가정 교회'라는 것만 다르고 동일하다. 하기야 그것만은 그대로 둘 수 없었겠지. 각자 교회에서 사용하는 이름이 다르므로, 그것마저 같게 했다가는 금방 탄로가 날 것이니 그 정도는 고치는 센스가 필요했겠지. 그러나 바로 그 점이 가져다가 슬쩍 이름만 바꾸어 붙였다는 것을 오히려 웅변하고 있는 것이 아닌가?

필자는 이런 현실이 정말 슬프다. 남의 것을 가져다가 자기 것인양 해야 하는 목회 현실이 슬프다. 그래도 그분들은 리더라고 자칭 타칭 불리는 사람들 아닌가? 그런데 남의 교회 비전이 아무리 그럴 듯 하게 보여도 그렇지, 어떻게 한글자만 바꾸고 그대로 가져와 걸어 놓을 생각을 한단 말인가?

아니, 어쩌면 그 목회자는 교회의 회중들로부터 '영적 리더십'을 발휘해 달라는 무언의 압력을 받았는지도 모른다. 멋진 비전을 가지고 교회를 성장시켜야 한다는 부담을 느꼈는지도 모르겠다. 그래서 그는 과감히 그러한 부담을 떨쳐내고 압력에 저항하기 위하여 일부러 많은 사람에게 알려진 교회를 택하여 거기의 비전을 베껴와 보란 듯이 걸어 놓은 것이 아닐까?

문제는 이런 일들이 비단 이런 한 교회에서만 일어나는 것이 아니라는 점이다. 수많은 목회자들이 교회의 '최고 리더'(장로 등 직분자를 말하는 그들의 용어이다)들의 등쌀에 못 견뎌, 하는 수 없이 다른 교회의 것을 가져다가 이름 바꾸고 순서 바꾸고 짜깁기해서 걸어놓은 비전들이 어디 한 둘이겠는가? 그렇게 하느라 바빠서 그들은 블랙커비의 다음과 같은 글은 아마 그냥 지나

쳤는지도 모르겠다.

> 〈비전을 빌려오는 리더들이 있다. … 하나님은 똑 같은 방법을 두
> 번 사용하시는 경우가 거의 없다. 기독교 조직이라면 그 사실을 명
> 심해야 한다. 하나님의 활동은 사람들과 시기에 따라 언제나 독특
> 했다.〉 (『영적 리더십』, 80-81)

남의 비전을 가져다가 자기 것으로 적당히 고쳐 사용하는 분
들은 아마 블랙커비의 말을 그냥 흘려 들었을 것이다. 아니면 하
나님이 똑 같은 방법을 두 번 사용하지 않으신다는 것에도 예외
는 있다, 그게 바로 자기 자신이라고 생각했을지 모르겠다. 그러
나 그들의 태도로 미루어 보아 확실한 것은 잠언 29장 18절의 말
씀이 맞는다는 것이다.

> "묵시가 없으면 백성이 방자히 행하거니와" (개역개정)
> "계시가 없으면 백성은 방자해지나" (표준새번역)
> "계시의 말씀이 없으면 백성이 방자해진다." (공동번역)
> "계시가 없으면 백성이 제멋대로 날뛰지만" (쉬운 성경)
> "Where there is no revelation, the people cast off
> restraint;" (NIV)

> 물론 이 구절을 어떤 성경은 이렇게 번역하기도 한다.
> "Where there is no vision, the people perish" (KJV)
> "Where there is no vision, the people are unrestrained"
> (NASB)

한글로 번역해 보자면 비전이 없으면 백성이 망한다, 라고.

필자의 견해로는 여기에서 '비전이 없으면'이라고 번역하기보다는 '계시가 없으면'이라고 번역하는 것이 올바르다고 생각한다. 하지만, 이번 경우에는 '(자기들의) 비전'이라 해도 말이 된다. 오히려 비전으로 번역하는 것이 더 적나라하게 그들의 모습을 보여주는 게 된다. 그들이 방자히 행하는 것을 보니 그들에게 '비전'이 없다. 회중들에게 내세울 리더로서의 '(자기만의) 비전'을 갖고 있지 못하니 그렇게 다른 교회의 것을 베껴대는 등 방자히 행하고 있지 않은가? 그렇게 존 맥스웰의 비전은 한국 교회에 영향을 남기고 있다. 그런 식으로…

31
리더십 용어 풀이 몇 가지

    우리 기독교인들은 너무 순진하다. 예수믿는 자들이 지니고 있는 특성 중에 순진하다는 것이 있지 않는가?

    그래서 리더십에 대해서 너무 순진하게만 생각하고 있다. 그저 사회의 빛과 소금이 되라는 예수님의 말씀대로 살면 사회에서 리더가 되는가 보다, 라고 생각한다. 또 리더가 되기 위해서 좋은 성품을 계발하면 교회에서나 사회에서나 모두 리더가 되고, 결국은 그것이 하나님을 믿는 자로서의 모습이 아닌가, 하는 생각을 하고 있다. 그러나 이것은 너무 순진한 생각이다. 또한 많은 목회자들은 리더십이 교회를 어떠한 모습으로 변질시킬 것인가에 대하여는 별 관심이 없다. 그들의 목표는 오직 목회가 잘 되고, 교회를 성장시킬 수만 있다면 그게 전부다. 꿩 잡는 게 매라고, 어떻게 하든지 교회부흥만 된다면, 그것이 리더십이든 다른 무엇이든 좋다는 것이다. 그게 문제다.

    그래서 리더십에 대하여 막연히 '좋은 것'인가 보다 하고 방심하는 사이에 리더십 이론은 마치 간밤에 진주한 점령군처럼 들어와 이제 모든 것을 관장하는 무소불위의 권력을 지닌 존재가 되었다. 그래서 리더십 진영의 총사령관인 존 맥스웰이 틈만 나면 하는 말, "누차 강조하지만 모든 것은 리더십에 달려있다." (『리더십의 법칙』, 82)고 말하는 것은 점령군의 포고문에 다름 아니다.

리더십 이론을 점령군이라 표현하는 것은 시에서 빌려온 감상적인 표현이 결코 아니다. 이것은 실제상황이다. 먼저 리더십 이론은 목회자들과 성도들을 거의 포로로 삼았다. 성장이라는 미끼로 목회자들을, 성공이라는 올가미로 성도들을 포로로 만들어 놓았다. 그래서 모두들 그런 달콤한 미끼에 홀려서 리더십 진영이 내려주는 '리더'란 관직을 감사한 마음으로 받아 즐기고 있다. 이제 목회자들은 성경대신에 리더십 책을 서재에 잔뜩 쌓아두고 거기에서 하나씩 골라내어 "우리의 사령관 존 맥스웰의 말에 의하면…"이라고 강단에서 선포하고 있다.

그런 마당에 이제 성경말씀은 그저 리더십 이론을 받쳐주는 보조자료(proof- text)로 전락하고 말았다. 성경본문은 정작 설교시간에는 한번도 언급되지 않는다. 그래서 설교학 교수이기도 한 김운용목사는 다음과 같이 통탄하고 있다.

"어떤 설교자는 세상에서 어떻게 성공적인 삶을 살 것인지에 대한 리더십이나 자기 경영에 대한 강의를 하고 있는 것을 보면서 안타까움을 금할 수가 없다." (김운용,『새롭게 설교하기』, 448)

김운용목사가 말한 것처럼 그런 현상이 그저 '어떤' 설교자에 국한된 것일까? 이런 일은 이제 새삼스러운 일이 아닐 정도로 보편화가 되었다.

"성경의 주된 관심이 리더십이 아닌데 성경을 쥐어짜듯 하여 (?) 리더십 이론을 도출하려는 것은 위에서 언급한 첫 번째 오류를 범하는 것이 될 것입니다."(『하나님 나라와 리더십』, 64) 라고 말하던 그들은, 이제 성경을 쥐어짜듯 하여 리더십 이론을 성경에서 찾아내는 단계를 이미 지났다. 이제는 오히려 거꾸로 리더십 이론에서 찾아 낸 것들을 성경의 원리라고 강변하는 단계에 와 있다.

> 〈콜린스가 도달한 결론들, "핵심은 보존하되 과감한 개혁을 하라", "많은 것을 시도해보고 잘되는 것에 집중해라", "인재를 내부에서부터 양성해라", "시간을 알려주는 것보다는 시계를 만들어 놓으라"는 성경의 원리와도 일맥상통하는 리더십의 법칙을 우리에게 알려준다.〉(칼, 162-163)

그러니 이제 리더십의 손아귀에서 벗어나려는 사람들은 그들이 말하는 것을 잘 새겨 들어야 한다. 말 그대로 곧이 들어서는 안 된다. 반드시 한 번씩 걸러 들어야 한다. 그런 의미에서 그들이 사용하는 용어들의 진짜 의미를 한번 추적해 보자.

〈영향력〉

그들은 리더십을 정의하기를 '영향력'이라고 한다. 이때 그들이 말하는 영향력은 과연 무엇을 의미하는 것일까?

존 맥스웰이 말한 것처럼, 모든 사람은 누구에게나 영향을 주며, 우리 자신은 누군가에게 영향을 받고 있다는 식으로 리더십의 영향력을 순진하게 이해하면 낭패를 당한다. 영향력은 그렇게 가만 있어도 나로부터 다른 사람에게, 또 다른 사람으로부터 나에게 전달되어 오는 게 아니다. '나'도, '그들'도 무언가 이익되는 것이 있을 때에만 그 영향력을 수용한다. 그 영향력이 '나'에게 이익이 없을 때에는, 그 내용이 아무리 좋은 것이라고 할지라도 그 영향력을 받아 들일 수가 없는 것이다. 그래서 영향력을 남에게 전하기 위해서는 부득이 '어떤 방법'을 써야만 한다.

존 맥스웰은 영향력의 확장 방법으로 다음과 같은 방법을 제시한다.

〈당신은 멀리 있는 사람들에게 감동을 줄 수 있다. 그러나 그들에게 충격을 주는 것은 당신이 그들에게 가까이 있을 때에만 가능하다.〉

그렇게 말한 다음에 그 방법을 제시한다.
〈1. 이번 주에 당신과 30분 이상 시간을 보낸 사람들을 **빠짐없이** 적으라.〉
그 다음이 중요하다. 그의 진면목이 나오는 대목이다.
〈2. 그 시간의 주도권은 당신에게 있었는가 아니면 그들이었는가?〉(『리더십의 법칙』, 227)

여기 '주도권'이란 말에 언더라인 해야 한다. 심지어 30분 시간을 같이 보낸 사람들 사이에서도 주도권을 가져야 한다. 그래야만 그들에게 감동, 충격을 주어 영향력을 행사할 수 있다. 이게 바로 그들이 말하는 영향력이란 용어의 속 뜻이다. 그래서 '영향력' 은 그들에게 '주도권을 행사한다' 는 말이다. 30분간을 만나도 그 관계에서 주도권을 행사하려는 그의 마음을 피터 드러커의 주장과 비교해 보면 피터 드러커는 그래도 무척이나 인간적이다.

〈부하직원들에게 의미있는 영향을 줄 정도로 논의를 하고 싶으면 적어도 한시간 또는 그 이상의 시간이 필요하다. 만약 인간관계를 맺으려 한다면, 한정 없이 많은 시간이 필요하다.〉 (『자기 경영 노트』, 29)

이제 그 영향력이라는 말이 어떻게 실제에서 사용되었는지 그 실례를 보기로 하자.

〈결국 청빙 위원장과 몇몇 청빙 위원들이 나로서는 받아들일 수 없는 부목사 후보자를 공동의회에 내세웠다. 결국 나의 리더십은 말할 수 없는 타격을 받았다.〉 (정인수, 『교회를 혁신하는 리더십』, 38)

교회 내에 "나로서는 받아 들일 수 없는" 일이 일어나면 그들은 "리더십이 타격받는다"고 생각한다. 자기들이 주도권을 행사하지 못하게 되면 그들은 리더십이 타격을 받았다고 말한다. '남이 나의 말을 받아' 들여야만 리더십이 온전히 '영향력' 으로 행사가 되는 것이라고 생각하기에 그렇다.

그래서 이 경우 타격받은 리더십은 어떻게 되었을까?

〈마지막 금요일 철야 기도시간, 기도를 마칠 무렵 갑자기 내입에서 찬양이 튀어 나왔다. "승리는 내 것일세, 승리는 내 것일세, 구세주의 보혈로서 승리는 내 것일세……" 하나님이 내입에 승리의 찬양을 올려주셨다. …공동의회가 열리는 날이었다. … 결국 350 대 50으로 부목사 청빙 건이 부결되었다. … 하나님은 공동의회를 통해 흔들리는 나의 리더십을 새롭게 세워주신 것이다.〉(38-39)

그렇게 자기의 뜻에 반대되는 안건이 부결되어, 자기의 뜻이 관철될 수 있게 되자 "리더십은 새롭게 세워"졌다고 말한다. 오해 마시라, 여기에서 필자는 그 안건의 내용을 가지고 평가하는 것은 아니다. 다만 리더십이 타격을 받고, 세워지고의 측면에서 위의 글을 분석하는 것이다. 자기가 '주도권'을 가지고 조직의 일을 처리해 나갈 수 있으면 영향력이 있다고 말하고 리더십이 세워졌다고 말하는 리더십 용어 사용 용례를 제시하고 있는 것이다.

또 하나의 좋은 예가 있다. 이미 말한 바 있지만 미국에 있는 아주 유명한 한인교회에서 분란이 일어났을 때에, 장로들과 담임목사가 서로 불신하여 갈등이 증폭되고 결국은 담임목사가 사임한다고 선포를 하기에 이르렀다. 담임목사가 사임을 예고하면서 말하기를 "지난 5년간 섬기며 목회해 왔지만 당회장으로서 리더십을 발휘하는 데 한계를 느꼈다. 당회 서기에게 정식으로 사의를 표명했다"고 그 사임 이유로 '리더십 문제'를 거론했다. 이 경우도 겉으로는 리더십 운운했지만 실상은 담임목사가 주도권을 행사할 수 없으니 리더십의 한계를 느꼈다, 는 식으로 말이 나온 것이다.

결국 '리더십'은 누구의 영향력이 더 센가를 다투는 기(氣) 싸움인 것이다. 그래서 리더십을 영향력으로 정의하는 것은 자기가 주도권을 얼마나 행사할 수 있는가, 하는 측면에서의 영향력인 것이다.

〈비전〉

비전에 대하여는 이미 지적한 바 있다. 그럼 이 말이 가지는 속 뜻은 무엇인가?

> 〈또 어떤 이들은 주님을 위해 큰 꿈을 꾸고 위대한 계획을 세워야 한다고 설교하지만, 사실 그것이 하나님의 이름을 빙자한 자신의 야망 성취수단일 수도 있다는 점, 역시 주의하여야 할 부분입니다. 과연 우리의 거창한 목표, 원대한 꿈으로 하나님을 감동시킬 수 있을까요?〉(『하나님 나라와 리더십』, 51)

인간의 거창한 목표와 원대한 꿈은 언제나 '비전'이란 이름으로 포장된다. 그래서 이런 비전과 꿈은 비단 목회자만의 전유물은 아니다. 노암 촘스키가 지적하고 있는 조지 부시의 꿈과 비전을 한번 들어보자.

> 〈요즘 언론에는 불문율이 있는 것 같습니다. 가령 조지 부시라는 이름을 거론하는 기사에는 표제에 반드시 그의 '비전'을 언급하고, 기사에는 그의 '꿈'에 대해 말하는 것입니다. 그리고 기사 옆

에는 먼 곳을 응시하는 부시의 사진이 실립니다. 이런 것이 요즘 언론의 공식이 되어버렸습니다. 어제 월스트리트 저널의 머리 기사에서도 '비전'과 '꿈'이란 단어가 열 번 정도 쓰였습니다.〉(촘스키,『촘스키, 우리의 미래를 말하다』, 19)

그래서 인간의 거창한 꿈과 목표가 비전이란 이름으로 포장되어 나타날 때, 하나님을 감동시키는 게 아니라 오히려 하나님의 영광을 가리는 일이 되는 것이다. 스펄전은 비전과 관련하여 다음과 같은 고백을 한다.

〈마을 한복판에 이르렀을 때였다. 갑자기 큰 음성 같은 것이 귓전을 때렸다. 나는 깜짝 놀라지 않을 수 없었다. 어쩌면 단지 착각이었는지도 모른다. 어쨌든 생생하고 강렬한 느낌이었다. 마치 "너를 위하여 대사를 경영하느냐? 그것을 경영하지 말라"(렘 45:5)는 음성이 들려오는 것 같았다. 그 순간 나 자신을 다른 각도에서 보게 되었고, 내면의 동기와 의도를 깊이 성찰할 수 있었다.〉(스펄전의 일화 중에서)

그렇듯 사람의 비전이 곧 하나님의 비전이 아니라는데 문제가 있다. 비전은 곧 '비전이라는 이름으로 투사된 리더 자신의 내적 야망과 욕심'에 다름이 아니다. (『하나님 나라와 리더십』, 50)

〈인간관계〉

리더십은 영향력이라고 주장하는 사람들이 정작 한 페이지만 더 들어가면 딴소리를 하기 시작하는 것을 볼 수 있다.

정영진 목사는 『사람이 모이는 리더 떠나는 리더』에서 이런 말을 한다.

〈세계적인 동기부여가 브라이언 트레이시는 "조직이 성공적으로 움직여 나가려면 리더와 조직원들의 인간관계가 90%을 차지한다"고 했다.〉(20)

또 이런 말도 한다.

〈미국의 카네기 공과대학 인간연구소에서 실패자 1만명을 조사한 적이 있다. 실패의 원인을 분석한 결과, 전문지식이 부족해서 실패한 사람은 7%에 불과했다. 실패자의 93%는 인간관계에서 실패했다는 사실을 알아냈다.〉(21)

인간관계가 문제라는 말은 결국 처세술의 이야기로 귀착이 된다. 그래서 한홍목사도 그의 책 『거인들의 발자국』 중반을 넘어서면 속내를 들어내 보인다. 리더십을 영향력이라 주장하던 사람이 갑자기 말을 바꾸어 리더십이 사람을 다루는 기술이라고 고백을 한다.

〈리더십은 사람을 다루는 기술이라 할 수 있고…〉(151)
〈리더십은 어렵다. 사람을 다뤄야 하는 기술이기 때문이다.〉 (232)
〈그러니 사람들을 다뤄야 하는 리더십이 얼마나 어려운가를 알 수 있지 않은가? 〉(233)

〈앞서 말했듯이 리더십은 사람을 다루는 것이기 때문에 몹시 어려운 일이다.〉 (255)

이러한 고백들은 결국 존 맥스웰의 다음과 같은 말로서 매듭 지어진다.

〈성공에 있어 가장 중요한 요인은 다른 사람들과 잘 지내는 방법을 터득하는 것이다 라고 테디 루스벨트는 말했다.〉 (『리더십의 법칙』, 232)

그들이 말하는 리더십은 인간관계를 말하며, 인간관계는 곧 처세술이다. 그래서 리더십은 다름아닌 처세술인 것이다.

이렇게 리더십 주창자들은 그들만이 아는 의미를 속에 감춘 채, 교언영색으로 꾸며진 말들로 마치 진리인양 우리들을 유혹하고 있다, 지금도. 그래서 우리는 그들의 말을 들을 때에 순진하게 듣고 넘어가면 안 된다. 그런 말 속에 숨어있는 의미를 따지면서 그들의 말이 진리인가 아닌가를 새겨 들을 수 있어야 한다. 그러길래 예수님도 다음과 같은 말씀을 우리에게 하셨다.

"들어라! 내가 너희를 보내는 것이 마치 늑대 무리 속으로 양을 보내는 것과 같다. 그러므로 뱀처럼 지혜롭고 비둘기처럼 순결하여라." (쉬운 성경, 마 10:16)

4

영적 리더십의 주인은
성령님이다

32
목사가 CEO라 불려도 좋은가?

리더는 어떻게 사는가? 아니, 리더는 어떻게 살아야 될까? 리더십 주창자들의 견해를 열심히 따라 해서 이제 리더가 된 분들은 궁금할 것이다. 과연 리더는 어떻게 살아야 하는가? 리더의 매일 매일의 일과는 어떻게 진행되는가? 그것을 알고 싶은 분은 빌 하이벨스 목사의 『리더십의 용기』라는 책을 읽어볼 것이다. 그 책에는 리더가 어떻게 살고 있는지 자세히 나와 있다.

빌 하이벨스 목사는 그 책에 자기가 리더로서 살아 가는 모습을 많이 묘사하고 있다. 먼저 그가 교회 밖에서 활동하는 모습을 살펴보자. 대외활동이 너무 활발해 눈부실 정도이다. 그 중에서도 정부 고위직, 유명인사와의 만남은 기본이다.

〈1990년대, 나는 8년 동안 정부 고위관리들을 만나기 위해 매달 워싱턴 D.C를 방문했다.〉 (18)

〈몇 해 전, 당시 부통령 앨 고어는 빌리 그레이엄 목사가 국회에서 명예훈장을 수상하는 자리에 나를 초대했다.〉 (79)

〈얼마 후 나는 노스캘로라이나 몬트리트에 있는 그(빌리 그레이
엄)의 집을 방문했다.〉(79)

그는 또 다른 교회들을 방문하여 집회를 가지기도 하고 교회
를 연구하기도 한다.

〈1980년대 중반 나는 여기저기를 여행하면서 교회들의 차이를 살
폈다.〉(21)

그가 방문했던 도시들은 미국 국내의 도시들뿐만이 아니다.
그는 북아일랜드, 남아프리카, 영국, 캐나다 등등 세계 방방곡곡
을 누비고 있다.

〈최근 캐나다에 있는 WCA의 한 목사에게 창립 10주년 설교를 부
탁받고 그곳을 방문했다.〉(32)

〈몇 주가 지난 후, 나는 땅을 구입하고 싶어하는 한 교회로부터 설
교 요청을 받았다.〉(33)

〈우리는 WCA를 통해 수백 번 회의를 한다.〉(207)

다른 리더들과의 만남도 역시 중요한 일이다.

〈지난 몇 년동안 나는 여러 부류의 리더들을 만났다.〉(23)

〈나는 많은 교회를 방문한다. 그리고 많은 리더가 비전을 제시하는 흥분에 사로잡혀 있음을 본다.〉(68)

〈나는 다른 교회의 리더들과 리더십에 관해 토론하는 것을 즐긴다.〉(129)

〈여러 해 전에 WCA 연중 리더십 모임에서, 나는 처음으로 직원 고용에 대한 '3 C'를 소개하면서….〉(193)

이제 교회 안에서 활동하는 모습을 살펴보자. 교회에서 그는 수많은 회의를 주재하거나, 회의에 참석한다.

〈몇 달이 지난 다음 교역자, 직원, 장로, 주요 평신도 리더들이 모여 회의를 한 결과 ….〉(56)

〈여러 번의 회의와 철야기도 후에, 우리는 5개년 목표들을 교회의 성도들에게 알렸다.〉(58)

〈나는 교역자 회의에서 터프하고 빈틈없는, GE의 전회장 잭 웰치의 말을 인용해야만 했다.〉(66)

〈언젠가 몇 가지 중요한 결정을 내려야 하는 직원회의에 참석했다.〉(176)

〈작년 장로회의에서 한 장로가 물었다.〉(206)

리더들과의 회합 역시 **빼놓을** 수 없다.

〈나는 리더십 팀 들을 둘러보며 물었다. "우리 중 누가 …〉(60)

〈나는 행정 리더팀에게 말했다.〉 (64)

수련회 역시 많다.

〈최근 경영팀의 수련회에서, 나는 …〉(93)

〈다른 수련회에서 우리의 행정목사 그랙은 나와 팀원들에게…〉
(94)

그렇게 바쁜 시간을 쪼개 활동하려니 자연 스케줄은 비서가
관리하게 된다.

〈나는 즉시 비서에게 스케줄을 조정하게 했다. 이틀 후에 우리 부
부는 이제는 고인이 된 윌로크릭 초대 사역자인 톰의 부인 곁에 서
있었다.〉 (77)

이렇게 바쁘게 활동하고 있는 그가 교회 안의 교역자들에 대
하여 어떻게 생각하고 있는지, 잠깐 엿보도록 하자.

〈우리는 여러 해 동안 교역자들을 고용했고 그들에게 예산을 주며

말했다.〉(65)

〈내가 윌로크릭에서 직면하는 가장 복잡한 일 중 하나는, 성과가 저조한 부교역자들을 다루는 문제다.〉(186)

〈나는 최근 교회 복도에서 교역자들과 대화를 나눌 때, 이와 비슷한 말을 들었음을 기억했다.〉(63)

그럼 그는 휴가를 어떻게 보낼까?

〈10년 전 여름, 학습을 위해 잠시 휴가를 얻은 나는 …〉(24)

〈윌로크릭 창립 20주년 행사 다음날 밤, 나는 내가 그들을 얼마나 소중히 생각하는지 보여 줄 수 있는 방법을 찾았다. 한 친구의 도움으로 교회 창립자 부부 중 네 쌍과 함께 카리브 해의 섬으로 일주일 여행을 하게 된 것이다. 매일 수영하고 항해하고 해변을 산책했으며, 저녁에는 함께 앉아서 먹고 이야기하며 지난 세월을 추억했다.〉(80)

자, 이 정도로 인용을 끝내기로 하자. 이 정도면 빌 하이벨스라는 리더가 어떻게 살고 있는지 짐작이 될 것이다. 그리고 또한 바로 그게 리더인 당신의 미래의 모습이다. 그 정도의 생활이라면 해볼 만 하다, 는 어떤 뿌듯한 마음이 들지 않는가? 비록 분초를 쪼개어 뛰어다닐 정도로 바쁘게 살망정. 그 정도는 리더로서 당연히 감당해야 할 희생이리라.

그러나 그가 보내는 시간을 한번 자세히 살펴보자. 그가 보내는 대부분의 시간은 대기업의 총수와 질적으로 양적으로 같은 모습이라는데 문제가 있다. 빌 하이벨스, 그는 분명 목사이다. 그런데 목사로서 신도들과 대화하는 모습이라든가, 신도들의 고민을 위하여 같이 기도했다거나, 심지어 리더십의 본령이라 할 수 있는 영향력을 신도들에게 끼치기 위하여 개별적인 접촉을 가지는 어떠한 일을 했다는 기록이 거의 없다.

물론 신도들과 접촉하는 장면도 나오는데, 설교 후 잠깐 동안의 만남이다.

〈나는 교회에서 주말 설교를 마치고 영접실 앞에 서서 사람들과 대화를 나누고 있었다. 그때 신혼부부가 다가왔다.〉(19)

예배를 마치고 나가는 교인들과 반갑게 인사를 나누는 그 짧은 시간에 나누는 대화로는 그들과 깊은 관계를 가질 수는 없을 것이다.

그는 그런 모습으로 목회를 이끌어가고 있을 뿐만 아니라, "많은 리더가 이러한 풍요로움을 경험하지 못하고 있다는 것은 매우 슬픈 일"(81)이라고 생각하고 살아가고 있다. 그는 리더된 사람은 빌 하이벨스 자기처럼, 그렇게 살아야 한다고 생각하는 것이다. 어떤가? 그의 살아가는 모습이 당신이 생각하는 목회자의 모습인가? 당신은 그러한 하이벨스가 부러운가? 그렇게 지내지 못하는 것이 안타까운가? 그렇게 살기를 소원하는가? 이러한 질문에 '그렇다'라고 대답하는 분은 하루 속히 목사의 옷을 벗고 기업체를 운영하는 CEO가 되는 게 좋을 것이다. 그런데 현실 교회에서는 그렇게 생각하는 분들이 사회로 나가는 게 아니라 교회에서 여전히 리더의 위치에 있으며 이제는 교회를 회사 조직처럼 운영하며 CEO의 모습으로 일하고 있다. 빌 하이벨스가 바로 그 중의 하나이다. 그래서 그런지 이상한 말을 하기도 한다. 그는 분명 목사인데도 다음과 같은 발언을 하는 것을 무슨 이유일까?

〈나는 사업가의 가정에서 자랐고 사업문제로 중역들과 토론하는 시간을 즐겼다.〉(182)

그는 대학을 졸업하고 바로 목회에 뛰어든 사람이다. 따라서 자기가 사업을 운영한 적이 없다. 그런데도 불구하고 이러한 말을 하는 이유는 무엇일까? 이게 단순한 번역상의 실수일까? 아니면 자기가 목사가 아니라 CEO라고 착각하는 것일까? 그래서 자기는 CEO이고 장로들과 부교역자들이 중역으로 보이는 것일까?

그럼, 왜 그는 CEO 처럼 교회를 운영하고 있을까? 피터 와그너의 글에서 그 단서를 찾을 수 있다.

피터 와그너는 그의 책 『교회 성장을 위한 지도력』에서 다음과 같은 흥미로운 주장을 하고 있다.

〈그러나 200명선을 넘어서 성장의 건전한 비율을 유지하려면 목회자는 높게 여겨지는 대가를 기꺼이 치러야 한다. 즉 목회자는 목자(Shepherd)의 형태에서 목장 경영자(rancher)의 형태로 기꺼이 바꿔야 한다. 나는 이 생생한 용어에 대하여 라일 E. 샬러에게 감사한다. 그는 텍사스주에 있는 한 장로교 목사가 즉석에서 한 말에서 그 용어를 찾아냈다. 목장 경영자에 의해 인도되는 교회에서는 양은 여전히 돌보아지지만 목장 경영자는 그것을 하지 않는다. 경영자는 다른 사람이 그것을 행하는 것을 본다.〉 (64)

피터 와그너는 CEO형 목사들의 모습을 정확하게 묘사하고 있다. CEO 목사란 '목자'가 아니라 '목장 경영자'이다. 빌 하이벨스가 한 말을 빌린다면 "여러 해 동안 교역자들을 고용"한 목사를 말하는 것이다. 목장 경영자는 양은 돌보지 않는다. 그대신 다른 사람이 양을 돌보는 것을 본다. 빌 하이벨스는 피터 와그너가 말한 '목장 경영주'로서의 모습을 그대로 따라 하고 있는 것이다. 비단 빌 하이벨스 뿐만이 아니라 우리나라에도 CEO라 불리기에 손색이 없는 목사님들이 여럿 계시다. 이런 분들은 모두 다 피터 와그너의 '목장 경영자' 이론을 몸소 실천하고 있는 것이다.

그렇다면 피터 와그너가 주장한 목장 경영자 이론이 성경에서 말하는 목회자의 모습과 얼마만큼의 일치를 보이고 있을까? 성경에서는 목자와 양의 비유를 통하여 교인과 목회자의 관계가 어떠해야 하는지를 교훈하고 있다. 그러니 양과 목자에 관한 부분을 찾아 보도록 하자.
예수님은 양을 치는 목자의 모습이 어떠해야 하는지를 친히 말씀하셨다.

"내가 진실로 진실로 너희에게 이르노니 문을 통하여 양의 우리에 들어가지 아니하고 다른 데로 넘어가는 자는 절도며 강도요 문으로 들어가는 이는 양의 목자라 문지기는 그를 위하여 문을 열고 양은 그의 음성을 듣나니 그가 자기 양의 이름을 각각 불러 인도하여 내느니라 자기 양을 다 내놓은 후에 앞서 가면 양들이 그의 음성을 아는 고로 따라오되 타인의 음성은 알지 못하는 고로 타인을 따르지 아니하고 도리어 도망하느니라” (요 10:1-5)

성경은 예수님께서 이 말씀을 하실 때에 제자들이 비유를 이해하지 못하였다고 말하고 있다. 이는 우리에게 경고로 다가오는 말씀이다. 그때 제자들이 그랬던 것처럼 많은 목회자들이 이 비유를 제대로 이해하고 있지 못하니 말이다. 그래서 예수님은 다시 말씀을 풀어 설명해 주신다. 그것이 요한복음 10장 7절 이하의 말씀이다.

“나는 선한 목자라 나는 내 양을 알고 양도 나를 아는 것이 아버지께서 나를 아시고 내가 아버지를 아는 것 같으니 나는 양을 위하여 목숨을 버리노라” (요10:14-15)

예수님은 또한 베드로를 불러 친히 ‘그의 양’ 을 맡기셨다.

“또 두 번째 가라사대 요한의 아들 시몬아 네가 나를 사랑하느냐 하시니 가로되 주여 그러하외다 내가 주를 사랑하는 줄 주께서 아시나이다 가라사대 내 양을 치라 하시고” (요21: 16)

성경의 어디에서도 양으로 비유된 하나님의 백성을 보살피는

데, 양떼를 보살피는 목자를 고용해서, 그들이 양을 치는 것을 바라 보라고 되어 있지 않다. 오히려 "네 양떼의 형편을 부지런히 살피며 네 소떼에 마음을 두라"(잠 27:23)고 말하고 있다. 따라서 피터 와그너는 큰 실수를 했다. 성경말씀에 어긋나는 모습으로 목자의 모습을 그려낸 것이다. 성경에서, 예수님이 우리에게 보여준 목자의 모습과 피터 와그너가 그려 낸 목사의 모습은 천지 차이가 있다. 예수님은 심지어 예수님 자신도 목장 경영자란 생각을 하지 않으셨다. 잃어버린 양 한 마리를 찾기 위하여 고용한 다른 목자를 보내는 것이 아니라 친히 잃은 양을 찾으러 가시는 목자의 모습을 예수님은 우리에게 보여주고 있다.

따라서, 목회자는 모름지기 예수님의 본을 받아 '직접' 양을 치는 목자가 되어야 한다. 그럼 과연 나 자신이 목자인가 아니면 목장 경영자인가를 어떻게 구분할 수 있겠는가? 천안대의 장동민 교수는 그의 글 『목회의 목적을 다시 점검한다』에서 목회의 중심이 사람 중심인가, 교회 중심인가에 관한 판단방법으로 다음과 같은 방법을 제시하는데, 이 방법이 시사하는 바가 크다고 생각한다.

"지난 한 주간 동안 대화한 사람은 누구이며 그 내용은 무엇이었는가? 부교역자와 성도 심방에 대해 보고받고, 관리 집사와 교회 정수기 점검에 대해 이야기하며, 장로 두 사람에게 전화를 걸어 내년도 예산 편성에 들어가야 할 항목에 대해 부탁하고, 구역장 집사들과 둘러앉아 내년도 사회 봉사 프로그램에 대해 이야기한 것이 전부라면 그 목회자는 사람 중심이 아닌 교회 중심임에 틀림없다. 그리고 심방하면서 어떤 대화를 나눴는가? 교회 생활하는데 별 문제가 없는지를 점검하고, 교회에 더욱 충성할 수 있기를 위해 기도하고 심방을 마쳤다면, 이 역시 성도들을 '관리'하기 위한 수단으로 가정 심방을 사용했을 뿐이다. 물론 교회의 최고 책임자로서 목회자가 이런 사람들을 만나지 않을 수 없고, 교회의 관리에 대해 지시하지 않을 수 없다. 하지만 사람을 중심으로 생각하는 목회자라면, 성도가 규칙적으로 하나님과 교제의 시간을 갖고 있는지, 자녀들의 공부와 신앙의 관계를 어떻게 설정해 주고 있는지, 남편이 직장에서 하는 일에 만족하고 있는지, 고난의 상황을 말씀으로 이겨나가고 있는지 성도의 실존적 삶과 관련된 문제를 중심으로 대화를 나눌 것이다. 물론 부교역자를 대할 때 다음 세대의 교회를 이끌어 갈 동역자이자 후배로서, 교회의 직원들에게도 피고용인이 아닌 사랑의 관심을 가질 것이다."

위에 지적된 사항에 얼마나 해당되는지 점검해 보라. 해당되는 사항이 많을수록 당신은 CEO에 가까운 목회자이다.

리더십 주창자들이 그려내는 리더상은 빌 하이벨스가 그의 책에서 묘사한 그의 일상과 대동소이할 것이다. 교단 회의에 참석하기 위하여 노트북을 들고서 비행기를 타고 가는 장면, 정부 관리를 만나기 위해 교인과의 상담을 취소하고 바쁘게 출발하는 장면, 일정이 바쁘다 보니 모든 사람을 만나지 못하고 선별해야 하고, 그 일정은 비서가 알아서 조정해 주는 모습들, 수많이 모인 대중집회에서 연단에 올라 사자후를 토하는 당신의 모습, 혹시 당신도 그런 꿈을, 비전이라는 미명하에 가슴 한구석에 품고 있지는 않은가?

그러나 분명한 것은, 그러한 모습은 예수님이 원하시는 목자의 모습이 아니라는 것이다. 심지어 영적 리더십을 주장하는 김광건 교수조차 이에 대한 경계의 말을 하고 있음은 주목할 만하다.

> "그러나 다시 말하자면 여기에 지대한 위험 요소가 있다는 것이다. 즉 영적 리더의 C.E.O.화이며 이것은 결국 한국교회를 엄청난 영적 파탄으로 몰고 갈 수 있는 것이다." (『CEO에서 선지자로』)

목사가 CEO라고 불려도 좋을까? 글쎄, 당분간은 좋을지 모르겠지만 주님 앞에 가서도 그럴까? 주님께서 "내가 맡겨 놓았던 '내 양'을 어떻게 보살폈냐"고 물으신다면 뭐라 대답할까?

"저는 여러 해 동안 교역자들을 고용했고 그들에게 예산을 주며 양을 돌보라고 말했습니다. 저의 일중에 가장 복잡한 일 중 하나는, 바로 (양을 돌보는데) 성과가 저조한 부교역자들을 다루는 문제였습니다. 그래서 (제가 다른 일로 바빠 오래 이야기할 시간이 없어) 교회 복도에서 교역자들과 대화를 나눌 때에 양들을 잘 돌보도록 당부했습니다."

빌 하이벨스는 예수님에게 그렇게 대답할지도 모르겠다. 당신도 그렇게 대답하고 싶은가?

33
리더십은 어떻게 행사되는가?

리더십이 실질적으로 리더십의 본분을 다하려면 리더십은 행사되어야 한다. 그 '행사'는 그저 밖으로 내 보이는 것으로 끝나는 것이 아니다. 다른 사람에게 전달되고, 그 전달 받은 사람이 리더의 리더십에 반응하여 움직여야 한다. 그것을 '리더십의 행사'라 부른다. 아무리 리더다운 리더가 되었다 할지라도 리더십을 행사할 수 없다면 아무 소용이 없다. 리더십 주창자들은 리더십을 '영향력'이란 말로 정의하는데, 그 영향력은 구체적으로 어떻게 행사되는가? 리더로서 갖추어야 할 실력과 품성을 갖추고 있으면 주머니에 들어있는 향기가 밖으로 새어 나가듯이 저절로 리더십이 행사되는 것일까?

리더십의 행사 방법은 어떤 것이 있을까?

리더십이 행사되는 방법은 여러 가지가 있겠으나, 실질적으로는 의사결정 과정을 통하여 행사된다. 조직을 일정한 방향으로 끌고 가기 위해서는 조직원들의 의사를 하나로 모아야 하는데, 그 의사 결집의 과정에서 의사결정을 주도함으로써 리더십은 일차적으로 행사된다. 그리고 그 다음 단계로 의사결정 과정에서 결정된 사항이 조직의 전체에 걸쳐 시행되도록 확산시키고 추진하여야 한다. 이게 리더십이 행사되는 두 번째 방법이다. 또한 정보의 제공과 통제도 리더십을 행사하는 방법이 될 것이다.

자, 그러면, 조직원들의 의사를 결집하는 과정에서 의사가 하나로 결집되지 못하는 경우에는 어떻게 할 것인가? 당연히 리더가 그런 어려움을 극복하고 조직원들의 의사를 하나로 모아야 한다. 이때 설득이라든가 정보의 제공 및 통제 등 여러 방법을 사용할 수 있다. 그래도 그것이 이루어지지 않는 경우, 끝까지 리더의 의견에 승복하지 않는 조직원이 있을 경우 어떻게 할 것인가? 또 하나로 도출된 의견에 다른 조직원들이 반발할 때에는 어떻게 할까?

일반 리더십에서는 어떻게 리더십이 행사되는가?

일반 리더십 이론에서는 그런 경우 '직위'에서 나오는 권한을 가지고 조직원들을 통제할 수 있다. 조직원들을 통제하는 것은 직위에서 나오는 당연한 권한이다. 끝까지 리더의 의견에 승복하지 않는 조직원이 있을 경우에도, 또한 도출된 의견에 어느 조직원이 반발할 때에도 역시 '지위'가 그것을 통제하는 힘을 가진다.

여기에서 이야기를 더 진행하기 전에 리더십이론이 속해 있는, 다시 말해서 리더십 이론이 나오게 되는 배경인 조직론을 잠시 들여다 볼 필요가 있다. 그래야만 리더십 이론이 보여주고 있는 여러 모습이 더 정확히 이해되기 때문이다. 조직은 조직 자체가 목적이 아니다. 조직이 결성될 때에 전제로 하고 있는 목표는 별도로 있다. 조직은 성과를 목표로 하고 있다. 이것은 영리를 목적으로 한 조직이든 혹은 비영리 조직 — 심지어 자선사업을 하는 조직일지라도 — 이든, 어떤 성과를 목표로 한다는 점에서는 마찬가지이다. 그래서 그 목표를 달성하기 위한 하나의 방법으로 리더십이 개발되었다. 따라서 리더십을 그냥 '영향력'이라 정의하는 것은 무언가 부족한 감이 있다. 리더십을 "조직 목표의 최적 달성을 지향하여 개인과 집단행동에 영향력을 미치는 것"이라고 정의하거나 "리더십이란 사람들로 하여금 공동목표를 달성할 수 있도록 영향력을 행사하는 것"이라고 하는 정의가 리더십의 본질에 더 가까운 것이다.

그래서 그런 조직에서는 목표를 달성하기 위해서 '지위'에게 권한을 부여해 준다. 조직의 목표를 달성하기 위해 권한은 필수적이다. 그렇다면 직위가 가지고 있는 권한이란 무엇을 말함인가? 조직에서 '직위'가 가지고 있는 힘은 간단히 말해서 '당근과 채찍'을 들 수 있다. 조직에서 쫓아내거나 징벌을 가하는 '채찍'의 방법뿐만 아니라 그 반대로 승진이라던가 상여금을 지급하는 방식으로 '당근'을 줄 수 있다. 실례를 들어보자. 군대라는 조직에서는 상관의 명령에 복종하지 않으면 항명죄 즉 명령 불복종죄에 해당한다. 영리를 위주로 하는 회사조직에서는 상위 직위에 있는 리더에게 복종하지 않는 자는 승진이 거부된다거나 심하면 면직을 당할 수 있다. 그 반대로 리더의 리더십에 잘 따라주면 그 조직원을 승진시킨다거나, 상여금을 더 지급하는 방법으로 보상해 줄 수 있다. 그처럼 일반 조직에서 '직위'는 리더십을 행사할 수 있도록 뒷받침해 주는 훌륭한 근거가 된다.

일반리더십에도 지위에 근거한 리더십을 지양한다는데…

그런데 일반 조직에서 '직위'는 리더십을 행사할 수 있도록 뒷받침해 주는 훌륭한 근거가 된다는 필자의 말에 의아하게 생각하는 분도 있을 것이다. 일반 리더십 이론에서도 지위에 근거한 리더십을 지양한다는 말을 하지 않는가? 그런데 '직위'가 리더십을 행사할 수 있도록 뒷받침해주는 훌륭한 근거가 된다니?

일반 리더십 이론에서 지위에 근거를 한 리더십을 하위의 리더십으로 간주한다거나, 그러한 리더십을 지양한다고 하는 것은 직위 자체를 부정하는 게 아니다. 그렇게 주장하지만 실상은 이미 그 기본에, 지위에 근거한 리더십이 한 자락 깔려있는 것이다. 이미 지위는 확보했으므로 굳이 거기에 연연하지 말고, 지위만 믿고 거기에 근거한 리더십을 주장하지 말고, 더 높은 정도의 정통성을 리더들이 가지도록 촉구하는 것이다. 조직에서 리더에게 지위에 근거한 리더십 행사 권한을 부여해주고 리더들에게 촉구하기를, 지위에 근거한 저급(低級)의 리더십이 아니라 지위를 초월한 리더십을 행사할 수 있도록, 보다 높은 정도의 정통성 있는 리더십을 가지라고 독려하는 것이다. 직위에만 근거해서 리더십을 행사하는 것은 저급의 리더들이나 하는 것이므로, 더 고차원적인 리더십을 행사하기 위하여 저차원적 (低次元的)인 '지위'에 기초를 두는 리더십을 행사하지 말라는 것이다. 이게 일반 리더십 이론에서 지위에 근거한 리더십을 지양한다는 말의 진정한 의미이다.

리더십은 실제 현장에서는 어떻게 행사되는가?

그러면 리더십이 실제 현장에서는 어떻게 행사되는지 살펴보자. 리더십 주창자들이 즐겨 인용하는 리더십의 사례로 거의 사망 직전의 크라이슬러를 살려 놓은 아이아코카의 경우이다. 아이아코카는 크라이슬러라는 조직에서 어떻게 리더십, 즉 영향력을 발휘했을까?

1978년, 크라이슬러가 1억 6천만 달러의 빚을 지고 파산하게 되었을 때, 아이아코카가 나타났다. 그러면, 그가 포드에서 해고되어 백수로 있을 때에 크라이슬러에 영향력을 행사하였던가? 아니다, 그럴 수는 없다. 아이아코카가 크라이슬러에 아무런 직위 없이, 순수한 '영향력'으로만 리더십을 행사한 게 아니었다. 그는 전 직원의 생사여탈권을 가진, 막강한 권한을 가진 CEO로서 리더십을 행사하였다. 만약 그가 아무런 직위 없이, 아무런 권한 없이, 단지 그가 가진 성품과 실력으로만 '영향력'을 행사했다면 그만한 실적을 발휘할 수 있었을까? 그는 영향력을 행사하기는커녕 회사에 출근조차 하지 못했을 것이다. 정문을 통과하는 데 애를 먹었을 것인데, 회사 직원이 아니라 출입증이 없으므로 정문에서 수위에게 제지를 받고 발걸음을 돌려야 했을 것이다. 그는 CEO라는 '직위'를 가졌기 때문에 정문을 통과할 수 있었고, 자기 사무실에 앉아 중역들을 지휘하여 조직을 개편하는 등의 '권한'을 행사하여 크라이슬러를 회생시키는 리더십을 발휘할 수 있었다. 그는 리더십이란 영향력을 그의 '지위'에 근거하여 행사하였다. 그렇게 그 지위에서 그는 수많은 직원들을 감원하는 등 그야말로 무소불위의 권한을 행사하였다. 리더십은 일차로 그렇게 행사된다. 그 누구도 그런 사실을 부정하지 못할 것이다. 그러니 리더십을 지위와 분리하여, 다만 '영향력'이라고 정의하는 것은 조직의 생리를 몰라도 한참 모르는 사람의 소리에 불과하다.

리더십이 건전하게 행사되려면 여러 가지 전제조건이 필요한데, 그 중의 하나로 조직내에 권한이나 책임체계가 명확하고 건전한 조직이 형성되어 있어야 한다. 리더의 말이 영향력을 가지고 행사될 수 있도록 조직이 그 뒷받침을 해 주어야 하는 것이다.

일반 리더십 이론에서는 리더십 이론이 독자적인 영역으로 홀로 존재하는 것이 아니라, 다른 분야와 사이 좋게 서로서로 역할을 분담해 가면서 조직의 목표를 이루기 위하여 협력해 나간다. 리더십의 역할은 조직에 참가하고 있는 조직원이 주어진 상황 속에서 자발적이고 적극적으로 조직 목적의 달성에 협력하게끔 유도하는 기능이다. 조직의 목적을 위하여 행사되는 '리더십'의 역할은 거기에서 끝난다. 그래서 다른 분야, 예컨대 후계의 양성이라든가 리더를 양성하거나 훈련시키는 일은 리더십의 영역이 아니라 다른 분야, 예컨대 교육훈련 부서의 역할로 넘겨주고, 리더십은 고유의 리더십의 역할만을 담당하는 것이다.

그렇다면 영적 리더십에서는 과연 위와 같은 일이 어떻게 이루어지고 있을까? 우리의 관심은 거기에 있다. 이상 말한 바와 같은 일반 리더십에 대한 이해를 가지고 영적 리더십을 살펴보기로 하자.

34
영적 리더십은 어떻게 행사되는가?

일반 리더십에서는 앞장에서 말한 바와 같이 직위에 근거한 권한을 가지고 리더십을 일차적으로 행사하게 되어 있다. 그럼 영적 리더십의 경우는 어떠한가? 마찬가지로 지위가 그 역할을 하는가? 영적 리더십 주창자들은 그 누구도 이에 대해 대답을 하지 않는다. 대답을 하지 않은 이유는 그들 스스로 거기에 대한 의문이 없었기 때문이다. 의문이 없었으니 당연히 질문도 없고, 그러니 대답도 있을리 없는 것이다.

영적 리더십에서는 리더십이 어떻게 행사되는가?

한홍목사는 영향력의 행사에 대해 이렇게 말을 한다.

〈내가 영향력을 행사하려고 해서 되는 게 아니라, 내가 실력과 인격을 갖춘 사람이 되면 사람들이 자기도 모르게 나의 영향력을 받는 것이다. 즉, 내가 무엇을 하느냐(doing)의 문제가 아니라, 무엇이 되느냐(being)의 문제인 것이다.〉 (거인, 254)

그러나, 리더십은 한목사의 말처럼 그냥 저절로 행사되는 게 아니다. 현실에서는 그런 일이 쉽게 일어나지 않는다. 리더십을 가진 사람이 있으면 그 밑으로 사람이 저절로 구름처럼 몰려와 무조건 순종하고 복종하는 게 아니다. 리더와 다른 생각을 가지고 있는 팔로워들이 리더의 인품에, 정직성에 감화되어서 자기의 주장을 접고 리더의 말에 순종하며 따라 가는 게 결코 아니다. 그런데도 그들은 애써 거기에 대해 눈을 감는다. 리더가 되기만 하면 바로 그런 일이 일어날 줄 알고 있는 것일까?

그래서 영적 리더십의 행사방법에 대해서도 고찰이 필요하다. 그러면 그 행사 방법은 무엇일까? 그런데 여기 문제가 있다. 영적 리더십 이론이 일반 리더십이론에서 사용하는 도구를 받아들였다는 것은 이미 말한 바가 있다. 그래서 일반 리더십 이론이 가지고 있는 도구의 한계 때문에 영적 리더십은 도대체 '영적'이지 않다고 이야기하였다. 그렇게 영적 리더십 이론은 일반 리더십 이론에서 사용하는 도구를 가져왔는데, 미처 생각지 못하고 가져오지 않은 것이 하나 있다. 바로 리더십을 어떻게 행사할 것인가의 방법론이다. 그것을 가져오지 못했다. 리더십의 성과를 확보하게 하는 근본적인 그 행사방법을 잊고 가져 오지 않은 것이다. 그것은 바로 지위에 대한 올바른 인식을 통해 지위로 하여금 영향력을 행사하게 하는 것이다. 영적 리더십 주창자들은 그러한 인식이 없을 뿐만 아니라, 지위에 대해 부정하려는 모습조차 보인다.

'지위'에 대한 영적 리더십 주창자들의 주장을 한번 들어보자.

〈일단 무엇이 진정한 리더십인지부터 확실히 해야 한다. 그것을 알기 위해서는, 먼저 무엇이 리더십이 아닌가를 알아야 할 것 같다. 첫째, 리더십은 힘(power)이 아니다. … 리더십은 지위(status)만도 아니다. 우리는 능력도, 인격도 안되면서 높은 자리에 올라 목에 힘을 주는 사람들을 얼마나 경원하는가?〉(칼, 30)

〈직위가 반드시 리더십은 아니다〉 (거인, 28)

비단 한홍 목사만이 아니다. 존 맥스웰도 역시 마찬가지이다.

〈그러나 사람들은 리더십을 추종자를 얻는 능력이 아니라 어떤 지위를 확보하는 능력으로 정의한다. 그들은 지위나 서열 혹은 직함을 추구하곤 한다. 그들이 원하는 자리에 올라갔을 경우 지도자가 되었다고 생각한다. 그러나 이런 생각은 일반적으로 두 가지 문제를 야기한다.〉 (『리더십의 법칙』, 23)

〈사람은 어떤 지위에 임명됨으로써 통제력을 가질 수 있다. 그는 그 지위를 통해 권위를 가질 수 있다. 그러나 진정한 리더십이란 권위를 능가한다.〉 (『리더십의 법칙』, 30)

〈우리들은 대부분 리더십이란 어떤 지위를 갖는 것이라고 배웠다. 그러나 직장 내에서 우리는 사람들이 내가 가진 직책 때문에 나를 따르는 게 아니라는 사실을 발견하게 된다. 〉 (『리더십의 법칙』, 31)

그렇게 리더십 행사의 기본이 되는 '지위'를 부정한다. 그래야만 그들이 주장하는 리더십이 자리를 잡을 수 있기 때문이다. 지위를 부정해야만, 그들이 주장하는 리더의 품성에 무게를 둘 수 있으며, 그 방향으로 이론을 전개해 나갈 수 있기 때문이다. 그래서 일반 리더십에서 리더십을 "조직 목표의 최적 달성을 지향하여 개인과 집단행동에 영향력을 미치는 것"이라고 정의하거나 "리더십이란 사람들로 하여금 공동목표를 달성할 수 있도록 영향력을 행사하는 것" 또는 "리더가 조직 목표를 달성하려고 노력함에 있어서 하위자의 자발적인 참여를 추구하는 사회적 영향과정"으로 정의하여 일정부분 '조직'과 관련시키고 있는데 반하여, 영적 리더십에서는 영향력을 발휘하기 위한 일차적 근거되는 직위가 자리매김할 수 있는 '조직'과 '조직원'을 삭제해 버린 것이다. 그러니 영적 리더십에서는 '직위'에 근거한 리더십을 '지양' 한다는 말이 성립되지 않는다. 조직과 조직원이 전제되지 않는데 어떻게 지위가 작용할 수 있다는 말인가? 그래서 영적 리더십이론에서는 지위가 작용할 여지가 원천 봉쇄되어 버렸으니 '지양' 이 아니라 아예 없는 것이다.

영적 리더십에서는 지위에 근거를 둘 수 있는가?

여기 하나 풀고 넘어 가야 할 의문이 있다. 일반 리더십에서도 지위에 근거한 리더십을 지양한다고 하면서도 일차적으로 지위에 근거하여 리더십을 행사한다고 하지 않았는가, 하는 점이다. 그러므로 영적 리더십에서도 역시 지위를 지양하지만, 일차적으로 지위에 근거하여 리더십을 행사할 수 있지 아니한가 하는 의

문이다. 지위에 근거한 리더십을 부인한다는 것은 일반 리더십이
나 영적리더십에서나 같은 의미로 받아들이면 될 것 아닌가?

이에 대한 답변은 위에 언급한 것처럼 직위가 자리매김할 수
있는 '조직'과 '조직원'을 삭제해 버려 영적 리더십에서는 직위
에 근거한 리더십을 '지양'한다는 말 자체가 성립되지 않는다는
것이 그 첫째 답이다.

또 하나 영적 리더십 주창자들이 한 가지 간과한 게 있는데,
그것은 일반 리더십 이론은 리더십 이론 자체가 독립되어 운영이
되는 것이 아니라는 점이다. 리더십 이론은 조직론 중의 한 부분
에 불과하다. 그래서 리더십 이론이 홀로 서는 게 아니라 조직을
위한 이론으로서 운영되며, 또한 그것은 조직론의 다른 이론에
의해 뒷받침을 받고 있다. 그래서 리더십 이론은 다른 조직론의
이론들과 연결되어 운영이 되는 것이다.

다시 말하자면, 영적 리더십 이론은 리더십 이론만을 떼어 오는
바람에, '핏줄'은 버려두고 '살'만 떼어 온 격이다. 일반 리더십에
서는 그것이 몸인 다른 '조직론의 영역'과 연결되어 있어 피를 통
해 영양분이 공급되는 것이다. 살만 따로 떼어 놓으면 피가 통하
지 않아 더 이상 다른 기관에서 영양분을 받지 못하지만, 몸에 붙
어 있는 살들이야 그대로 다른 장기, 조직의 도움을 받아 영양분
을 받을 수 있는 이치와 마찬가지로 리더십 이론은 조직론의 다른
부분과 분리해서 운영될 수가 없다. 그래서 일반 리더십 이론에서
는 리더십행사에 대하여 방법론을 굳이 논의할 필요가 없다. 조직
론의 다른 부문에서 리더십이 행사할 근거가 주어지기 때문이다.

결국, 일반 리더십은 조직의 힘에 의해 뒷받침을 받는다. 그래서 일반 리더십 이론에서 리더십을 행사하기 위하여 '지위'에 근거한다는 말을 굳이 하지 않아도 되는 것은 조직의 생리상 이미 전제되어 있는 것이기에, 굳이 리더십 분야에서 다시 '지위'에서 우러나오는 '권한'을 언급할 필요가 없기 때문이다. 일반 리더십은 굳이 지위에 근거한 리더십을 강조하지 않아도 이미 다른 차원에서 '지위'에서 나오는 리더십이 확보되어 있는 것이다.

그러나 영적 리더십이 통용되는 교회에서는 다른 조직체에서 볼 수 있는 것과 같은 '지위에 근거한 리더십'이 있을래야 있을 수가 없다. 왜냐하면 교회의 조직이 '지위'를 전제로 한 조직이 아니기 때문이다. 이는 한홍 목사도 "비즈니스는 사장이 밥그릇을 쥐고 있기 때문에 보이지 않는 최소한의 권위가 있지만, 자원봉사를 철칙으로 하는 교회에서 목회자가 교인들에게 접근하는 리더십은 근본적으로 차원이 다르다"(거인, 21) 라고 인정하고 있는 사항이다.

여기에서 영적 리더십 이론은 딜레마에 빠지게 된다. 다른 조직이론의 도움을 받기 위하여는 그리스도의 몸인 교회를 다른 일반 조직과 같은 반열로 놓아야 한다. 아니면 혼자서 행사할 수 없는 리더십 이론을 과감히 버리느냐,의 두 갈래 길중 하나를 택하여야 한다. 그런데 영적 리더십은 행사방법이 확보되지 않은 리더십 이론을 '영적 리더십'이라는 멋진 이름아래 선택한 것이다. 그래서 영적 리더십은 알맹이는 없는 이상 야릇한 리더십 이론으로 존재하게 된 것이다.

결국, 영적 리더십에서는 일반 리더십에서 말하는 그 이면의 스토리를 채 알지 못하고 조직론 중에서 리더십 부분만을 떼어와 받아들이는 바람에, 리더십 행사 방법을 챙기지 못한 채 리더십 이론만을 주장하게 된 것이다.

그들이 '영향력의 행사'라고 주장하는 것들

영적 리더십 주창자들이 영향력의 행사 방법이라고 주장하는 것이 두 가지가 있는데, 그것들은 영향력의 행사방법이 아니다. 첫 번째, 인간 사이의 관계를 통해 영향력을 행사하는 방법이다.

〈중요한 것은 관계로 인해 얻어지는 권위이다.〉(『리더십의 법칙』, 211)

그러나 실상 그것은 리더십이 승인받게 되는 과정, 더 나아가서 리더십이 얻어지게 되는 과정을 의미할 뿐, 그것이 어떻게 행사되느냐의 방법은 아니다.

두 번째는, 커뮤니케이션이 영향력을 행사하는 방법처럼 보이나 그것 역시 영향력을 행사하는 과정에서 제기되는 효율성에 관한 사항이지, 행사 방법은 아니다.
그래서 그들은 리더십의 행사방법에 대해서는 침묵한 채 건너뛰고 그 다음 단계로 건너가는 것이다.

리더십 성공사례들

리더십이 실제 현장에서는 어떻게 행사되는지 살펴보기 위해서 앞장에서 리더십의 성공사례를 살펴보았다. 거의 사망 직전의 크라이슬러를 살려 놓은 아이아코카의 경우였는데, 안타까운 일이지만 이러한 기업의 성공사례는 영적 리더십 주창자들이 즐겨 사용하는 예이다. 아직까지 영적 리더십에 관한 책에서 구체적인 성공사례로 교회를 예로 든 경우는 드물고 대신 일반 기업의 예들을 즐겨 사용하고 있다. 아이아코카는 리더십이란 영향력을 그의 '지위'에 근거하여 행사하였다. 그 지위에서 그는 수많은 직원들을 감원하는 등 그야말로 무소불위의 권한을 행사하였다. 영향력이라 일컬어지는 리더십은 일차로 그렇게 행사된다. 그 누구도 그런 사실을 부정하지 못할 것이다. 그러니 리더십을 조직으로부터 분리하고, 지위와 분리하여 다만 '영향력'이라고 정의하는 것은 리더십이 구체적으로 어떻게 행사되는가를 생각지 못한 단견의 소치이고, 뜬 구름 잡는 소리에 불과하다.

그로 인해 일어나는 현상들

그런데도 불구하고 영적 리더십 주창자들은 '지위'를 부정하고 있다. 그러면 어떤 일이 벌어지는가?

교회에서 리더십이 행사되고 있는 모습을 먼저 살펴보자. 교회 내에서 리더십이 행사되는 모습을 살펴보면 대부분 '지위'를 기초로 하여 행사되고 있음을 알 수 있다. 당회장의 지위에서, 감독의 위치에서, 심지어 성경 공부 리더의 지위에서, 구역장의 지위에서, 지위에 근거하여 리더십이 일차적으로 행사된다.

또한 재미있는 것은 지위를 지양한다는 영적 리더십에서 리더 간의 갈등을 해소하는데 가장 흔히 쓰이는 것이 바로 지위이다.

다음 장에서 살펴보겠지만, 교회에서 리더가 많아지면 리더들 간에 갈등이 필연적으로 생기게 되는데 그런 갈등을 해소하는 방법이 바로 '지위'이다. '지위'를 많이 만들어서 리더들간에 갈등이 생기지 않도록 자리를 재배치하는 것이다. 그런데도 지위에서 나오는 리더십은 열등한 것이라고 영적 리더십에서는 생각하고 있으므로 대부분의 리더가 지위에 근거하여 리더십을 행사함에도 불구하고 그것을 참된 리더의 품성, 인격에서 나오는 리더십으로 착각하게 된다. 그렇게 되면 어떠한 일이 벌어지나?

리더의 입장에서는 지위에서 나오는 리더십 행사를 즐기면서도, 그것을 인식하지 못하고 있기 때문에 리더로서의 품성을 되돌아본다거나, 자기계발 등을 소홀히 하게 된다는 것이다.

한편 팔로워의 입장에서는, 리더가 분명 지위에서 나오는 권한으로 리더십을 행사하는데도 불구하고, 그것을 인정하지 않고 리더의 품성과 실력에서 나오는 리더십이라고 하니 자연히 리더에 대한 존경의 마음이 줄어 들게 되는 것이다. 그렇게 되면 리더와 팔로워의 관계가 형식화 될 우려가 다분하다. 일반 조직에서도 리더와 팔로워가 그러한 관계가 된다면 조직에 미치는 영향이 클 터인데 교회에서는 더 말해 무엇 하겠는가? 교회 내에서 리더와 팔로워의 관계가 그들이 말하는 것처럼 이상적인 모습으로 이루어지는 것이 아니라 갈등의 관계가 형성되어 교회가 어지러워지는 이유가 바로 여기에 있는 것이다.

리더가 되라는 것은 공허한 구호에 불과

그래서 영적 리더십에서 다음 단계로 진도를 나가지 못하고 계속하여 리더의 자질과 능력을 문제 삼는 이유가 바로 거기에 있다. 지위에 대한 인식이 확실히 못하기 때문이다. 그러니, 그들의 화두는 항상 '리더가 되라' 는 것이다. 리더십이란 주제하에 써진 글들을 살펴보면 거의 리더십의 입구에서 뱅뱅 돌면서 '리더가 되라' 고 외치기만 하고 있음을 볼 수 있다. 그들이 가지고 있는 한계는 바로 거기까지다. 영적 리더십에서는 리더십을 행사할 방법이 없으므로 그저 리더가 되라는 구호를 외치고 말 수 밖에 없다. 당신도 리더가 될 수 있다. 리더가 되기 위해서는 이러 이러한 품성을 개발해라. 리더가 되려면 이러이러한 일을 해라. 비전을 가져라, 등등. 공허한 구호만을 지금까지 외치고 있는 것이다.

그러니, 리더가 되는 것이 다른 무엇보다도 그들에게는 중요한 것이고, 그러기 때문에 영적 리더십 이론가들의 책은 항상 이렇게 구성이 된다.

〈이 책의 주된 목적은 리더십의 토대를 형성하도록 돕는 것이다. 따라서 여기서는 당신 안의 리더십을 계발하는데 도움이 될 기초적인 것만을 다루었다.〉 (『리더십의 법칙』, 306)

한홍 목사의 책 『거인들의 발자국』에서 '무엇이 리더를 리더되게 하는가?' 라는 부제가 붙어 있는 이유가 바로 그것이다. 한 목사가 영향력의 행사에 대해, 리더가 되면 영향력은 저절로 행사되는 것처럼 말하며 '무엇이 되느냐(being)의 문제' 라고 말하는 것은 리더가 되라는 데에만 초점을 맞추고 있다는 것을 반증하는 것이다.

그러기에 그들은 아주 단순하게 리더가 되라, 리더가 되면 모든 것은 이루어진다고 말하며 리더의 환상만을 심어주기에 바쁘다. 라인홀트 니버가 말한 대로 "보통사람에게는 진실을 알려주기 보다 필연적 환상과 감상적인 단순화를 심어주어야 한다"는 말이 그대로 적용되는 분야가 바로 리더십이다.

그러므로 그들은, 이런 일을 한다

그렇게 리더가 되라는 것에 치중하다 보면 자연 리더십의 영역은 아주 축소되고 단순화되기 마련이다. 그래서 그것을 극복하기 위하여 영적 리더십에서는 리더십과 관련 없는 것들을 리더십의 영역 속으로 끌고 들어오게 되었다. 그래야만 리더십의 역할이 커지게 되고, 그렇게 되어야 그들의 입지가 더 공고해 지기 때문이다. 영적 리더십 주창자들은 그래서 일반리더십에서는 리더십 항목으로 다루지 않고 조직론의 다른 부문에서 다루는 사항들을 리더십의 영역으로 끌어들이기에 바쁘다.

첫 번째, 그들은 리더를 양성하는 것을 리더십의 영역 속으로 집어넣고 있다. 상식적인 말이지만, 리더를 양성한다는 것은 리더십의 목표가 될 수 없다. 리더 양성은 단지 조직의 목표달성이라는 큰 목표를 위해 거쳐가는 과정에 불과하다. 조직내에 리더를 양성하는 것 자체가 조직의 목표는 아니다. 조직은 리더를 양성하기는 하되, 양성된 리더는 조직의 목표를 달성하기 위한 일꾼으로 사용되는 것이지, 결코 조직의 목표 그 자체는 아니다. 그래서 일반 조직에서는 리더가 되는 것, 리더의 품성을 기르거나 실력을 쌓는 것을 리더십의 목표로 삼지 않는다. 리더의 품성과 실력은 조직의 목표를 효과적으로 달성하기 위한 수단인 것이다. 그래서 리더를 양성하는 것을 리더십의 주요 과제로 삼는 영적 리더십 이론은 리더십을 잘못 이해하여 적용하고 있는 것이다. 리더의 양성은 리더십이론에서 주장하거나 맡을 일이 아니다.

둘째로, 더 나아가서 후계를 기르는 것까지 영적 리더십의 영역 속으로 집어넣고 있다. 후계를 기르는 것까지 리더십에서 다루어야 할 문제인가는 묻지 않아도 자명한 것이다.

더 나아가, 요즘 나오는 영적 리더십의 주장을 보면 목회의 거의 모든 분야를 리더십의 영역으로 넣으려고 노력하는 것을 보게 된다. 커뮤니케이션의 문제, 팀목회의 도입은 말할 것도 없거니와, 설교도 교육도 리더십이다. 어떤 분은 심지어 건강도 리더십이라고 주장하는 것을 보면 과연 리더십의 끝은 어디까지일까 궁금해진다. 어디 그뿐인가, 대화의 기술, 시간관리, 유모어도 이제 영적 리더십의 영역 안으로 집어 넣었다. 그들이 말하는 리더십의 영역 그 끝이 어딘가 궁금해진다.

리더가 된 다음에는 어떻게?

영적 리더십 주창자들은 영향력을 왜 그런 식으로 확장하려고 하는지 모르겠다. 단지 리더십의 영역을 넓히는 방법으로 영향력을 확장시킬 수 있다면, 그런 영향력쯤은 누가 못 발휘할까? 그래, 그렇게 리더십 주창자들의 주장을 따라 해서 리더가 되었다 치자, 그 다음은 어떻게 하라는 말인가? 그들이 말하는 것처럼 리더라는 존재가 되면 저절로 영향력을 행사 할 수 있게 되니, 리더가 되는 것으로 리더의 사명은 끝난다는 말인가?

리더십 주창자들이 거기에 대해 침묵하는 이유는 무엇일까? 리더쯤 되면 그 정도는 스스로 알아서 하라는 뜻일까? 리더가 되게끔 여러모로, 이 모양 저 모양 가르쳐 놓았으면, 이제 행사방법은 스스로 닦아 나가야지, 그런 것까지 가르치는 것은 리더에 대한 예의가 아니다라고 생각하는 것은 아닐까? 그들은 사람인 리더를 너무 과대평가하고 있는 것이다. 하기야, 리더가 누구인가? 그들에 의하면 리더는 날개만 달지 않았을 뿐이지 슈퍼맨 아닌가? 슈퍼맨이라면 그 정도는 너끈히 할 수 있으리라.

35

그들의 '영향력'은 이렇게 나타난다 (6)
제발 한치 앞만이라도 보고 말씀해 주세요

리더십 주창자들이 선호하는 리더의 자질 중에 '미래를 볼 수 있는 안목'이 있다. 그들은 이렇게 말한다.

〈하나님이 사람에게 주는 여덟 가지 축복 중 하나는 마음이 청결한 자에게 주어지는데 그것은 '하나님을 보는 것'이라고 했다. 하나님은 역사를 주관하시는 분이시므로 하나님을 본다는 것은 이 시대를 본다는 것이고, 미래를 본다는 것이며, 탁월한 비전을 제시하는 능력을 의미하기도 한다. 시대를 앞서가는 비전을 보는 것은 리더십에 있어서 필수 요건인데, 이것을 가지려면 깨끗해야 한다는 것이다.〉(거인, 208)

한목사의 말 중 '하나님을 본다는 것'이 '이 시대를 본다는 것'으로 어떻게 연결이 되는지는 논외로 하자. 여기에서 '비전을 제시하는 것', '미래를 보는 것'을 리더십 주창자들은 리더십의 필수요건으로 말하고 있는 것을 알 수 있다. 그렇게 주장하는 것은 한목사뿐만이 아니다. 『청년 리더 사역 핵심파일』(이하 '청년 리더')을 쓴 양형주 목사도 마찬가지이다.

〈청년 사역에서 가장 기본적으로 전제해야 할 것이 있다. 그것은 교역자를 포함한 리더들이 어디까지 볼 수 있느냐는 것이다. 볼 수 있는 데까지 공동체 전체를 인도해 나갈 수 있다. … 이것은 공동체에 대한 통찰력, 즉 안목의 문제이다. … 리더는 먼저 공동체의 과거를 볼 수 있어야 한다. 공동체가 지나온 발자취를 알아야 한다는 것이다. … 공동체의 과거를 볼 수 있는 안목이 생기면 공동체의 현재를 보는 시각이 달라진다. 〉(청년, 48-49)

이렇게 말하고 나서 결론을 이렇게 내린다.

〈리더는 … 사역이 어떠한 흐름으로 나아가는지 미리 예측하고 볼 수 있어야 한다.〉(50)

리더십 주창자들은 말하기를 리더는 미래 예측력이 있어야 한다는 것이다. 리더십을 가진 리더는 앞서가는 비전과 미래를 보는 안목을 가져야 한다고 주장하는데, 그렇다면 리더들을 기르고 키우는 리더십 주창자들은 과연 그러한 안목을 가지고 있을까? 다른 항목에 대해서는 검증하기가 무척 어려운 일이다. 하지만 리더십 이론을 전파하면 과연 어떤 일이 벌어질까, 라는 항목을 가지고 그들이 한치 앞이라도 바라보는 안목이 있는지를 한번 살펴보는 것도 의미는 있을 것이다.

리더십 주창자들은 리더십을 주장하면서 강의와 책 저술로 명

성도 얻고, 또한 실리도 챙긴다. 그것으로 그들의 역할은 끝난다. 그들의 역할은 그렇게 끝이 나고, 이제 개교회에서 그 이론을 바탕으로 리더십을 적용하게 된다. 그 리더십 이론은 교회 현장에서 과연 어떻게 적용되고 있을까? 리더들이 과연 리더의 역할을 제대로 하고 있을까? 리더십이론은 교회에 어떤 영향을 미치고 있을까? 그런 점들이 리더십 주창자들은 궁금하지도 않는가? 그들이 미래를 볼 수 있는 안목을 가지고 있다면 분명 지금쯤 무언가 반성하는 음성이 들려와야 할 것인데, 그들은 평안과 안녕을 구가하고 있는 반면 현장에서는 한숨소리가 진동하고 있으니 문제다.

지금까지 많은 리더십 관련 책들이 나왔지만 리더십의 문제점을 지적한 책은 거의 없다. 아마 양형주 목사의 『청년 리더 사역 핵심 파일』과 이상수 목사의 『교회성장 남성 리더십으로 승부하라』(이하 '남성 리더십')가 유이(唯二)하지 않을까 생각한다. 물론 그 책들도 순수하게 리더십의 문제점을 지적하기 위해서 저술된 책은 아니다. 리더십 이론을 전개하는 과정에서 문제점들이 노출되었을 뿐이다. 그러나 그러한 문제점을 노출시키고 공론화시켰다는 점만으로도 그들은 칭찬받아 마땅하다.

리더십 이론이 현장에 들어가 발생되는 문제점은, 리더를 길러내면 "교회 안에서 리더들간의 갈등이 발생되는 것은 당연한 결과라는 것이다."(남성 리더십, 68) 교회 안에서 리더들간에 갈등이 발생하는 것이 당연하다니? 그 말은 곧 교회 안에 리더로 인하여 갈등이 생긴다는 말이 아닌가? 그것이 당연하다니?

자, 이제 그러한 문제점들을 구체적으로 살펴보기로 하자.

먼저 청년들을 현장에서 지도하는 양형주 목사가 말하는 문제점들을 살펴보자. 양목사는 리더와 관련하여 생기는 문제점을 다음과 같이 토로하고 있다. 먼저 '리더'라는 말이 만들어 내는 문제점이다.

〈청년사역을 하다 보면 의외로 많은 청년들의 생각 속에 리더에 대한 왜곡된 이미지가 있음을 발견한다. 리더직분을 마치 무슨 계급처럼 생각한다.〉(청년 리더, 15)

이것은 달리 그런 게 아니다. 바로 리더십 주창자들이 리더라는 말을 그렇게 자리매김해 놓았으니 그렇다. 아니, 원래 계급적인 의미가 그 말 속에 들어 있어서 '리더'라는 말을 빌려온 것이 아닌가? 게다가 리더라는 말이 세련된 분위기를 풍기고, 그리고 남보다 앞선 자라는 이미지를 가지고 있기에 그 용어를 차용한 것이 아니던가? 그러니 이제 와서 리더라는 말을 계급처럼 생각한다고 해서 애꿎은 청년들을 나무랄 일은 아니다. 그 책임은 그들에게 돌릴 일이 아니라 리더라는 말을 차용해서 사용하기 시작한 리더십 주창자들에게 있다.

그러나 양목사는 청년들을 이렇게 나무라며, 리더에 대한 개념을 재정립할 것을 당부하고 있다.

〈부리더보다 리더가 높고 소그룹 리더보다 중그룹 리더가 높은 것은 아니다. 이러한 생각은 리더란 누구인지를 잘 못 이해한데서 비롯한다. 청년 리더는 리더로 섬기기 전에 리더란 누구인지를 분명

히 이해하고 있어야 한다.〉 (청년 리더, 15)

리더를 '리더' 와 '부리더' 로 계층화 하여 부르고 있는데, 이것은 완전히 리더의 개념이 '직위' 로 자리매김을 한 경우이다. 이 때의 '리더' 와 '부리더' 는 리더십의 영역에서 벗어나 조직의 이론으로 다스려야 할 부분이다. 어떤 부서의 장(長)이 있으면 그 밑에 부(副)가 있듯이 리더도 이제 그 밑에 부(副)리더가 생겼으니 얼마나 우스운 일인가? '부리더' 라는 희한한 직책명을 누가 먼저 만들어 불렀는지는 모르겠으나, 사장 밑에 부사장이 있고 사령관 밑에 부사령관이 위치한다는 것을 알고 있는 사람이라면 부리더가 리더 아래 있다는 것쯤은 다 알 게 아니겠는가? 애초에 직책 이름을 그렇게 지어 부르지 말아야지, 그렇게 직책 이름을 부르고 또 그렇게 임무를 맡기면서 부리더 보다 리더가 높은 것이 아니라고 강변한다는 것은 우스운 노릇이다.

양목사는 그 말에 이어 다음과 같은 결론을 내린다.

〈종종 왜곡된 리더상을 가진 리더는 관계에 갈등을 일으킨다.〉(청년 리더, 15)

관계에 갈등을 야기하는 리더는 왜곡된 리더상을 가지고 있기 때문이라 했는데, 그렇다면 누가 리더들에게 왜곡된 리더상을 심어주었을까를 먼저 생각하는 것이 순서가 아닐까?

그는 이런 현상에 대해 이렇게 진단한다.

〈그 내면 깊숙한 곳에 이런 계급적인 사고가 있기 때문이다.〉 (청년 리더, 15)

맞는 말이다. 우리 국민의 의식 속에는 아직까지도 계급에 대한 그러한 사고방식이 존재하고 있음을 부인하지 못 한다. 그런데 바로 그 점이 요즈음 리더십의 전성시대를 만드는데 일조를 하지 않았는가? 우리 국민들의 의식 속에 그런 계급에 대한 의식이 있음을 기화로 하여 리더십 이론이 활발하게 도입 되었고, 교인들에게 리더가 되라고 부추겨 오지 않았던가? 그렇게 해온 것이 바로 리더십 주창자들인데 이제 와서는 개인들의 의식구조를 들먹이며 리더가 왜곡된 리더상을 가졌기에 갈등을 일으킨다고 진단하는 것은 본말이 전도된 것이고 너무 무책임한 진단이라 아니할 수 없다.

다시 양목사는 진단을 계속한다.

〈한국교회의 청년 대학부에서 '리더'라고 하면 보통 소그룹 성경공부 리더를 떠올린다. 그러나 임원이라고 불리는 회장, 부회장, 총무, 서기, 회계 또한 리더이다. 많은 교회들이 임원단과 소그룹 리더 제도를 사용하고 있는데, '누가 위냐'라는 보이지 않는 갈등도 있다. 임원과 리더라는 명칭 차이 또한 이런 갈등에 일조할 수 있다는 생각이 든다.〉 (청년 리더, 9-10)

이제 실토하고 있다. 리더라는 이름이 그러한 갈등에 일조하고 있음을. 이런 결과는, 교인(청년)에게 리더가 되라고 강조하던 때부터 예견되어 온 것이다. 맨 처음에는 리더를 따라가는 것이 배울 것도 있고 좋은 것 같아 보이지만, 웬만큼 알고 조직내 업무에 익숙해지다 보면 자기도 리더들처럼 되어보고 싶은 것이 사람의 마음이다. 우리 속담에도 있지 않은가? 말 타면 경마 잡히고 싶다는 말. (참고로 여기에서 '경마' 는 말을 경주시키는 것이 아니라, 말의 고삐를 뜻하는 말이다.)

그렇게 해서 일정 기간이 지나 훈련이 끝나면 지금까지 팔로워의 위치에 있던 사람들이 자연스럽게 리더의 자리에 오르게 된다. 리더가 되었으면 리더에 걸 맞는 행동과 역할을 해야 할 것이 아닌가? 어떤 리더라도 — 일찍 리더가 된 사람이든, 늦게 된 사람이든 — 당연히 조직 내에서 리더로서의 영향력을 행사하고 싶지 않겠는가?

(자, 여기서부터는 앞장에서 말한 '영적 리더십은 어떻게 행사되는가' 를 염두에 두고 읽어주시기 바란다. 영적 리더십 주창자들은 리더가 되면 저절로 영향력은 행사된다고 말한다. 그러나 그렇지 않다는 것이 여기에서 분명히 드러난다.)

리더의 능력과 자질을 가졌다고 본인이 느끼는 순간부터, 자기도 리더의 자리에서 영향력을 행사해 보고 싶은 욕구가 생기기 시작하는 것이다. 그런 욕구는 어떻게 발전해 나가느냐? 배우는 위치에서 웬만큼 업무에 익숙해지다 보면 자기가 배웠던 리더에게서 그전에는 보이지 않던 결점들이 보이기 시작하는 것이다. 나 같으면 저렇게 하지 않을 터인데, 하는 생각으로 리더로부터 영향력을 받아야만 하는 팔로워의 자리가 불편해지고 결국에는 리더와 팔로워 사이에 갈등이 생겨나는 것이다.

노자의 도덕경에 이런 말이 있다.

不尙賢 使民不爭 (불상현 사민부쟁)

똑똑하고 유식하고 현명한 것을 높이 사는 사회는 경쟁사회가 될 수 밖에 없다. 똑똑하고 아는 것을 서로 재고 경쟁해서 보다 잘난 사람이 위로 가는 게 이 세상 이치이다. 그런 사회에서는 자연히 경쟁과 다툼이 생길 수 밖에 없다. 그러니 현명한 사람을 높이 받들지 않아야만 사람들이 다투지 않게 된다는 뜻이다. 교회에서도 마찬가지다. 리더란 존재를 똑똑하고 현명한 사람으로 정의해 놓았으니 누군들 리더가 되고 싶지 않겠으며, 리더가 되기 위해 다툼이 일어나는 것은 불을 보듯 뻔한 일이 아닌가?

이제 리더로 인하여 생기는 갈등은 한국교회에서 어쩌다 생기는 희귀한 케이스가 아니다. 다반사로 일어나는 문제가 되었다. 모두 다 리더가 되라고 했으니… 당연한 일이 아니겠는가? 그리고 이것은 리더십 주창자들의 성경 해석에서 배태된 것이기도 하다. 명성훈 목사는 마가복음 10장 43-44절의 예수님께서 제자들에게 하신 말씀을 다음과 같이 해석하고 있다.

〈지도자가 되고 싶은 열망은 지극히 좋은 것이다. 어떤 면에서 그것은 성서적이다. 주님께서도 그것을 인정하셨다.
"누구든지 크고자 하는 자는" "너희 중에 누구든지 으뜸이 되고자 하는 자는"이라는 말씀은 무엇을 의미하는가? 크고자 하는 것이나 으뜸이 되고자 하는 마음 그 자체가 잘못이 아니라는 말이다. 얼마든지 크고 으뜸이 되라는 것이다. 문제는 그 방법이 좋아야 하고 올바른 것이어야 한다. 성경의 방법은 세상과 정반대이다. 섬기는 자가 되어야 하고, 종이 되어야 한다는 것이다. 성경의 리더십은 세상의 리더십과 정반대의 방법론을 가르칠 때가 많다. 하나님 나라는 "거꾸로 왕국"(the upside down kingdom)이다. 〉(『성경 속의 리더십 마스터키』, 39)

이렇게, 크고자 하는 마음이나 으뜸이 되고자 하는 마음 그 자체가 잘못이 아니라며, 얼마든지 크고 으뜸이 되라고 가르쳤으니 리더들 사이에 갈등이 교회 내에서 생기는 것은 당연한 일이다. 그러한 갈등이 있는 것을 눈으로 보면서도 어떻게 그것을 극복할 수 있을까 하는 고민을 하지 않으면 그는 진정한 목회자가 아니다. 양형주 목사가 그래서 고민하고 있는 것이다. 현장에서 사역하는 양목사는 그렇게 리더 사이의 갈등을 이야기하며 그 갈등을 해결하기 위한 고민의 흔적을 책으로 엮어 내었다. 리더가 가져오는 어두운 그림자를 여과없이 보여준다는 점에서 그 책은 가치가 있다.

리더십 주창자들은 그저 일반 리더십에서 나오는 이론들을 적당히 배합하여 영적 리더십이라고 재가공하여 이론화 시켜 주장하면 그것으로 끝난다. 그렇지만 그들이 부르짖는 리더십 이론은 교회 현장에 적용되면서 문제점들을 낳게 되고, 그 문제점을 해결하기 위한 고민은 고스란히 현장 목회자들의 몫으로 떨어지고 말았다. 재주는 곰이 부리고 돈은 왕서방이 챙긴다는 말이 있는데, 필자는 이게 안타까운 것이다.

자, 이런 문제점들을 어떻게 하면 해결할 수 있을까? 양목사의 뒤를 따라가며 좀 더 살펴보도록 하자. 양형주 목사는 먼저 그 문제를 시스템 측면에서 접근하여 다음과 같은 방법으로 풀어가고 있다.

〈성경의 지혜를 빌어 소그룹을 인도하는 리더를 '목양리더', 행정을 담당하는 임원은 '행정리더' 라고 칭했다.〉(청년 리더, 10)

그런 방법을 성경에서 가져 왔다고 양목사는 말하고 있으나, 그런 방법은 점점 깊은 수렁 속으로 빠져 들어가는 것에 불과하다. 목양 리더와 행정리더 사이에도 얼마든지 갈등은 일어날 수 있으니 말이다.

그 다음으로, 양목사가 생각하는 갈등 해소방법은 운영 측면에서 접근하는 방법이다. 갈등의 유형을 분류한 다음에 그 유형에 맞추어 갈등해소 방법을 제시하고 있다. 예컨대, 행정 리더 사이에 일어나는 갈등, 목양 리더 사이에 일어나는 갈등, 행정 리더와 목양 리더 사이에 일어나는 갈등, 교역자와 리더 사이에 일어나는 갈등 등으로 분류하여 각각 갈등의 원인을 분석하고 그 해소방법을 제시하고 있다. 그러한 갈등 원인과 해소 방법 등은 여기서는 구체적으로 살펴 볼 필요가 없다. 그것은 근본적인 해결책이 되지 못하기 때문이지만, 이러한 상황에서 양목사가 고민하며 문제를 풀어보려 애쓰는 그 심정이 이해가 된다. 오죽했으면 그런 방법을 만들었을까?

그러나 그런 방법들은 일시적이고 미봉책에 불과하다. 리더십이 적용되는 현장에서 그런 갈등은 끊임없이 발생할 것이고, 양목사 같은 목회자는 그것을 해결하기 위하여 끝없는 고민을 해야할 것이다. 리더십 주창자는 현실성 없는 주장만 하고 현장에 있는 목회자는 그래서 더 깊은 수렁 속으로 빠져들어가고 있는 것이다. 한발을 겨우 빼면 다시 한발 더욱 깊은 수렁 속으로 들어가는 형국과 흡사하다.

이렇듯, 리더십 주창자들은 한치 앞을 보지 못하고 있다. 한치 앞을 바라보는 안목만 있었더라도, 리더십 이론이 목회 현장에서 어떻게 적용될 것인가를 생각했을 것이고, 그랬다면 존 맥스웰의 뜬구름 잡는 리더십 책은 태어나지 않았을 것이다. 아니, 지금이라도 늦지 않다. 문제점을 발견하면 그것을 풀기 위하여 애를 쓰는 것이 또한 리더십의 덕목이 아닌가? 그러니 이 문제를 현장의 목회자 차원에서가 아니라 리더십 주창자들이 하루 빨리 풀어주기를 부탁한다.

문제는 아직까지도 그들이 한치 앞조차 보지 못하고 있다는 사실이다. 조직원 모두에게 리더가 되라고 하면 문제가 생긴다는 것은 경영이론에서 '경'자만 공부해도 알만한 것 아닌가? 그래서 그들은 "소경이 되어 소경을 인도하는 자로다. 만일 소경이 소경을 인도하면 둘이 다 구덩이에 빠지리라"(마15:14)는 말씀을 다시 한번 생각하게 만드는 좋은 실례가 되고 있으니, 그것만으로 만족하다 할까? 실로 안타까운 일이다.

36

그들의 '영향력'은 이렇게 나타난다 (7)

리더님들의 기분은 안녕하십니까?

리더십 주창자들이 바라고 원하는 바는 무엇일까? 리더가 되라는 그들의 말에 고무되어 교회의 모든 성도가 모두 리더가 되는 것이다. 그렇게 해서 교회 내에 많은 리더가 생기게 되고, 또 앞으로도 계속하여 리더가 만들어 지는 것이 그들이 꿈속에서도 그리는 소원이다. "리더는 만들어진다"는 그들의 말이 현실로 이루어지기를 그들은 손꼽아 기다리고 있다. 또 현실을 살펴보면, 그들의 소원이 이루어지고 있는 것은 분명한 것 같다.

그러면, 그들의 소원이 이루어져 교회 내의 모든 성도가 '리더'가 되면 어떤 일이 벌어질까? 정말 궁금하기 짝이 없다. 그런데, 여기 필자가 궁금해 하는 것을 조금 풀어줄 단서가 있다. 이상수 목사가 쓴 책 『교회성장 남성 리더십으로 승부하라』에 궁금증을 풀어 줄만한 좋은 실례들이 나와 있다.

그렇게 교회 안의 성도가 모두 리더가 되었을 경우 가장 먼저 생기는 현상은 리더 적체 현상이다. 이목사는 그의 책에서 리더

적체가 생기는 이유를 다음과 같이 밝히고 있다.

〈'배우기 위해 따르던 성도'가 어느 정도 배우게 되면 자신의 의견을 내게 된다. 그 때부터 '배움을 주던 리더'는 자신의 자리를 빼앗기지 않으려고 한다. 리더 적체 현상이 발생된 것이다.〉(60)

그렇게 리더 적체 현상이 생길 정도로 리더가 많이 만들어진다면, 그 부작용으로 인해 지르는 비명은 분명 행복한 비명일 것이다. 물론 이 현상은 대형교회에 국한되는 것이긴 하지만. 그런데 이렇게 적체될 정도로 리더들이 많이 있으면 어떤 일이 생기게 될까? 훌륭한 자질과 품성을 가진 리더들이 모였으니, 교회에서 하나님의 일을 사심없이 논의하고, 이름없이 빛도 없이 봉사하면서— 그들의 표현대로 '섬기면서'— 그러는 가운데 교회는 더욱 더 부흥하고 하나님의 복음은 널리 전해지는 아름다운 역사가 일어날까? 천만의 말씀이다. 인간이 모인 사회에서는 절대 그런 일은 일어나지 않는다. 교회에서는 더욱 더 그렇다. 문제점이 많이 생긴다. 심지어 리더를 길러내면 "교회 안에서 리더들간의 갈등이 발생하는 것은 당연한 결과"(남성 리더십, 68) 라고 말하기 조차 할 정도이다.

또 다른 일이 벌어지는데, 이목사의 설명을 통해 알아보도록 하자.

〈예를 들어보자. 어느 담임 목회자는 대표 기도자가 강단위로 올라가 설교 강대상에서 기도하는 것을 추진하였다.〉(57)

어찌 보면 아무것도 아닌 문제이다. 교회의 중대한 방향 전환이 아닌 사항이다. 그러니 그것에 대하여 아무도 이의를 제기할 만한 사항이 아닌 것이다. 그런데 다음과 같은 문제가 생긴다고 — 아니 이것은 분명 실제 있었던 일이리라 — 이목사는 말한다.

〈하지만 최고 리더는 "담임 목사님만이 가실 수 있는 성스러운 강단 위로 어떻게 평신도가 올라갈 수 있느냐?" 하며 반발했다.〉

결국 문제가 생긴 것이다. 교회내 최고 리더가 담임 목회자의 이러한 생각에 반기를 든 것이다. 잠깐, 여기에서 최고 리더란 누구를 말하는 것일까? 리더에도 '최고'가 있고 '최고가 아닌 리더'가 있는가? 리더가 하도 많으니 이제는 리더에도 종류가 있게 된 것이다. 생각해 보라, 모든 사람이 리더가 되었으니 자연 리더들 가운데에서도 구분이 필요하게 된 것이다. 이게 바로 모든 성도들을 리더가 되라고 부추긴 리더십 주창자들이 맞닥뜨리게 되는 또 하나의 문제다. 그래서 그들은 리더라는 말에 계층을 나타내는 말을 붙임으로써 이 문제를 해결하려고 한다. 리더라는 말 앞에 다시 무언가를 붙여 '그냥 리더'와는 구분하기 시작한 것이다. "최고 리더", "톱 리더", "핵심 리더" 등등. 어떻게 그것들을 구분하는지 모르겠으나 하여간 이름을 잘도 만들어 붙인다. 그런 노력들이 가상할 정도이다.

다시 본론으로 돌아가자. 리더십 주창자들이 말하는 '최고 리더'라 함은 담임 목회자가 아니라 평신도중에서 장로를 말한다.

다른 리더들은 담임 목회자의 의견에 동의하는데 그 최고 리더인 장로 혼자만이 유독 반대하면서 못하게 한 것이다. 왜 그럴까? 그 리더의 마음을 한번 알아보도록 하자. 궁금하기는 이목사도, 필자도 마찬가지이다.

〈이 리더의 마음을 한번 헤아려 보자. 대부분의 목회자들이 생각하는 것처럼 진정으로 담임 목회자를 존경해서 그럴 수도 있다. 하지만 다른 리더들은 담임 목회자의 의견에 순종하여 동의하는데 왜 혼자만이 유독 반대하면서 못하게 할까? 여기에는 두 가지 마음이 있을 수 있다.〉

그렇게 담임 목회자의 의견에 반대한 것은 설교 강대상에 담임 목회자만 올라가는 것이 마땅하다고 생각해서 그런 것이 아니라는 것이다. 그것은 밖으로 드러난 명분이고 실상은 다른 생각이 숨어있다는 것이다.

〈첫째, 사실은 최고 리더 또한 마음속으로는 좋은 의견이라고 찬성할 수 있다. 하지만 결정과정에서 자신이 관여하지 못한 소외감이 무조건 거부하는 마음으로 변질될 수 있다. 따라서 반대하는 목소리를 냄으로써 자신의 존재를 부각시키려는 의도를 가지고 있을 수 있다.〉

담임 목회자가 그런 의견을 가지고 있었다면 공론화 하기 전에 자기에게 미리 와서 정중하게 안건을 제시하고 자기의 의견을 물었어야만 한다는 것이다. 그런데 자기에게 말하지 않고 공론화

시켜 버렸으니, 결국은 자기를 특별 대우하지 않았기에 마음이 상한 것이다.

자, 그러면 생각해보자. 그런 일이 최고 리더로서 마음이 상할 노릇인가? 리더의 품성 중에 어떤 것이 있는가? 아니, 굳이 리더의 성품을 운운할 필요도 없다. 그들이 말하는 '섬김'이란 과연 무엇인가? 서번트 리더십이 과연 무엇인가? 그렇게 고상하고 우아한 말들은 언제 써먹는 것들인가? 바로 이러한 때 써 먹어야 되는 것 아닌가? 그런데 정작 필요한 때에는 뒷전에 모셔두고, 다른 인간적인 생각이 먼저 나오게 되니 문제다. 자기를 다른 사람보다 더 특별하게 대우해 주지 않으니, 그것에 마음이 상한 것이 아닌가? 자기 마음대로, 자기 주장대로 되지 않으니, 결국 딴지를 걸고 있는 게 아닌가? 이게 바로 우리가 현실에서 만나게 되는 리더의 모습이다.

〈둘째, 강대상에서 기도를 드리게 되면 자신뿐만 아니라 기도순서자인 모든 리더들이 동일하게 배려받게 된다. 따라서 이제까지 교회 서열을 따라 최고 리더의 위치에 있는 자기의 선을 넘지 말라는 경고성 발언일 수 있다. 장로 피택 선거 시 득표순위가 얼마나 중요하게 여겨지는지를 보면 공감할 것이다. 〉(58)

자, 이런 마음을 가지고 최고 리더가 목회자의 의견에 반대하고 나선 것이다. 이럴 때 어떻게 해결해야 할까? 많은 목회자들이 이런 사건에 공감할 것이다. 다들 경험들이 있을 것이니 말이다. 그래서 이목사는 다음과 같은 해결 방안을 제시한다. 간단하다. "첫걸음을 내딛기 전에 반드시 최고 리더들과 사전 조율하라” 그리고 그런 일이 이미 발생했을 때에는, “최고 리더의 서운한 마음을 풀어 주어야 한다. 가장 바람직한 방법은 최고 리더와 일대일로 식사를 하는 것이다.” (119) 최고 리더와 일대일로 식사를 하되 ‘그렇게 서운하셨어요’ 라고 하면서 마음을 다독거려 주라는 것이다. 정말이지, 말은 그럴듯하지만, 이게 뭐 하는 짓인가?

담임 목회자가 교회의 본질과 전혀 관련이 없는 사항인 ‘예배 시에 대표기도를 어디에서 하는 것이 좋은가’ 라는 사항을 가지고 교회 내에서 최고 리더라는 리더들과 일대일로 만나서 일일이 의견을 구하여야 하며 그들을 설득시켜야 한다니... 그런데 실상, 여기에서 ‘최고 리더’ 가 누구인가를 가늠하기가 여간 어려운 게 아니다. 다른 사람이 그 사람을 최고 리더라 알아주지 않는다 할지라도, 자기 생각에 최고 리더라고 생각하고 있는 리더까지 다 포함시켜 생각해야 한다. 그런 사람을 제외하고 일을 추진하다가는 목회자의 생명이 위태롭다.

그러나 문제는 또 있다. 그런 사전 조율단계를 거쳤다고, 안심하면 안 된다. 이번에는 최고 리더보다는 약간 서열이 밑인 중간 리더들과 협의를 해야 한다. 협의하지 않으면? 또 같은 일이 벌어진다. 물론, 이때 협의 순서가 어긋나서는 안 된다. 한치라도 서열이 높은 리더에게 먼저 선을 보여야 한다.

만일에 담임목회자가 교회내의 리더들 마음을 다독거리지 않았을 경우에 어떤 일이 생기는가?

〈아무리 좋은 프로그램이라고 하여도 특히 권사급 리더가 서운한 마음을 가지게 되면, 이후로 교회 안에서 비바람이 일기 시작할 수 있다는 사실을 기억해야 한다.〉(154)

〈담임 목회자가 최고 리더의 마음을 최우선적으로 잡지 않으면 가시밭길을 걷게 되거나, 서운한 마음을 가진 최고 리더들이 교회를 떠나게 되어 교회 재정에 어려움을 겪게 되는 경우도 발생될 수 있다.〉(154-155)

〈여러 명이 동시에 장로로 장립된 리더그룹이 있다면, 피택 투표 시 득표순위마저도 반드시 지켜서 차례로 세워야 한다. 만일 그 서열을 어기게 되면 이후로 당회에서 폭풍우가 휘몰아치리라는 것을 미리 각오해야 한다.〉(157)

담임 목회자가 교회내 리더의 마음을 혹이라도 서운하게 만들었다면, 일찍 풀어야지 그렇지 못했다면 그는 가시밭길을 걸어갈 준비를 하거나, 비바람을 맞을 준비를 해야 한다. 아니, 폭풍우가 휘몰아 치리라는 것을 각오해야 한다. 그것을 기억해야 한다고 이목사는 경고하고 있다.

이러한 현상이 벌어지는 곳이 바로 리더십 주창자들이 만들어 놓은 '리더'들이 모인 교회의 모습이다. 어떤가? 그런 리더들이 모인 곳에서 리더 노릇 한다는 사실이 처량해 보이지는 않는가? 복음을 들고 나가 불신자들을 일대일로 만나 그들의 마음을 움직여야 할 시간의 대부분을 우리나라 목회자들은 일대일로 최고 리더를 만나 그들의 비위가 상하지 않도록, 몇몇 리더들의 기분이 안녕한지를 체크하기 위하여 그렇게 노심초사하고 있는 것이다.

그래서 리더십 주창자들이 만들어 놓은 리더가 많이 있는 교회에서 영적 리더된 목회자의 수첩에는 최고 리더와의 식사 약속 시간이 빼곡하게 적혀 있게 될 것이다. 이게 바로 리더십 주창자들이 만들어 놓은 '리더'들이 벌이고 있는 한판의 잔치자리이다.

리더십 주창자들은 이런 식사시간이 즐겁겠지만 막상 당하는 목회자들은 참 고역스런 자리일 것이다. 이런 일이 개교회에서 어쩌다가 일어날 수도 있는 일이라고 가볍게 치부하지 마라. 이런 일이 얼마나 흔히 일어나는 일이길래 이목사가 그런 것에 대처하는 방법을 알려주는 책을 썼겠는가? 하루 빨리 리더십 주창자들은 이런 문제야기에 책임을 지고 해결책을 강구해주어야 할 것이다.

어디 그뿐이랴? 문제를 야기하는 것은 최고 리더뿐만이 아니다. 목회자 리더들이 저지르는 사건들은 어디 한두 건인가? 게다가 그들은 쳤다 하면 대형사고 아닌가? 방송국 앞으로 성도들을 데리고 가, 방송하지 말라고 시위를 할 정도로 굵직한 건을 만드는 분들의 문제도 차제에 같이 해결해 볼 일이다.

참, 깜빡 할 뻔 했다. 이상과 같이 문제되는 '리더'의 수는 '많은' 교회 내에서 극히 '일부'임을 밝혀두는 바이다. 그러나 사고 치고 신문에 나는 것은 언제나 소수가 아니던가? 필자 말인즉, 이러한 상황이 교회 내에서 벌어지고 있다는 것을 리더십 주창자는 알고 있으라는 말이다, 제발 부탁이니…

37
리더의 성품과 능력, 해결책 안 된다.

　이상 두 장에 걸쳐, 리더십 주창자들이 주장하는 바대로 따라한 결과 만들어진 리더를 둘러 싸고 교회내에 문제가 생기는 것을 살펴 보았다. 그럼 교회 내에 리더로 인하여 갈등과 문제가 생기는 이유를 종합해 보자.

　첫 번째 원인은, 리더란 말에서 오는 계급적 이미지이다. 여기에서 모든 문제가 발생한다.
　두 번째 문제 발생 원인은, 리더가 많이 세워졌다는 점이다. 심지어 '리더 적체' 현상이라 부를 정도로 말이다.
　세 번째 문제 발생 원인은, 문제 있는 리더가 존재한다는 점이다.

　그럼, 그러한 문제점을 어떻게 해결하고 있는가 살펴보자. 리더로 인해 생긴 문제를 어떤 방법으로 해결하려고 노력했는가?

　먼저, 리더란 말에서 오는 계급적 이미지에서 파생된 문제다. 그것을 푸는 방법을 양형주 목사는 다음과 같이 말하고 있다.

〈청년사역을 하다 보면 의외로 많은 청년들의 생각 속에 리더에 대한 왜곡된 이미지가 있음을 발견한다. 리더 직분을 마치 무슨 계급처럼 생각한다.〉(청년 리더, 15)

그러나 양목사는 청년들을 나무라며, 리더에 대한 개념을 재정립할 것을 당부하고 있다.

〈부리더보다 리더가 높고 소그룹 리더보다 중그룹 리더가 높은 것은 아니다. 이러한 생각은 리더란 누구인지를 잘 못 이해한데서 비롯한다. 청년 리더는 리더로 섬기기 전에 리더란 누구인지를 분명히 이해하고 있어야 한다.〉(15)

그래서 리더의 소명에 대해서, 그리고 리더란 무엇 하는 존재인가를 열심히 강조하고 있다. 그러나 그렇게 한다고 해서, 지금까지 리더를 계급처럼 생각해 오던 사람들이 하루 아침에 '리더'라는 말을 '중립적인 용어'로 인식할 수는 없는 일이다. 게다가 모순적이게도 리더제도를 도입하면서 '부리더'라는 희한한 이름을 가진 직책을 만들어 놓았으니 리더를 계급처럼 여기지 말라는 말이 우습게 들릴 것이다. 그래서 그렇게 한다 하더라도 그 리더들간에 갈등이 해결되리라는 보장은 전혀 없다.

둘째로, 리더적체 현상으로 인해서 리더간에 갈등이 생기는 경우 어떻게 해결하고 있는가? 리더간의 갈등을 해소하는 방법을 이상수 목사는 다음과 같이 소개하고 있다.

〈 …구역리더 적체 현상이 오면 온누리 교회처럼 '훈련된 구역장과 부구역장'을 세우는 교회로 변화하게 된다.〉 (남성 리더십, 102)

〈결론적으로 교회안의 갈등을 해소하려면 '목양기능'과 '사역기능'을 분리해야 한다. 그래야 두 기능의 평신도 리더십이 부딪치지 않고, 각자 소속된 사역의 장에서 교회를 열심히 섬기게 된다.〉 (69)

〈이제 '목양기능 리더십'과 '사역 기능 리더십'을 분리해야 교회안의 갈등이 해소될 것이라는데 누구나 동의할 것이다. …… 일반 사회나 회사에서도 마찬가지이지만 한 '조직'안에 같은 기능을 가진 '집단'들이 공존한다면, 두 '집단' 사이에 갈등이 발생될 뿐 아니라 추진 에너지가 분산되어 '조직'조차 효율적으로 움직이지 않게 된다.〉 (70)

〈이러한 문제 성도가 만들어 지는 것을 방지하려면 첫째, 다양한 사역팀을 조직하여 많은 직임을 만듦으로서 리더 적체 현상을 해소하고 둘째, 사역팀 리더 임기제를 적용하여 사역이 독점되지 않도록 ……하는 교회 시스템을 만들어야 한다.〉 (64)

이목사는 교회 내에서 리더간에 생긴 갈등의 문제를 푸는 방법으로, '자리'를 많이 만들어서 리더간에 서로 충돌하지 않도록 하는데 그 우선을 둔다. 새로 만들어진 리더가 같은 조직에 있으면 자연 기존에 있던 리더와 갈등이 생기므로, 그에게 부구역장이라는 직책을 맡기던가 혹은 다른 조직의 리더로 보내는 방법을 쓰는 것이다.

이러한 방법의 문제점은 우선 직위에서 우러나오는 리더십을 지양한다는 그들의 원칙에 위배된다는 점이다. 리더십은 직위에서 나오는 게 아니라, 리더가 가지고 있는 능력과 품성으로 저절로 영향력을 행사할 수 있다고 하던 그들이 아닌가? 그런데 영향력을 행사하는 방법으로 직위를 만들어 주어 그 자리에 앉히는 방법을 쓰고 있는 것이다. 그러니 그들의 리더십 이론은 이론 따로 실제 따로,라는 것이 여기에서 증명되고 있는 것이다.

그 다음 문제점으로는, 그렇게 새로운 직위를 만들어 주어 리더끼리 충돌하지 않도록 리더를 재배치 하는 방법이 언제까지 지속될 수 있을 것인가, 하는 점이다. 이러한 방법은 끝없이 조직원이 늘어난다는 가정하에서만 가능한 일이다. 그들 주장대로 팔로워가 없는 리더는 리더가 아니기 때문이다. 그래서 한없이 피라미드의 구조로 교회가 확장되어야만 비로소 이 방법은 사용 가능해진다. 어느 시점에 새로 유입되는 팔로워가 증가하지 않는다거나, 오히려 줄어들기 시작할 때에는 재난이 닥친다.

세 번째, 문제 있는 리더로 인하여 발생하는 교회내의 문제점은 어떻게 해결하고 있는가? 다시 한번 문제있는 리더 때문에 교회내에서 벌어지는 현상들을 확인해 보자.

> 〈아무리 좋은 프로그램이라고 하여도 특히 권사급 리더가 서운한 마음을 가지게 되면, 이후로 교회 안에서 비바람이 일기 시작할 수 있다는 사실을 기억해야 한다.〉 (154)

〈담임목회자가 최고리더의 마음을 최우선적으로 잡지 않으면 가시밭길을 걷게 되거나, 서운한 마음을 가진 최고 리더가 교회를 떠나게 되어 교회재정에 어려움을 겪게 되는 경우도 발생될 수 있다.〉(154-155)

〈여러 명이 동시에 장로로 장립된 리더그룹이 있다면, 피택 투표 시 득표순위마저도 반드시 지켜서 차례로 세워야 한다. 만일 그 서열을 어기게 되면 이후로 당회에서 폭풍우가 휘몰아치리라는 것을 미리 각오해야 한다.〉(157)

그렇게 교회 내에 기상이변이 생기지 않게 하려면, 그런 리더들이 서운한 마음을 가지지 않도록 해주어야 하며 리더들간에 서열을 잘 따져서 세워주어야 한다. 또한 무슨 일을 시작하려면, "첫걸음을 내딛기 전에 반드시 최고 리더들과 사전 조율"해야 한다. 리더들의 서열에 맞추어서 말이다. 그리고 그런 일이 발생했을 때에는, "최고 리더의 서운한 마음을 풀어주어야 한다. 가장 바람직한 방법은 최고 리더와 일대일로 식사를 하는 것이다." (119) 최고 리더와 일대일로 식사를 하되 '그렇게 서운하셨어요', 라고 하면서 마음을 다독거려 주어야 한다.

이게 리더들로 인하여 발생한 교회내의 문제점들을 해결하는 그들의 방법이다. 그런데 그들의 해결방법을 보면 이상한 점이 발견된다.

첫째로, 리더십이 모든 것이다, 라고 주장한 맥스웰이 제시한 탁월하고 간단한 방법이 전혀 그들의 해결방법으로 등장하지 않고 있는 것이다. 미소를 띤 얼굴로 문제 리더를 보며 "아니, 당신은 할 수 있어요!"라고 말하면 문제는 저절로 해결되는 것이 아니던가? 담임 목회자가 웃음을 담뿍 머금은 얼굴로 말하면 문제 있는 최고 리더는, 반대하던 자세를 언제 그랬냐는 듯이 바꾸고 "그래요? 좋아요!"라고 환한 얼굴로 대답하지 않을까? 맥스웰의 추종자들이 그렇게 쉽고도 간단한 방법을 몰라라 하고, 왜 그렇게 어렵고 먼 길을 택하는지 이해가 되지 않는다.

다음 이상한 점은, 리더들간에 갈등이 생긴 것을 해결하기 위하여 리더의 품성이나 실력의 측면에서 접근하지 않는다는 점이다. 그러한 문제가 생긴 것이 리더의 품성이나 실력이 아직도 부족해서 생긴 것이라면, 그것을 강조한다거나, 리더되는 사람은 다시 한번 각오를 새롭게 하자거나 하는 차원에서 문제를 해결하려 하지 않는다. 오로지 조직을 바꾸고 조직 운영 시스템을 변경하는 방법으로 해결하려고 한다.

그러면 이렇게 맥스웰이 제시하고 있는 방법들을 사용하지 않는다는 것은 무엇을 시사하는 것일까? 존 맥스웰류의 뜬구름 잡는 방법으로서는 그러한 문제들이 해결될 수 없다는 것을 그들 스스로 인정하는 것이다. 그런 해결책을 제시하면 웃음거리밖에 되지 않는다는 것을 알고 있는 것이다. 또한 그러한 문제점들이 리더의 능력이나 성품을 운위해서는 해결될 일이 아니라는 말이다. 리더가 아무리 품성이 좋든, 실력이 좋든 그런 것으로는 문제가 해결될 일이 아니다. 그래서 거꾸로 생각해 보자면, 애초에 리더의 품성이나 실력을 강조하여 '리더'를 만들어 놓은들 아무런 소용이 없다는 것이다. 한 걸음 더 나아간다면, 과연 그러한 품성과 실력을 겸비해서 리더가 된들 무엇 하느냐는 것이다. 그러한 리더가 교회의 덕을 세우는데 쓰임받지 못하고, 남을 섬기는데 쓰이는 게 아니라, 자기의 우월감과 존재감을 과시하기 위하여 쓰인다면 리더가 무슨 소용이 있겠으며, 교회 내에 그러한 리더가 많으면 많을수록 문제들만 더 생기지 않겠는가?

그러니 리더십 주창자들은 이것을 명심해야 한다. 리더도 사람이라는 것을, 그리고 사람은 부패하고 죄악된 존재라는 것을 말이다. 인간의 '본성은 철저하게 타락하고 부패한' 존재라는 것을 명심해야 한다. 인간이 인간인 한 그러한 굴레에서 벗어나지 못한다. 그래서 인간은 인간을 변화시키지 못한다. 아무리 리더십 주창자들이 훈련시켜서 리더를 만들어 놓아도, 인간이 '리더'가 되었다는 것 만으로는 그 품성이 본질적으로 변화되지 못한다. 겉으로는 변한 것처럼 보일지 모르겠으나 어떤 외부적인 자극이 가해지면 숨겨져 있던 본성이 튀어나오게 되는 것이다. 자기의 존재감을 만족시키지 못했을 때, 남들이 자기를 인정해 주지 않거나 대접해 주지 않을 때에는 사람의 본성은 여지없이 튀어 나온다.

그러니 리더십 이론은 현실세계에서는 모두 다 쓸모 없는 것이다. 현실에서 문제를 해결하는 데에는 아무런 도움이 못 된다. 오히려 리더 때문에 교회 안에는 문제가 생기고 분란이 생긴다.

그렇다면 우리는 어떻게 해야 할까? 아무런 방법도, 희망도 없

는 것일까? 아니다, 소망은 있다. 이것을 알아야 한다. 인간에게
거는 기대를 버리는 순간, 문제 해결의 실마리가 생긴다는 것을.
그래서 우리의 소망을 '리더'에게 두어야 하는 것이 아니라 '하
나님'께 두어야 한다. 그것만이 리더로 인해 생기는 문제점을 해
결하는 유일한 길이다.

38
영적 리더십의 주인은 성령님이다.

    지금도 변함이 없지만, 필자가 맨 처음 이 글을 시작할 때에 품었던 생각은 사람에게는 영적 리더십이 없다는 것이었다. 그래서 글의 제목도 그렇게 잡았다. 그렇다면, 영적 리더십은 누구에게 있단 말인가? 물론 리더십 주창자들은 반대하겠지만, 영적 리더십은 사람이 아닌 오직 성령님만이 가지고 계신다는 것이 필자의 생각이다. 그래서, '영적 리더십의 진정한 회복'이란 변질되고 이지러진 현재의 영적 리더십을 원래의 모습으로 되돌린다는 의미에서의 '회복'을 의미하는 것이기도 하지만, 지금까지 사람이 주인 행세를 해 오던 영적 리더십을 진짜 주인인 성령님께 돌려 드리자는 차원에서의 '회복'이라 할 수 있다.

    그래서 우리 사람에게 있다고 생각하며, 그것을 통해서 교회를 부흥시키며 사람에게 성공을 보장해 주는 수단으로서 '영적 리더십'을 사용하는 게 아니라, 그 원천인 성령님께 돌려 드려 성령님이 교회에 대한 주권적 역사를 인간을 매개로 하여 펼치도록 하자는 것이다. 사람은 '영적 리더십'의 주체적 행사자가 아니라, 성령님이 주관하시는 역사를 매개하는 도구요 또한 종의 자리에 서야 하는 것이다. 어디 그뿐이랴, "명령 받은 것을 다 행한 후에 이르기를 우리는 무익한 종이라 우리가 하여야 할 일을 한 것뿐이라"(눅17:10)고 말하는 종이 되어야 한다.

   그런 생각으로 이 책을 쓰기 시작하면서, 영적 리더십이 성령님에게 속한다는 생각은 필자만의 독창적이고 유일한 생각인줄 알고 있었다. 그런데 얼마 후, 이런 필자의 생각은 오산임이 드러났다. 상당수의 많은 리더십 주창자들이 영적 리더십에 있어 성령님의 역사를 강조하고 있는 것을 발견한 것이다. 어떤 사람은 좀 미지근하게 성령님의 개입을 언급하고 있고, 또 어떤 사람은 좀 더 강력하게 성령님이 영적 리더십을 행사하는 주체임을 밝혀 놓고 있었다. 그래서 영적 리더십 행사에 있어 성령님의 개입을 인정하고 있다는 사실은 새삼스러운 일은 아니었다. 지금까지 살펴 본 바와 같이 영적 리더십에 대하여 필자의 견해와 다른 주장을 하는 분들도, 또 그들간에 다른 주장을 가지고 있는 분들조차도 그 부분에 한해서만은 필자와 견해가 다르지 않았다. 어쩌면 그렇게 이구동성으로 한 목소리를 내는지 필자가 너무 기쁠 정도였다.
   그래서 리더십을 영향력이라 정의하여, 리더가 다른 사람에게 영향력을 끼쳐서 궁극적으로는 사람을 변화시킨다는 대전제하에 리더십을 주장하는 분들이 다음과 같은 주장을 하고 있다는 사실은 신기할 정도이다.

   〈궁극적으로 영적 리더는 사람들 안에 영적 변화를 일으킬 수 없되, 오직 성령만이 그렇게 하실 수 있다.〉 (블랙커비, 『영적 리더

십」, 36)

〈리더는 사람을 움직여 하나님의 일을 하게 하되 그것이 궁극적으
로 성령만이 이루실 수 있는 사명임을 시종 인식해야 한다.〉(「영
적 리더십」, 36-37)

그렇게 말한 블랙커비보다 한 걸음 더 나아가 이런 말을 하는
분도 있다. 김광건 교수가 그의 속내를 다음과 같이 밝힌다.

〈우리가 이미 알고 있듯이, 리더십이란 것은 매우 복잡하다. 사실
이런 것은 인간의 일이 아니다.〉

어떤가? 김교수도 실토하지 않는가? 리더십은 인간의 일이 아
니라고 말이다. 그래도 더 들어 보자. 아주 확실하게 하자는 의미
에서.

〈그 미션 자체가, 죄성 있는 공동체의 일을 죄인인 리더가 가서 하
나님의 목적을 이루어야 되니 이것이 어찌 평범한 임무란 말인가.
마귀의 공격도 많고 사람들도 제 각각이고, 또 시대가 변하고 사
회, 가치관이 변하고 여러 능력이 요구되고, 카리스마도 있어야
한다. 또한 그뿐 아니라 낮춰야 하고, 격려하고 싸매고 때로는 정
말 이적도 일으켜야만 한다. 이것이 어떻게 우리의 일이라고 할 수
있는가?〉

아직까지도 긴가 민가인가? 그렇다면, 좀더 들어보자.

〈……인간이 노력한다고 하지만 거기에는 한계가 있는 것이다.〉
(김광건, 『영적 리더십의 새로운 패러다임』, 154-155)

그렇다. 사람을 변화시키는 것은 사람의 힘으로 되는 게 아니다. 인간이 아무리 애쓴다고 해도 거기에는 한계가 있는 것이다. 그래서 아무리 영향력이 강한 리더라 해도 사람을 변화시키는 것은 그의 영역 밖이다. 사람을 변화시키는 것은 오직 성령의 역사로만 가능한 일이다. 이런 필자의 주장에 동의하는 듯 불랙커비는 다음과 같이 말한다.

〈궁극적으로 영적 리더십은 성령의 사역 결과다.〉 (『영적 리더십』, 331)

이 정도 들었으면, 사람에게 영적 리더십이 있다는 생각은 이제 버려야 하지 않겠는가? 성령님이 주시고 성령님이 행사하시는 영적 리더십을 흘려 보내는 통로에 불과하며, 도구에 불과한 사람이 자기 것 인양 행세해서는 안 되는 것이다.

그뿐만이 아니다. 빌 하이벨스도 다음과 같은 고백을 한다.

〈30년 동안의 나의 리더십을 되돌아보면, 나를 현명하게 만들었던 수많은 결정이 내 통찰력이나 내 생각에서 나온 것이 아니었다. 그 모든 것은 성령님의 자비로운 인도에 따른 것이다.〉 (『리더십의 용기』, 196)

〈수년동안 수백명의 크리스천 리더가 내게 소명에 관해 질문했다. "내가 올바른 곳에 있는 것입니까? 내가 올바른 일을 하고 있는 걸까요? 하나님이 새로운 도전으로 나를 부르시는 겁니까?" 이런 질문에 내가 할 수 있는 모범적인 대답은 이것이다. "왜 나에게 묻습니까? 그것은 성령께 해야 할 질문입니다. 성령님 앞에 마음을 열고 모든 것을 맡기십시오."〉(『리더십의 용기』, 257)

이런 모범 답안을 빌 하이벨스가 알고 있다는 것이 신기할 정도이다. 그런데도 불구하고, 성령님이 하시는 영적 리더십 행사를 인간인 리더가 하고 있다고 감히 주장하는 그 담대함은 어디서 온 용기인가? 그게 용기있는 리더십인가?

오스왈드 샌더스도 다음과 같은 명쾌한 답변을 마련해 놓고 있다.

〈요컨대, 영적 지도력이란 성령의 사역이며 하나님 한 분만이 수여하실 수 있는 것이다.〉(『영적 지도력』, 24)

더 이상 무슨 말이 필요하겠는가? 영적 리더십이란 분명히 성령님의 사역이다. 성령님의 역사에 대해 정용섭 목사는 아주 명쾌하게 다음과 같이 정리하고 있다.

〈기독교 신앙은 삶의 변화에 앞서서 하나님과의 존재론적 만남이 우선하며, 삶의 변화는 목사의 능력이나 영역이 아니라 진리의 영

이신 성령의 몫이기 때문이다.〉(『설교와 선동 사이에서』, 273)

이렇게 사람이 변화하는 원리를 무시한 채 어떤 리더가, 목회
자가 영적 리더십을 주장하며 그 영향력으로 사람을 변화시킨다
고 주장한다면 그는 기독교 신앙의 근본이 무엇인지 모르는 사람
임이 분명하다. 어디 기독교의 기본진리뿐인가, 그들은 피터 드
러커가 가지고 있는 만큼도 인간에 대한 이해를 하지 못하고 있
는 것이다.

〈한 개인이 다른 사람들을 올바르게 관리할 수 있다는 명제가 타
당한 것으로 증명된 적은 한번도 없다.〉 (피터 드러커, 『자기 경영
노트』, 5)

또한 그들이 주장하는 바처럼, 사람이 가지고 있는 영적 리더
십을 통하여 교회를 성장시킨다는 발상도 잘못된 것이다. 영적
리더십의 주체가 성령님이 아니라면 인간이 보기에 교회가 성장
한 것처럼 보일지라도 그것은 백사장에 쌓아 올린 모래성에 불과
할 것이다. 백보 양보해서 그렇게 리더가 애쓰고 수고해서 교회
가 성장했다고 하자, 이럴 때 그 리더가 가진 영적 리더십 때문에
교회가 성장했다고 분석하는 것은 성령님의 역사를 무시하는 행
위이며, 성령님이 역사하신 것을 가지고 사람인 리더가 그 영광
을 가로채고 있는 것이니, 이 어찌 무서운 일이 아니겠는가?

최근 문제가 된 뉴욕의 어느 한인교회의 경우를 보자. 한 교회
에서 30년간 목회하며 카리스마적 리더십으로 교회를 성장시켰

으며, 미주 한인 예수교 장로회 차기 총회장에 내정될 정도로 막강한 영향력을 갖고 있는 인물이었던 이 아무개 목사는 지난 수년간 복수의 여성도들과 불륜 관계를 맺어오며 목회를 해 왔지만 그 동안에도 교회는 성장을 거듭했다. 이것을 어떻게 해석해야 하는지? 그 성장이 인간의 방법으로 쌓아 올려진, 그래서 언젠가는 물결에 휩쓸려 사라지고 말 모래성에 불과한 것이거나, 아니면 이 아무개 목사의 거짓된 리더십과는 전혀 관계없이 성령님의 역사하신 결과가 아니겠는가?

그런데, 지금까지 필자가 펼쳤던 주장을 인정한다 하더라도 아직 문제는 남아있다. 바로 성령님을 영적 리더십의 실체적인 행사 주체로 사람들이 인식할 수 있는가, 하는 점이다. 만약 그렇지 못하다면 필자야말로 비현실적이고 공허한 주장을 하는 셈이 되기 때문이다. 그런데 이 부분도 필자가 근거를 제시하며 힘들여 설득할 필요조차 없다. 다음과 같은 발언이 이미 리더십 주창자로부터 나왔기 때문이다. 그 발언의 주체는 바로 명성훈 목사이다. 그는 성령 하나님을 지도자로 인식하는 것이 전혀 그릇된 것이 아니라고 다음과 같이 주장하고 있다.

〈성령 하나님을 지도자로 인식하는 것은 신앙생활과 교회 성장을 위해서 대단히 중요하다. 흔히 지도자 하면 목사나 장로와 같은 인간 지도자만을 생각하기 쉽다. 그러나 신약교회는 성령을 그들의 진정한 지도자로 생각하고 모든 삶과 체험에서 최우선 자리에 모셔 들였다. 사도행전을 보면 교리적으로 초대교회는 성령을 신적 인격으로 분명하게 인식하고 있었다.〉(『성경속의 리더십 마스터

키」, 111)

성령님을 영적 리더십의 실체적인 행사 주체로 사람들이 과연 인식할 수 있을까, 하는 필자의 걱정을 말 한 마디로 싹 씻어준 명목사가 그렇게 고마울 수가 없다. 초대교회는 성령을 신적 인격으로 분명하게 인식하고 있었다는 것이다. 초대교회에서 그랬으면 현재도 마찬가지 아닌가? 그래도 미심쩍은 분이 있을 것이니 몇 마디 더 인용해보자.

〈성령과의 동행 및 동역은 초대교회 신자들에게 이론이 아니라 삶의 실체였던 것이다.〉 (111)

〈초대교회와 사도행전을 연구해보면 성령의 신적 리더십에 대하여 세가지 모습을 볼 수 있다. 즉 성령은 교회 일의 감독자요, 전도와 선교의 동인자(動因者)요. 그리고 교회 회의의 결정자로 그 리더십을 발휘하였다.〉 (11)

이정도 말을 듣고도 이의를 제기하는 사람이 있다면, 그래서 사람에게 영적 리더십이 있다고 주장하는 사람이 있다면, 그것은 그가 사도행전을 제대로 이해하지 못했다는 것을 만천하에 드러내는 꼴이 된다는 것을 알아 두어야 할 것이다. 그렇게 주장한 명목사는 다음과 같은 결론을 내린다.

〈그리스도의 사역을 지금도 동일하게 행하시고 역사하시는 하나님이신 보혜사 성령을 우리의 궁극적 지도자로 인정하고 환영하고

모셔 들이고 의지하는 것이 필요하다.〉(110)

명목사와 필자는 이점에 있어 완벽한 의견의 일치를 이룬다. 그야말로 '그리스도안에서 하나되는 기쁨'이란 말은 이럴 때 사용하는 것이다. 그래서 다른 사람들, 즉 영적 리더십이 사람에게 있다고 주장하는 사람들에게 다음과 같은 꾸중을 명목사가 하는 것도 필자가 하는 것이나 진배없는 일이다.

〈반면 현대의 많은 교회들은 이러한 성령의 지도력과 감독하시는 역사를 무시하고 있다. 우리의 사역은 너무도 많은 경우에 인간중심, 기술 중심, 프로그램 중심이 되고 있다. 교회사역에 성령을 총감독으로 모시지 않고 있는 것이다. 그러나 교회의 진정한 부흥을 원한다면 교회의 주인이신 성령의 감독을 실제로 받아 들일 수 있는 갱신운동이 필요하다. 우리의 교회가 성장하기 위해서 교회 성장에 대해서 가장 잘 알고 계시는 성령 지도자에게 더욱 더 마음을 열고 순종해야 한다. 성령은 교회의 창시자요, 또한 궁극적인 관리자이시다.〉(112)

어떤가? 꾸중하는 자세도 당당할뿐더러, 그 내용도 어디 한 마디 그른 데가 있는가? 성령의 지도력과 감독하시는 역사를 무시하는 영적 리더십 주창자들은 명목사에게서 한 수 배워야 한다. 영적 리더십은 결코 사람에게 속하는 것이 아니라 오직 성령님만 가지고 계시는 것이다. 이는 그 누구도 부인하지 못할 것이다. 그래서 명목사는 다음과 같은 말로서 그의 말을 마친다.

〈성령이여! 우리와 우리 교회의 진정한 지도자가 되시옵소서.〉
(114)

필자는 여기서 그의 말에 '아멘'으로 화답했다. 그러나 그 '아멘' 소리가 입에서 떨어지기가 무섭게, 필자는 타임머신을 타고 과거로 되돌아가서 명목사로 하여금 그의 책을 여기까지만 쓰게 하고 싶은 마음이 굴뚝같아진다. 성령님을 우리와 한국 교회의 진정한 지도자로 모시고자 하는 갈망과 열망이 명목사의 가슴속에 넘치는 그 순간, 『성경속의 리더십 마스터 키』라는 책이 114쪽에 이르렀을 때에, 시간이 딱, 하고 멈추었으면 얼마나 좋았을까? 그랬으면 그가 다시 원래의 원기를 회복하여 무려 200여 쪽을 할애하며 주장하는 것처럼 '사람이 영적 리더십을 가지고 있다'는 말을 듣지 않아도 되었을 것을⋯⋯

그러나 그런 필자의 바람은 부질없는 일장춘몽에 지나지 않는다. 영적 리더십에 대한 성령님의 주권을 인정하여 만천하에 공포하였으면서도, 영적 리더십 주장자들은 태도를 바로 바꾸어 사람에게 영적 리더십이 있다고 주장하기를 계속한다. 그들은 성령님의 역사를 한편으로는 인정하면서도 다음에 다른 페이지를 펼치면 왜 다른 주장을 펼치고 있는 것일까?

그 이유를 명목사는 이렇게 자가 진단하고 있다.

〈오늘날 여차하면 회의도중 언성을 높이고 인간적 자존심과 자리 다툼 때문에 교단과 교회가 분열되고 논쟁이 그치지 않는 현실을

갱신하는 길은 오직 성령의 리더십을 인정하고 높여 드리는 일이다.〉(113-114)

그 이유를 명목사는 '인간적 자존심'과 '자리다툼' 때문이라고 명쾌하게 지적하고 있다. 성령의 리더십을 인정하지 않기에 사람들은 서로 높아지려고 다투며, 서로 좋은 자리에 앉으려고 다투는 것이다.

서로 서로 리더라고 추겨주며 이 자리 저 자리 돌려가며 앉아 '리더'의 위세를 즐기다가도, 어느 순간 자기의 자리가 남보다 낮다고 느끼는 그 순간 "아무 일에든지 다툼이나 허영으로 하지 말고 오직 겸손한 마음으로 각각 자기 보다 남을 낫게 여기고" (빌 2: 3)라는 말씀은 헌신짝처럼 버려 버리니 문제가 아닐 수 없다. 그래서 그들은 서로 자기가 더 좋은 자리, 더 높은 자리에 앉아야 한다고 서로 상투를 잡고 싸우는 것이다. 무슨 일만 생겼다 하면 순교할 각오라며 삭발을 단행하는 리더들은 — 아니, 잠깐만 …생각을 달리 …해보자 …. 좋은 의미로 — 그것을 염두에 두고 서로 상투를 잡지 못하도록 아예 머리카락을 잘라 버린 것이 혹 아닐까? 그렇게 해서라도 서로 싸우지 말자고 결단하여 내린 고육지책인지도 모르겠다.

또 하나 가능성 있는 해석은 그들이 바쁜 탓에 혹시 성경 이해에 문제가 있어서 그랬을지도 모른다. CEO 형 목회자가 되어 바쁘게 뛰어다니니 성경을 제대로 묵상할 시간이나 어디 있겠는가? 그래서 '자기보다 남을 낮게 여기라'는 빌립보서 2장 3절의 말씀을 듣는 순간 더 이상 생각 할 여지없이 '남을 낮게 여기'게 된 것이 아닐까?

그렇게 '인간적 자존심'과 '자리다툼' 때문에 바쁘게 뛰어 다니는 '현실'을 순교할 각오라는 말로 호도하는 '현실'을 갱신하는 길은 명목사가 분명히 말하는 것처럼 "오직 성령의 리더십을 인정하고 높여 드리는" 방법밖에는 없다.

그러나, 안타깝게도 이런 필자의 주장을 그들은 귀 기울여 듣지 않을 것이다. 블랙커비는 '영적 리더십의 주인은 성령님이십니다'라고 외치는 필자의 수고가 당분간 헛될 것임을 예견했음인지 다음과 같이 말하고 있다.

(이런 주장이) "하나님에게서 온 것임을 사람들에게 설득하는 것은 성령이 하실 일이다." (『영적 리더십』, 100)

성령님은 차분히, 천천히 일을 진행해 나가실 것이기에, 앞으로도 영적 리더십이 사람에게 있다는 주장이 대세를 이루며 흘러갈 것이다. 그러니 필자는 이 부분에 대하여 오직 성령님이 그들의 마음을 움직여 주시기만을 기도할 뿐이다. 그래도, 그래도, 명목사가 외친 다음과 같은 구호를 그와 함께 크게 외치고 싶은 생각이 드는 것은 필자가 너무 너무 인간적이라 그런가?

〈성령이여! 우리와 우리 교회의 진정한 지도자가 되시옵소서.〉

39
그들도 가끔씩은 본심을 말한다.

리더십이란게 중독성이 있는 것이라 웬만한 사람들은 리더십 이론에 접했다 하면 중독이 된다. 영적 리더십은 분명 성령님이 행사하시는 것이라고 주장하다가 다시 사람이 주인이라고 번복하게 되는 이유가 바로 거기에 있다. 중독이라는 말이 너무 심하다 생각한다면 취한다는 표현은 어떨까? 이미 몇 가지를 지적했지만 리더십 주창자들은 정말 취해도 단단히 취해 있는 모양이다. 그들의 책을 볼 때마다 꼭 술 취한 사람들이 횡설수설 하는 것 같은 느낌이 드니 말이다.

그런데 그들이 언제나 취해 있는 것은 아니다. 그들의 주장을 잘 들어보면, 취한 것 같이 보였는데 어떤 때에는 취기(醉氣)에서 벗어났는지 바른 소리를 하기도 한다. 물론 그런 순간은 길지 않다. 바로 또 취해 버리기 때문이다. 그렇게 반짝 깨어있을 때에 하는 말들, 그것이 그들의 본심이 아닐까? 이번에는 그런 그들의 '본심'을 한번 찾아보기로 한다.

먼저 '리더십' 자체에 대한 그들의 '본심'을 알아보자. 정말 그들은 리더십에 대하여 어떻게 생각하고 있길래 그렇게 리더십에 목을 걸고 있는지를. 먼저 리더십의 사부라 할 수 있는 존 맥스웰의 말을 한번 음미해 보자.

〈모든 사람이 리더십에 대해 말하지만 실제로 이해하는 사람은 거의 없다. 많은 사람이 리더십을 원하지만 실제로 얻는 사람은 없다.〉(『리더십의 법칙』, 22)

이렇게 말하고 나서 존 맥스웰은 연달아 책을 펴내면서 리더십을 논하고 있으니 희한한 노릇이다.

또한 그들은 어떻게 해서든지 리더십의 근거를 성경에서 찾으려고 애를 쓴다. 정신을 차렸을 때 그렇다는 말이다.

〈제가 선교와 실천신학의 시각에서 리더십을 연구하며 느낀 것은, 결국 리더십의 패러다임은 성경에서 나와야 하며, 이를 위해 성경의 데이터를 전문으로 다루는 성서신학의 지원이 꼭 필요하다는 것이었습니다.〉(『하나님 나라와 리더십』, 20)

그런데 같은 책에 실린 다음과 같은 글들은 위와는 정면으로 배치되어 오히려 눈길을 끈다. 같은 책에 들어 있다고는 도저히 생각할 수 없는 글이다.

〈성경의 주된 관심이 리더십이 아닌데 성경을 쥐어짜듯 하여(?) 리더십 이론을 도출하려는 것은 위에서 언급한 첫 번째 오류를 범하는 것이 될 것입니다.〉(『하나님 나라와 리더십』, 64)

〈김교수(김광건)는 성경이 리더십에 대해서 아주 분명하게 이야기하고 있지 않다는 것을 기꺼이 인정하고 있습니다.〉(『하나님 나라와 리더십』, 75)

한홍목사도 같은 말을 하고 있다.

〈리더십이라는 주제를 염두에 두고 성경을 읽어가는 중에 나는 아주 재미있는 사실을 하나 발견했다. 예수님은 '리더십'에 대하여 언급한 적은 거의 없지만, '따르는 일(followership)'에 대하여는 무수히 많은 말씀을 하셨다는 것이다.〉(거인, 63)

이렇게 서로 배치되는 말을 하는 것을 보니 이런 말을 하는 때는 깨어 있음에 분명하다. '리더십은 성경에 근거를 두어야 하기에, 성경을 열심히 찾아 보았으나 성경 속에서 리더십에 대한 근거를 찾아 볼 수 없었다'는 고백을 하게 되는 것은 그들이 깨어 있기 때문에 가능한 일이다.

또한 깨어 있을 때에는 일반 리더십 이론을 비판적으로 볼 것을 그들은 제안한다. 일반 리더십 이론이 잘못되었다는 것을 시시때때로 강조하기도 한다.

〈요약하자면, 그리스도인들은 성경적인 원리에 대한 바른 확신 가운데 일반 리더십에 대한 책들을 비판적으로 읽어내는 것이 필요하다는 것입니다.〉(『하나님 나라와 리더십』, 64-65)

〈그러나 그럼에도 우리가 간과하지 말아야 할 것은 군대 또는 기업과 교회는 분명 그 존재 목적이나 기타 여러 면에서 차이가 있다는 점입니다. 그러기에 경영학 이론을 교회에 도입할 때는 신중에 신중을 기하여야 합니다.〉(『하나님 나라와 리더십』, 83)

〈영적 리더십을 설명하면서 일반적인 리더십의 모형을 먼저 제시하고, 그에 대하여 단순하게 성경적 해석을 덧붙이고 영적 의미를 부여하는 것은 영적 리더십의 개념을 모호하게 만듭니다.〉 (『하나님 나라와 리더십』, 96)

〈현재 적잖은 목회자들 사이에 대교회 목회자나 성공한 기업으로부터 리더십을 카피하는 것이 유행이 되기도 했습니다, 이런 부분들은 사실 어느 정도 위험성과 한계를 갖고 있다고 생각합니다.〉 (칼, 한홍목사와의 대담에서 사회자의 말, 55)

〈예를 들어, 마이크로소프트사의 빌 게이츠 회장 같은 한 명의 탁월한 경영자가 나오면 모두가 그 사람의 리더십 방법들을 벤치 마킹하려고 한다. 물론 그가 탁월한 사업가임은 틀림없지만, 이런 맹목적인 우상숭배에 가까운 인물 카피는 위험부담이 너무 크다.〉(거인, 19)

〈어차피 영적 리더십의 목적은 교회, 기독교 공동체, 그리고 선교를 위함이다. 그런데 지금 리더십에 많이 도입된 원칙, 테크닉들이 세속적 사회과학에 너무 의존하고 있다는 생각이 들고 그 당시 문화에 너무 의존하고 있다는 생각이 든다.〉 (김광건, 『영적 리더십의 새로운 패러다임』, 135)

〈비즈니스 세계의 리더십 방법론을 정치나 예술, 교육, 특히 교회에 그대로 적용하면 문제가 많이 생긴다. 물론 근본적인 개념, 가령 다음 세대 지도자를 키워내는 시스템 같은 본질의 문제는 분야를 초월해서 적용할 수 있는 것들이 많지만, 그래도 각 분야의 특성을 충분히 고려하지 않으면 큰일난다. 예를 들어 시시각각 변하는 상황에 맞게 빠르고 정확한 결정을 내려야 하는 첨단산업 경영방식을, 장기적인 안목을 가져야 하는 교육정책에 바로 투입해서는 안 된다 (한국의 교육개혁이 계속 난항을 거듭하는 이유는 정부와 교육이 너무 밀착되어 있어, 장관 한번 바뀔 때마다 입시정책이 정신 못 차리게 바뀌기 때문이다). 교회는 더 더욱 그렇다. 비즈니스는 사장이 밥그릇을 쥐고 있기 때문에 보이지 않는 최소한의 권위가 있지만, 자원봉사를 철칙으로 하는 교회에서 목회자가 교인들에게 접근하는 리더십은 근본적으로 차원이 다르다. 물론 비즈니스 경영에서 많은 중요한 리더십 기본 원리들을 배울 수 있긴 하지만, 그것을 깊이 숙고해서 여과하지 않고 그대로 교회에 적용해서는 안 된다는 것이다. 동시에 목회자들 또한 단순한 종교적 흑백논리의 시각으로 급변하는 세상의 기업과 정부와 언론을 쉽게 평가해서는 안 된다. 〉(거인, 20-21)

그렇게 제 정신일 때에는 일반 리더십 이론을 교회의 리더십에 도입하는 것을 경계하던 분들이 조금 리더십에 취하면 곧 바로 다른 소리를 하는 것을 보면 신기하기 조차 하다. 어디 그뿐인가, 요즈음 대세라고 주장하고 있는 '서번트 리더십'이란 희한한 조어에 대해서도 그들이 깨어 있을 때에는 이렇게 말한다.

〈새들백 교회의 릭 워렌 목사는 종 된 지도자의 개념을 설명하면서, 종처럼 행동하는 지도자가 되지 말고 아예 종이 되라고 말합니다. 영적 리더는 분명 종이 되어야 하며, 섬기고 희생하여야 합니다.〉 (『하나님 나라와 리더십』, 103)

그렇다면 어디 릭 워렌의 말을 한번 들어보자.

〈리더십에 관한 수천 권의 책이 쓰여졌지만 섬김의 도에 대해 쓰여진 책은 거의 없다. 누구나가 지도자가 되기를 원하지 종이 되기를 원하지 않는다. 우리는 장군이 되기를 원하지 종이 되기를 원하지 않는다. 크리스천들도 섬기는 리더(servant-leaders)가 되기를 원하지 그저 종으로 남기를 원하지 않는다. 그러나 예수님처럼 되기 위해서는 종이 되어야 한다. 왜냐하면 예수님이 바로 자신을 그렇게 부르셨던 것이다.〉 (『목적이 이끄는 삶』, 336)

'종이 되는 것' 하고 '섬기는 리더가 되는 것' 하고의 차이를 그들은 모르는 것일까, 아니면 애써 외면하는 것일까? 릭 워렌이 말했으니 그의 말 한 마디에 까무러지는 우리나라 리더십 주창자들은 이 말을 따라야 하는데, 희한하게도 또 이런 글은 못 본체 지나간다. 취해 있음에도 선별의 능력이 놀랍다. 한 마디로 쓴 약은 먹지 않겠다는 자세다. 독이라 할지라도 달콤한 것만 먹겠다는 본능적 자세가 그저 놀랍기만 하다. '서번트 리더십'과 '서번트십'의 차이를 모를 리 없건만 왜 그들이 '서번트십' 대신 '서번트 리더십'이 대세라고 주장하는지 이해되지 않는 대목이다.

바울의 리더십을 논하는 사람이 있다면, 이런 말을 한번 들려주는 게 좋을 것이다.

〈누군가 바울에게 리더십에 관해 물었다면 그는 당황했을 것입니다. 리더십이라는 관심사 자체가 그에게는 생소하게 들렸을 것이기 때문입니다. 그래서 그는 먼저 리더십이라는 말의 속뜻을 물을 것이고, 그 속에 담긴 관심사가 십자가의 복음이라는 진리 안에서 어떤 자리를 차지할 수 있을지 숙고할 것입니다.〉(『하나님 나라와 리더십』, 146, 권연경,『바울과 십자가의 리더십』)

또한 바울이 성공한 지도자로서의 모델이 될 수 있는가 하는 점에 의문을 품는 것도 그들이 깨어 있을 때이다.

〈한 사람의 지도자로서 바울은 얼마나 '성공적'이었을까요? 사실 바울이 훌륭한 지도자 혹은 목회자로 인정받았을 가능성은 많지 않습니다. … 그러니 바울은 '성공한' 목회자는 아닙니다. … 실제로 우리가 읽는 그의 편지들은 승승장구하는 목회자의 성공담이라기보다는 전전긍긍하는 한 목회자의 갈등과 고통의 기록에 가깝습니다. … 말하자면 바울은 여느 누구와 같은 '평범한' 목회자였습니다. 따라서 바울에게서 '성공적' 목회 리더십을 바라는 것은 우물에서 숭늉을 찾는 것과 같습니다.〉(『하나님 나라와 리더십』, 147-149, 권연경)

권영경 교수가 알려진 바울 신학자라는 점을 생각한다면, 앞으로 바울의 리더십 어쩌구 하는 사람은 자기가 지금 그릇을 들고 서 있는 곳이 우물가인지 부엌인지 먼저 잘 살펴야 할 것이다.

또 구약의 지도자들을 열거하면서 리더십을 운위하는 자에게는 다음과 같은 글을 읽어보기를 권한다.

〈엄밀히 말하자면 구약에는 '리더십 매뉴얼'로 간주될 만한 책은 없습니다.〉(『하나님 나라와 리더십』, 243)

이것은 그들이 깨어있을 때에 한 말이다. 그들은 이런 말을 한 후에는 다시 원래의 자세로 돌아가 '엄밀하게' 말하지 않는다. 그래서 구약은 물론 신약에서도 부지런히 리더십 매뉴얼을 찾아 헤맨다. 그래서 한홍 목사는 이런 말을 하기도 하는데 모두 다 엄밀하게 말하지 않는, 취하면 나오는 그들의 습관 탓임에 틀림없다.

〈바울과 베드로, 요한이 쓴 목회서신들의 상당 부분이 당시 리더 훈련 매뉴얼로 쓰인 것들이다.〉(칼, 33)

〈초대교회의 지도자 바울은 젊은 지도자 디모데에게 리더십에 대하여 조언하기를…〉(거인, 54)

이렇듯 깨었을 때와 취했을 때에 서로 말을 달리 하는 이유는 무엇일까? '리더십'의 영향력은 그만큼 끈질기다는 것이다. 리더십의 영향력에서 벗어나고 싶은 마음은 굴뚝같지만 그것에 한 번 취하면 도저히 깨어나지 못하는 그들이기에, 그들의 본심은 이렇게 가끔씩 들을 수밖에 없는 게 안타깝다. 그들을 비몽사몽 상태로 이끌어가는 '리더십'의 영향력은 그 정도로 모질고 끈질

기다.

그러나 필자는 확신한다. 그들도 언젠가는 리더십의 미몽에서 깨어날 것이다. 그때 깨어나는 그들에게 "당신들도 이런 말을 한 적이 있었는데, 그것들이 오히려 본심에서 나온 말들이죠?" 라고 말해주면 그들이 덜 부끄러워하리라.

여기 그들이 했던 바른 말들을 한번 정리해보는 것이 그래서 의미는 있을 것이다. 엄밀하게 말하지 않아도 실상 이런 말들이 그들의 본심일터이니까.

40
'영적' 리더십은 이제 어디로 튈까?

지금까지 살펴본 바와 같이 영적 리더십은 사람에게는 없으며, 오로지 성령님만이 행사하실 수 있는 것이다. 그러나 영적 리더십 주창자들은 자기들이 그것을 좌지우지 할 수 있으며, 개발해 줄 수 있으니 자기들에게 맡기라는 주장을 펴 오고 있다. 세월이 흘러가면서 그들의 주장은 점점 거세어 지고 있다. 소리만 거세어 지는 것뿐만이 아니라, 그 영역도 넓어지고 날로 새로워지고 있다. 아무리 좋은 노래도 한 두 번이지, 같은 이야기 반복하려니 미안도 하겠지, 그래서 맡겠다고 나서는 영역을 넓혀서 새 길을 모색할 수 밖에… 그래서 맨 처음에는 순수한 '영적 리더십' 만을 다루던 영적 리더십이 이제는 교인들의 행동과 의식 전반을 커버하는, 더 나아가서 교회전반을 아우르는 무소불위의 도구로 등장하게 되었다.

경영학의 리더십 이론을 살짝 차용해서 영적 리더십에 사용하던 '영적 리더십' 주창자, 강사님들이 이제 그 정도로는 성에 차지 않는가 보다. 아예 발을 벗고 나섰는데, 이제 성경을 가지고 영적 리더십을 강의하는 시대는 지났다. 그 중의 많은 분들은 아주 세상적(?)으로 성공한 성공학 강사로 나섰다. 그래서 교회안과 밖을 넘나들며 강의를 하다 보니 리더십이란 말 앞에 조심스럽게 붙여져 있던 '영적'이란 말도 어느새 없어져 버렸다. 아예 그 경계를 없애버려 책 판매량과 수강자의 대상을 확장하려고 하는 것일까? 아니면 내용이 도저히 영적이라는 말을 넣기에 부끄럽기 때문일까? 하기야 영적이지 않은 책과 강의를 교회 안으로 가져 오기가 미안하기도 했겠지…

이제는 그런 강사 목사님들이 세상 학문인 경영학 속에서의 리더십 이론과 리더십 학자들의 이름을 교회 밖에서는 물론이고 교회 안에서도 줄줄 읊어댄다. 교회 성도들 중에 행정학 혹은 경영학을 배운 사람들의 수가 얼마나 되겠는가? 대다수의 교인들은 그런 말과 그런 이름을 처음 듣는 사람들일 것이니 그저 신기하게 들을 수 밖에.

이름조차 애매한 수상쩍은 단체, 출신과 경력이 어딘지 모르는 수상쩍은 강사들, 그리고 대형교회를 배경으로 하는 그래서 전혀 수상하지 않은 강사들이 하는 리더십 세미나 광고는 계속해서 목회자들을 유혹하고 있다. 수상쩍은 강사든 수상쩍지 않은 강사든 그들이 강사로 등장하는 리더십 세미나, 그리고 서점의 한 코너를 꿰차고도 넘쳐나는 '영적 리더십' 책들, 그 내용을 살짝 들여다 보자.

다음은 어느 목사님의 책에 나오는 리더십 학자들과 이론들이다. 리더십의 개념을 설명하는 기본적인 이론과 이름들인데 한참을 읽어야 한다.

〈오스왈드 샌더스, 버나드 몽고메리, 존 해가이, 리차드 허치슨, 찰스 심프슨, 데오도어 루즈벨트, 트루먼, 쿤즈와 오도넬, 카즈와 칸, 데이비스, 파트레이닝, 테드가 말하는 리더가 갖추어야 할 특성, 이나모리의 회사 경영 원칙, 잭 웰치의 경영 철학, 아이젠하워의 자신감있는 리더십, 스티븐 코비의 참된 리더의 특성……〉

교회에서 소선지서, 대선지서 하는 성경 이름조차 기억하기 어려운 성도들에게, 이런 사람들 이름까지 기억하라고 하니, 이제 한국에서는 교인 노릇도 힘들게 되었다.

이제 앞으로 예상되는 것은 그분들의 큰 폭으로의 영역확장이다. 어디로 '영적' 리더십의 영역을 확장시켜 나갈지? 그래서 바라기는 리더십 앞에 붙어 있는 '영적'이라는 말을 확실히 떼주기를 부탁하는 것이다. 덧붙인다면 영적이 아니라는 것도 강의 시작이나 책 서문에서 알려주었으면 하는 바람이다.

첫번째 생각되는 것은 그분들이 이제 완전히 '성공학' 장사로 나서는 경우이다. 이제 그 내용을 웬만큼 알 사람들은 다 알고 있으니 굳이 '영적'이 아니라는 것을 감출 필요도 없다. 그래서 성공이라는 말을 가져다 강의 제목이나 책 제목에 과감히 붙일 수 있게 되었다. 어떤 목사는 이런 제목으로 설교 제목을 삼았다. 『예수라는 성공의 물감으로 실패를 지워버려라』 제목만 들어도, 성공이 무지개 빛 따라 영롱하게 펼쳐질 것 같은 환상적인 설교가 분명 나올 것 같다.

이렇게 나선 분들이 앞으로 쓰실 책들의 제목으로는 이런 것들이 예상된다. 책 제목에 '성공'과 '예수' 이름을 사용하는 것이다. 『예수님도 당신의 성공을 원하신다』, 『실패한 인생이 예수 때문에 리더로 변했네』

또 성공학 장사로 나서지 않더라도 그분들은 서로 차별화를 해야만 명성이 유지되고 살아남을 수 있으니, 자꾸만 새로운 분야를 개척하여 선을 보일 것이다. 리더십에 자꾸만 새로운 분야를 만들어내고 또 리더십을 가져야 할 대상도 자꾸 새로 만들어내기 위해 애를 쓸 것이다.

가장 손쉬운 것은 아직 '영적 리더십' 책에 사용되지 않고 묻혀 있는 진주같은 성경인물들이 많이 있는데, 그런 인물들을 찾아내어 갈고 닦아 세상에 드러내는 것이다. 이 때에는 누가 먼저 그런 사람들을 꺼내어 놓느냐가 관건이다. 그래서 그런 인물들이 다 떨어지게 되면 마리아의 남편 요셉도 언젠가 빛을 볼 때가 올 것이다. 마리아 남편 요셉의 『관용의 리더십』, 그 정도면 책 한권은 얼마든지 메꿀 수 있는 소재이니 말이다.

그 다음에는 성경속의 인물이 아닌 세상에서 믿음의 본을 보인 사람들이 대상이 될 것이다.

빌리 그래함의 『빌리 그래함 리더십의 비밀』이란 책이 이미 나왔지만, 아직 나오지 않은 사람들이 무궁무진하다. 『요한 웨슬레 리더십』, 『윌리암 캐리 리더십』

신앙적 인물 말고도 『히딩크 리더십』, 『이순신 리더십』은 이미 시중에 나와 있다. 야구 시합 때문에 뜬 『김인식 리더십』도 책으로 나와 있다. 「황우석 리더십」도 아주 좋았는데 불행하게도 황 교수가 낙마하는 바람에 써 먹을 수가 없게 되었다. 앞으로 가능한 것으로는 「장금이 리더십」도 있고, 서울시장도 대통령도 있다. 누가 되던 그분의 이름을 딴 리더십이 등장할 것이다. 아니, 이런 이름들은 너무 식상하니 아무도 들어보지 못한 저 아프리카 오지의 추장 이름을 하나 가져오면 어떨까? 「고잡리꼬이랑호 리더십」, 제목이 신기해서라도 사보지 않을까?

또 신앙소설 등 신앙을 토대로 하는 문학작품이라던지 간증집에서 뽑아내는 리더십 책도 가능하다.
「천로역정 리더십」, 「하늘에 속한 리더십」, 「갈대상자 리더십」

유행어와 접목시키는 방법도 있다. 2%가 부족하다 라는 말이 유행인데 이렇게 만들어보자. 「당신에게 2% 부족한 리더십을 채워라」 한때 유행했던 '꼭짓점' 이라는 말은 리더십에 사용하기에는 너무 시간이 흘렀나?

요즈음 사람들이 좋아하는 말이며 무언가 내용이 있어 보이는 말인 '패러다임', '시너지 효과', 'E Q', '명품' 도 있다. 그래서 「리더십의 패러다임을 바꿔라」, 「시너지 효과 리더십」, 「E.Q 리더십」, 「명품 리더십」도 좋을듯 하다.

또 이건 어떨까? 「목적이 이끄는 리더십」, 너무 속보이는 제목이지만 벌써 나왔다.

지금 영적 리더십의 분야가 확장되어 이제 '리더십 승계' 까지 그 범위를 넓혀왔다. 그 다음에는 무엇일까? 경영학에서 말하는 리더십 이론을 들여다 보면 그 해답이 보인다. 분야를 세분화한 리더십이 다양하게 등장할 것이다. 리더십에서 관장하고 있는 분야들, 그리고 각종의 기법등이 영적 리더십에 이름을 붙혀 나타나는 것은 시간문제이다.

'시간문제' 라니 하는 말인데 시간관리를 다룬 책들은 많이 나와 있다. 리더십으로 한 몫하는 한홍 목사도 『성경에서 배우는 리더의 시간관리 시간의 마스터』라는 책을 출판했다.

'고객 감동' 은 얼마나 감동적인 단어인가? 그래서 『성도 감동 리더십』도 언젠가 나올 것이다. 비전관리, 목표관리, 커뮤니케이션, 대화의 법칙, 칭찬의 법칙, 팀 리더십. 또 '윈윈 전략' 도 있고 전방향 리더십은 물론이고 셀프 리더십도 있다. 이럴 때 『너와 나, 양방향 리더십』은 어떨까?

또 써 먹을 수 있는 방법은 다른 분야와 통합하는 방법이다. 접목을 시키는 방법이다. 세상이 흘러가는 것을 유심히 이분들은 ─ 세상의 트랜드를 잘 포착한다 ─ 보고 있으니, 무엇인가 뜨고 있고 대중들의 관심사가 되고 있다면 그것에다가 얼른 리더십을 걸치는 방법이다. 일례로 요즈음 관심분야인 '영성' 과 합치면 '영성 리더십' 이 나온다. 이에 대하여는 이미 책이 나왔다. 『시대가 원하는 영성 리더십』 (앨런 넬슨). 멘토링과 합할 수도 있고 비전과 합할 수도 있다. 그래서 『리더십 위기에서 멘토를 만나다』라는 책은 이미 나왔다. 『리더십 위기에서 멘토를 만나다』라는 책 제목에서 얻을 수 있는 힌트도 있다. 「멘토링의 위기에서 리더십을 만나다」, 「교회 침체의 위기에 리더십을 만나다」

이제 또 코칭이란 새 기법이 뜬다. 김학중 목사도 리더십 대열에 뛰어들어 「코칭 리더십으로 교회 살리기」란 책을 펴냈다. 코칭이란 방법이 나왔으니 코칭과 관련하여 「레퍼리 리더십」은 어떻고 「엄파이어 리더십」은 어떨까? 엄파이어가 나왔으니 「엠파이어 리더십」은 어떨까? 엠파이어처럼 우뚝 솟은 리더십, 좋지 않을까?

또 시대상과 맞물려 연결한 리더십도 있을 수 있다. 무언가 내용이 있어 보이는 말 '포스트 모더니즘'과 합해 보자. 「포스트 모던시대의 리더십」 '21세기'라는 말은 이미 식상할 정도로 많이 써먹었다. 「21세기의 리더십」 그리고 「이미지 시대의 리더십」 또 「디지털 시대의 리더십」도 가능하다. 또 이것은 어떨까? 「시대를 초월하는 리더십」 이런 정도의 제목이면 22세기까지 사용할 수 있지 않을까?

그리고 그 다음에 꼭 나올 분야로서는 유모어가 있다. 「유모어로 배우는 리더십」, 「성경에서 배우는 유모어 리더십」, 「예수는 유모어로 승부했다」 이미 유모어로 설교를 하시는 분도 있으니 그 정도는 충분히 예견되는 일이다.

또 이제 대상을 특화한 리더십 책들이 나올 것이다. 읽는 대상을 세분화하여 나누는 일이다. 수강 대상, 독자층을 나누자면 여성, 남성, 청년, 아동, 대학생, 직장 새내기 등등 한이 없다.

여성을 대상으로 하는 리더십에도 아주 무궁무진한 보고(寶庫)가 성경 속에 있다. 가장 손 쉬운 것은 성경 속의 여성 리더들을 발굴해 내는 일이다. 아직 세상에 빛을 보지 못한 여성 지도자는 누구일까? 드보라, 에스더, 마리아 등등 너무 많다. 그래서「에스더 리더십」,「드보라 리더십」등등. 그 다음에는 신앙의 모범을 보인 인물들이 있을 수 있겠다. 누가 있을까?「테레사 리더십」도 훌륭하다. 그런 의미에서 다이아나 황태자비는 아까운 인물이다. 조금만 조신했더라면 훌륭한 제목으로 쓸 재목이었는데 말이다.

이번에는 여성을 대상으로 나누어 보자. 얼마든지 생각할 수 있다. 미혼, 기혼, 어머니, 주부, 아내 등등. 그래서 이런 리더십 책들이 등장할 수 있다.「주부도 리더십이 필요해!」,「리더십은 부엌에서 나온다」,「어머니의 리더십」,「착한 주부 리더십」,「신랑 길들이기 리더십」,「초보 아내의 가정 리더십」이런 책들은 여선교회 회원들에게 의무적으로 읽도록 하면 될 것이다.

그 다음 청소년들을 겨냥한 것도 역시 나올 것이고 청년들을 향한 것도 나올 것인데, 이미 나온 책도 있다.「청년리더의 조건」(전병욱)

또 유소년을 향한 분야도 남아 있다. 이런 제목은 어떨까?「리더십은 주일학교에서부터 길러진다」,「미래 리더들을 이렇게 키

워라」 이미 나온 책도 있다. 『친구가 따르는 아이들의 리더십 비결 20가지』(김현숙)

또 이런 것들은 어떨까? 노년층을 겨냥한 『황혼의 리더십』, 『리더십은 황혼에 피어난다』, 『리더십은 황혼에 아름답다』. 이런 책을 펴내면 각 교회에서 운영하는 노인대학의 교재로 쓰기 딱 좋을 것이다.

교회의 형편에 따라 나눠보는 것도 가능하다. 요즈음 가정교회에도 관심이 많으니 『가정교회로 풀어보는 리더십』도 괜찮을 듯 하다. 『셀 목회 리더십』도 좋고, 교회성장이라는 말만 나오면 자다가도 벌떡 일어나는 분이 많으니 『성장하는 교회의 리더십』도 괜찮다. 이런 책들은 벌써 나왔겠지?

이렇게 책들을 만들다 보면 언젠가 그 소재가 떨어지게 될 것이고 그 때에는 분명 이런 책도 나올 것이다. 『초보 신자 리더십』 초신자도 리더로 키워야 할 것 아닌가, 라는 명분하에.

이렇게 생각해보니 아직도 분야는 무궁무진하다. 영적 리더십 주창자들의 계속적인 분발을 기대해 본다. 단, 부탁이 있다. 반복되는 말이지만 제발 리더십이란 말 앞에 '영적' 이라는 말을 빼 주기 바란다. 가능하다면 '이 책과 강의 내용은 전혀 영적이지 않습니다' 라는 말을 넣어주면 얼마나 좋을까?